Wilfried Krenn | Herbert Puchta

Gute Idee! A2

**DEUTSCH FÜR JUGENDLICHE
KURSBUCH PLUS INTERAKTIVE VERSION**

Deutsch als Fremdsprache

HUEBER VERLAG

Beratung:
Cristina Ortega Lupiáñez, Granada, Spanien
Robert Poljan, Bjelovar, Kroatien

Gute Idee! – digital als interaktive Version online und offline

- Hörtexte, Filme und interaktive Übungen lassen sich direkt aufrufen und im integrierten Player abspielen – ganz einfach ohne Download oder weitere Abspielgeräte.
- Die Aufgaben im Buch stehen interaktiv mit Lösungsanzeige zur Verfügung und lassen sich direkt starten.
- Werkzeuge wie Marker, Kommentar, Lupe und Vollbildmodus sind integriert und helfen beim Lernen in der Klasse und zu Hause.
- Mit unserer *Hueber interaktiv App* kann man die interaktive Version auch offline nutzen und auf eine Vielzahl der Materialien des Lehrwerks per Smartphone zugreifen.

 Der Startcode für die interaktive Version steht auf der vorderen Umschlagseite unter der Landkarte.

Der Verlag weist ausdrücklich darauf hin, dass im Text enthaltene externe Links vom Verlag nur bis zum Zeitpunkt der Buchveröffentlichung eingesehen werden konnten. Auf spätere Veränderungen hat der Verlag keinerlei Einfluss. Eine Haftung des Verlags ist daher ausgeschlossen.

Das Werk und seine Teile sind urheberrechtlich geschützt. Jede Verwertung in anderen als den gesetzlich zugelassenen Fällen bedarf deshalb der vorherigen schriftlichen Einwilligung des Verlags.

Eingetragene Warenzeichen oder Marken sind Eigentum des jeweiligen Zeichen- bzw. Markeninhabers, auch dann, wenn diese nicht gekennzeichnet sind. Es ist jedoch zu beachten, dass weder das Vorhandensein noch das Fehlen derartiger Kennzeichnungen die Rechtslage hinsichtlich dieser gewerblichen Schutzrechte berührt.

3.	2.	1.		Die letzten Ziffern
2028	27 26 25	24		bezeichnen Zahl und Jahr des Druckes.

Alle Drucke dieser Auflage können, da unverändert, nebeneinander benutzt werden.
1. Auflage
© 2024 Hueber Verlag GmbH & Co. KG, München, Deutschland
Diese internationale Ausgabe ist genehmigt in Ungarn: Gutachter: Bertalan, László; Dr. Várady, Ferenc
Gute Idee! A2 Kursbuch: Registrierungsnummer TKV/206-1/2024, HV-522-240206
Umschlaggestaltung: Sieveking Agentur, München
Layout und Satz: Sieveking Agentur, München
Verlagsredaktion: Veronika Kirschstein, Lektorat und Projektmanagement, Gondelsheim; Gisela Wahl, Hueber Verlag
Druck und Bindung: Passavia Druckservice GmbH & Co. KG, Passau
Printed in Germany
ISBN 978-3-19-941824-5

WEGWEISER

GUTE IDEE! A2
hat sechs Module, jedes Modul hat zwei Lektionen und vier Modul-Plus-Seiten.

LEKTION | Eine Lektion hat acht Seiten mit einer festen Lektionsstruktur.

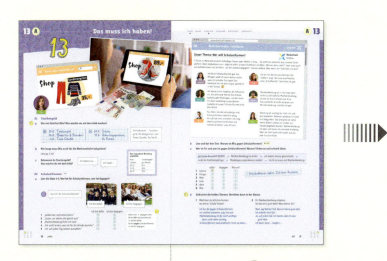

Die **A-Seiten** präsentieren Texte in einer Vielfalt von Textsorten.

Die **B-, C-** und **E-Seiten** behandeln ausgewogen Wortschatz und Grammatik der vorangegangenen Input-Seiten A und D.

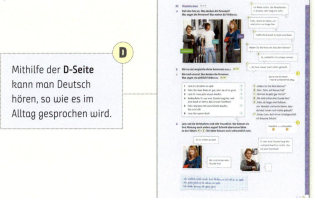

Mithilfe der **D-Seite** kann man Deutsch hören, so wie es im Alltag gesprochen wird.

Die ⊕-**Seite** beschließt die Lektion mit einem (Hör-)Text oder Spiel, einer Schreibaufgabe und einer Comic-Geschichte.

drei **3**

WEGWEISER

MODUL-PLUS | Auf zwei Lektionen folgen vier Modul-Plus-Seiten.

Die **Grammatikübersicht** visualisiert neue Inhalte und Strukturen aus je zwei Lektionen.

Die Doppelseite **Länder & Leute** zeigt, wie Jugendliche ihren Alltag in Deutschland, Österreich und der Schweiz leben und erleben.

In den **Projekten** kann das Gelernte sofort kreativ umgesetzt werden. Hier gibt es auch einen Verweis auf einen Film mit Aufgaben im Anhang.

Die **Redemittel** helfen, Sprechabsichten zu verwirklichen.

ANHANG | weitere Aufgaben

Auswahlaufgaben zu den Lektionen

Aufgaben zu Filmen im Medienpaket

SYMBOLE

	gelenkte Variante der Aufgabe
	Aufgabe zu zweit
	Aufgabe für Kleingruppen
	Schreibtraining
GEOGRAFIE	Arbeitsblatt zum Sachfach-Unterricht auf www.hueber.de/gute-idee

1/10	Aufgabe mit Hörtext (CD 1, Track 10)
AB 3–5	passende Übung(en) im Arbeitsbuch
AB 1–2	Ausspracheübungen im Arbeitsbuch
AB 1–2	Fertigkeitentraining im Arbeitsbuch
▶ Teil 1	zur Aufgabe passender Filmteil

Textzitat

Hörzitat

Grammatik

Infokasten

FILM Film mit Aufgaben

Weißt du's noch? S. 142–144 Grammatik-Wiederholung

4 vier

INHALT

START Wie waren deine Ferien? 9

13 | Das muss ich haben!

A | LESETEXT Schulforum – Unser Thema: Wer will Schuluniformen? 10
D | HÖRTEXT Modefarben 15
⊕ | LESETEXT Wer bekommt meine 100 Euro? 17

KOMMUNIKATION	WORTSCHATZ	GRAMMATIK
· über Taschengeld und Einkaufsgewohnheiten sprechen · Personen beschreiben · vergleichen · Kleidung einkaufen · höflich bitten	· Kleidung	· Verb mit Vokalwechsel *(tragen)* · Adjektivkomparation: Komparativ · Vergleich *(als, wie)* · Höflichkeitsform Konjunktiv II *(würde, könnte)* **Wiederholung: bestimmter und unbestimmter Artikel, Personalpronomen, Plural, Imperativ**

14 | Einmal um die Welt ...

A | LESETEXT Der Gipfel wartet 18
D | HÖRTEXT Die Reise im Kopf 23
⊕ | SPIEL Aktivitäten gegen die Langeweile 25

KOMMUNIKATION	WORTSCHATZ	GRAMMATIK
· Angaben zum Wetter machen · Reiserouten beschreiben · über Verkehrsmittel und Reiseziele sprechen	· Wetter	· Partizip II von trennbaren und untrennbaren Verben und Verben auf *-ieren* · Präpositionen mit Akkusativ *(durch, um)* **Wiederholung: Perfekt und Präteritum, Präpositionen**

13 + 14 | MODUL-PLUS

Länder & Leute: Sind Trachten wieder in? 26
Projekt: Posterpräsentation: Eine Umfrage in der Klasse 27
Grammatik und Redemittel 28

15 | Kennst du ihn?

A | LESETEXT Braucht Liebe Zeit? 30
D | HÖRTEXT Was soll ich tun? 35
⊕ | LIED „Der richtige Typ für mich" 37

KOMMUNIKATION	WORTSCHATZ	GRAMMATIK
· Personen beschreiben und charakterisieren · Besitz angeben · Entscheidungen diskutieren · Vorlieben angeben	· Kommunikationsmittel · Personen beschreiben · Personen charakterisieren	· Verben mit Dativ *(gehören, passen ...)* · Verben mit Akkusativ *(einladen, finden ...)* · Fragepronomen *Wem?* · Modalverb *sollen* · *gern / lieber / am liebsten* **Wiederholung: Negation, Pronomen, Modalverben**

fünf **5**

INHALT

16 | Was für eine Idee!

A | LESETEXT	Das ist doch verrückt!	38
D | HÖRTEXT	Dieses „Märchen" darfst du nicht glauben!	43
⊕ | LESETEXT	Hochstapler	45

KOMMUNIKATION	WORTSCHATZ	GRAMMATIK
· Angaben zu Mengen und Maßen machen · vergleichen · Zweifel ausdrücken	· Mengen und Maße	· Adjektivkomparation: Superlativ · Nebensätze mit *dass* · Demonstrativartikel *dieser* · Indefinitpronomen *welch-* · *Was für ein ...?*

15 + 16 | MODUL-PLUS

Länder & Leute: Rekorde aus deiner Heimatregion ... 46
Projekt: Posterpräsentation: Liebesgeschichten in Bildern ... 47
Grammatik und Redemittel ... 48

17 | Wenn ich das schaffe, ...

A | LESETEXT	Fugu – eine gefährliche Spezialität	50
D | HÖRTEXT	Das war die Kleine da.	55
⊕ | ANZEIGEN	Online-Jobbörse	57

KOMMUNIKATION	WORTSCHATZ	GRAMMATIK
· in einem Restaurant bestellen · über Berufswünsche sprechen · sagen, was jemanden stört	· Essen und Trinken · Arbeitswelt · Schul- und Ausbildungssystem	· Wechselpräpositionen mit Dativ und Akkusativ · Nebensätze mit *wenn* Wiederholung: Präpositionen

18 | Damals durfte man das nicht ...

A | LESETEXT	Plötzlich waren Streichhölzer wichtig.	58
D | HÖRTEXT	Das hatten wir alles nicht!	63
⊕ | HÖRTEXT	Das Einkaufszentrum	65

KOMMUNIKATION	WORTSCHATZ	GRAMMATIK
· das Leben früher und heute vergleichen · seine Meinung zu Fernsehsendungen sagen	· Aktivitäten im Haushalt · Freizeitaktivitäten	· Präteritum von Modalverben · Nebensätze mit *weil*

17 + 18 | MODUL-PLUS

Länder & Leute: Ausbildung und Beruf ... 66
Projekt: Posterpräsentation: Das Leben heute und vor 60 Jahren ... 67
Grammatik und Redemittel ... 68

INHALT

19 | Mein Vorbild, mein Idol

A | LESETEXT	Im Team gewinnen	70
D | HÖRTEXT	Wer ist dein Vorbild?	75
⊕ | LIED	„Helden von heute"	77

KOMMUNIKATION	WORTSCHATZ	GRAMMATIK
· von einem Unfall erzählen · über Vorbilder und Idole sprechen · Begriffe umschreiben	· Unfall · Krankheit	· Präteritum · Nebensätze mit *obwohl* und *trotzdem* **Wiederholung: Perfekt; Präteritum von** *sein, haben* **und Modalverben; Sätze mit** *deshalb...***; Nebensätze**

20 | Lasst mich doch erwachsen werden!

A | LESETEXT	Erst dann bist du erwachsen ...	78
D | HÖRTEXT	Die Mutprobe	83
⊕ | SPIEL	Transformationen	85

KOMMUNIKATION	WORTSCHATZ	GRAMMATIK
· über Feste und Feiern sprechen · über Sportarten sprechen · Ratschläge geben · wetten	· Sportarten · Ortsadverbien	· reflexive Verben · Konjunktiv II: *sollten* · *lassen* · Indefinitpronomen *jemand/niemand* · Indefinitpronomen im Nominativ und Akkusativ: *ein-/welch-* **Wiederholung: Modalverben, Pronomen**

19 + 20 | MODUL-PLUS

Länder & Leute: Namen für Straßen und Plätze	86
Projekt: Eine Sportart präsentieren	87
Grammatik und Redemittel	88

21 | Ein toller Film, eine tolle Serie!

A | LESETEXT	Am Abend ist die Stimme weg	90
D | HÖRTEXT	Der Schulball	95
⊕ | LESETEXT	Filmkritiken zu „Ballon" und „Die Welle"	97

KOMMUNIKATION	WORTSCHATZ	GRAMMATIK
· über Filme und Serien sprechen · Wünsche äußern · über Wünsche anderer sprechen	· Film (Genres, Kritik, Berufe)	· Adjektivendungen Singular und Plural · Konjunktiv II: *hätte, wäre, würde* (Wünsche) **Wiederholung: Nebensätze mit** *weil*

INHALT

22 | Intelligenz und Gedächtnis

- A | LESETEXT Wunderkinder 98
- D | HÖRTEXT Bauchgefühl 103
- ⊕ | LIED „Alles vergessen!" 105

KOMMUNIKATION	WORTSCHATZ	GRAMMATIK
· erzählen mit Zeitangaben · Abläufe beschreiben	· Strategien zum Wörterlernen · Wortbildung: Nominalisierung von Verben	· Zeitangaben · temporale Präpositionen *(zu, am …)* · Passiv Präsens Wiederholung: Präpositionen

21 + 22 | MODUL-PLUS

- **Länder & Leute:** Schauplätze für Filme und Serien 106
- **Projekt:** Eine Fotogeschichte erzählen 107
- **Grammatik und Redemittel** 108

23 | Weißt du, wer das erfunden hat?

- A | LESETEXT Kopieren erlaubt 110
- D | HÖRTEXT Das Hochzeitsgeschenk 115
- ⊕ | LESETEXT Hand in Hand mit Fledermaus und Pinguin 117

KOMMUNIKATION	WORTSCHATZ	GRAMMATIK
· über Computer sprechen · über andere Personen sprechen · einen Tagebucheintrag verfassen	· Computer · Geräte	· Relativsätze · Genitiv · indirekte Fragesätze Wiederholung: Fragesätze

24 | Wo liegt Atlantis?

- A | LESETEXT Gab es Troja wirklich? 118
- D | HÖRTEXT Die schöne Helena 123
- ⊕ | LESETEXT Ida Pfeiffer und die Bücher des Jules Verne 125

KOMMUNIKATION	WORTSCHATZ	GRAMMATIK

· über Vorhaben sprechen
· Vorhaben bewerten *(Ich habe Lust, …,
    Es muss wunderbar sein, …)*
· über Geschenke sprechen
	· Wörter aus dem Kontext erschließen
	· Wortbildung: Nomen (Suffixe *-er, -in, -ung*)
		· Infinitivsätze
		· Verben mit Dativ und Akkusativ
		    (geben, schenken, nehmen …)

23 + 24 | MODUL-PLUS

- **Länder & Leute:** Fantasie und Realität 126
- **Projekt:** Erfindungen präsentieren 127
- **Grammatik und Redemittel** 128

- **Auswahlaufgaben** 130
- **Aufgaben Filme** 134
- **Besondere Verben** 141
- **Grammatik-Wiederholung: Weißt du's noch?** 142
- **Partnerübungen** 145
- **Lösungen** 147

START — Wie waren deine Ferien?

1 Was haben wir gemeinsam? AB 1–4

a Hör zu. Welche Themen passen zu den Dialogen? Nur vier Themen passen. 🔊 1/01

- A Stundenplan ★ B Hobbys ★
- C Fernsehen ★ D Essen und Trinken ★
- E Musik ★ F Krankheit ★
- G Reisen ★ H Wohnen

Dialog 1: ?
Dialog 2: ?
Dialog 3: ?
Dialog 4: ?

b Hört noch einmal. Was haben die Schülerinnen und Schüler gemeinsam? Was ist anders? Schreibt Sätze. 🔊 1/01

Sven und Julia: *Beide hatten Ferien, beide ...*
Alva und Axel: *Beide ...*
Michael und Kerstin: ?
Martin und Maria: ?

Venedig ★ Stundenplan ★ Pizza ★ Eis ★ schlecht schlafen ★ Horrorfilm ★ Sport

c Diese Wörter kennst du schon aus „Gute Idee! A1". Ordne zu.

Familie	Wohnen	Reisen	Essen und Trinken	Schule
?	*Badezimmer*	?	?	?

- ~~Badezimmer~~ ★ • Mathematik ★ • Schiff ★ • Salat ★ • Schlafzimmer ★ • Flugzeug ★ • Flur ★ • Sofa ★ • Kinderzimmer ★ • Möbel ★ • Zug ★ • Auto ★ • Bus ★ • Gemüse ★ • Klasse ★ • fahren ★ • fliegen ★ • einsteigen ★ • Bruder ★ • Milch ★ • Schwester ★ • Biologie ★ • Kartoffeln ★ • Mineralwasser ★ • Note ★ • Chemie ★ • Vater ★ • Mutter ★ • Wurst ★ • Onkel ★ • Tante ★ • Cousin ★ • Erdkunde lernen

d Findet noch mehr Wörter zu den Themen in **c**.

2 Und jetzt ihr!

a Was habt ihr gemeinsam? Sprecht und findet 10 Gemeinsamkeiten.

○ Ich habe einen Bruder. Hast du auch Geschwister?
◆ Ja, ich habe eine Schwester und einen Bruder.
○ Magst du Hamburger?
◆ Nein, du?
○ Ich auch nicht.
◆ Wann stehst du am Morgen auf?
○ Um ...

Weißt du's noch? S. 142
Verbkonjugation

b Berichtet in der Klasse.

> Wir haben beide ...

> Wir mögen keine Hamburger.

> Wir stehen um ...

FILM
Schau den Film **Willkommen in Deutschland!** an und lös die Aufgaben auf S. 134.

neun 9

13 A Das muss ich haben!

Mia

A1 Taschengeld

a Wie viel Geld hat Mia? Was möchte sie mit dem Geld machen?

⊕	30 €	Taschengeld	⊖	89 €	Schuhe
	36 €	Babysitten (6 Stunden)		15 €	Geburtstagsgeschenk für Emma
	5 €	Tante Claudia			

> Sie bekommt ... Taschengeld / für Babysitten / von Tante Claudia. Sie kauft ...

b Wie lange muss Mia noch für die Markenschuhe babysitten?

Lösung: S. 147

c Bekommst du Taschengeld? Was machst du mit dem Geld?

> Ich bekomme ...

> Ich kaufe ...

Das Jugendamt Nürnberg empfiehlt:

Alter (Jahre)	Taschengeld pro Monat
10–12	10 €
13–15	20 €
16–17	30 €

A2 Schuluniformen AB 1

a Lies die Sätze 1–5. Wer ist für Schuluniformen, wer ist dagegen?

> Seid ihr für Schuluniformen?

Ich bin dafür.

Ich bin dagegen.

	Ich bin dafür.	Ich bin dagegen.
1 „Uniformen sind schrecklich."	?	?
2 „Super, wir sehen alle gleich aus!"	?	?
3 „Markenkleidung finde ich cool."	?	?
4 „Ich weiß immer, was ich für die Schule anziehe."	?	?
5 „Ich will jeden Tag anders aussehen."	?	?

> dafür sein ≠ dagegen sein
> Ich bin **für** Schuluniformen.
> → Ich bin dafür.
> Ich bin **gegen** Schuluniformen.
> → Ich bin dagegen.

LESEN | HÖREN | SPRECHEN | SCHREIBEN | WORTSCHATZ | GRAMMATIK

A 13

www.realschule-grossau.at

 Realschule Großau – Schulforum   FORUM

Unser Thema: Wer will Schuluniformen?

T-Shirts in Weiß mit unserem Schullogo, Hosen oder Röcke in Grau … So sieht sie vielleicht aus, unsere Schuluniform. Noch diskutieren wir – alles ist offen. Unsere Direktorin ist dafür. „Warum denn nicht?", hört man auch von Schülerinnen und Schülern. „Ich bin absolut dagegen!", meinen andere. Was meint ihr? Schreibt uns doch.

 Leonie — Ich finde Schuluniformen gut. Am Morgen weiß ich dann immer schon, was ich anziehe. Das spart Zeit. Vielleicht bin ich dann sogar pünktlich in der Schule. 😉

 Lisa — Ich bin für die Schuluniformen. Die Uniform zeigt: Wir sind eine Familie, eine „Schulfamilie". Das finde ich gut.

 Dünya — Ihr kennt sicher Isabella, die Influencerin. Ich sehe jede Woche ihre Videos. Isabella gibt Modetipps, und die muss ich dann unbedingt ausprobieren. Isabella ist super, Schuluniformen sind das Letzte.

 Amir — Markenkleidung ist in. Ich habe aber nicht so viel Geld für Markenkleidung, da bin ich dann schnell out. Eine Schuluniform ist nicht so teuer wie Markenkleidung, und das ist gut.

 Max — Für Zehn- bis Vierzehnjährige sind Schuluniformen vielleicht okay. Ich will sie nicht anziehen. Ich mag überhaupt keine Uniformen. Ich möchte anziehen, was ich will.

 Mia — Kleidung ist wichtig für mich. Ich will gut aussehen. Deshalb verdiene ich Geld mit Babysitten. Das brauche ich, denn meine Eltern wollen mir immer nur Sonderangebote kaufen. Markenkleidung ist aber viel teurer als normale Kleidung. Aber sie sieht auch viel cooler aus als jede Schuluniform.

b Lies und hör den Text. Warum ist Mia gegen Schuluniformen? 🔊 1/02

c Wer ist für und wer ist gegen Schuluniformen? Warum? Ordne zu und schreib Sätze.

Zeit beim Anziehen sparen ★ Markenkleidung ist schön ★ wir haben etwas gemeinsam ★
nicht für Fünfzehnjährige ★ Modetipps ausprobieren wollen ★ nicht so teuer wie Markenkleidung

		dafür	dagegen	Warum?
1	Leonie	✗	?	?
2	Dünya	?	?	?
3	Max	?	?	?
4	Lisa	?	?	?
5	Amir	?	?	?
6	Mia	?	?	?

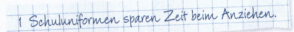
1 Schuluniformen sparen Zeit beim Anziehen.

d Diskutiert die beiden Themen. Berichtet dann in der Klasse.

1 Möchtest du Schuluniformen an deiner Schule haben?

*Ich bin für/gegen Schuluniformen.
Ich möchte anziehen, was ich will.
Markenkleidung ist für mich wichtig /
 dann nicht mehr wichtig.
Schuluniformen sind praktisch / nicht so teuer …*

2 Für Markenkleidung arbeiten. Ist das eine gute Idee? Was meinst du?

*Nein, auf keinen Fall. Das ist keine gute Idee.
Ich arbeite nicht für …
Ja, auf jeden Fall. Ich denke, das ist eine
 gute Idee.
Ich kann dann … kaufen. …*

elf 11

13 B

LESEN | HÖREN | SPRECHEN | SCHREIBEN | WORTSCHATZ | GRAMMATIK

B1 Kleidung AB 2–6

a Ordne zu. Hör zu, sprich nach und vergleiche. 🔊 1/03

Für die **Schuhe** gehe ich gern babysitten.

gestreift

kariert

1 • T-Shirt (-s)   2 • Schal (-s)   3 • Hemd (-en)
4 • Kleid (-er)   5 • Hose (-n)   6 • Socke (-n)
7 • Jacke (-n)   8 • Jeans   9 • Schuh (-e)
10 • Pullover (–)   11 • Bluse (-n)   12 • Kappe (-n)
13 • Rock (¨e)   14 • Mantel (¨)   15 • Handschuh (-e)
16 • Stiefel (–)

Weißt du's noch? S.143
Singular • • • und Plural •

b Ratespiel. Wähle drei Fragen und schreib die passenden Kleidungsstücke aus **a** auf. Deine Partnerin / Dein Partner sucht die richtige Frage.

Welche Kleidungsstücke …

1 trägst du oft?
2 trägst du nicht oft?
3 muss man oft waschen?
4 wäscht man nicht oft?
5 trägst du heute?
6 sind teuer?
7 sind billig?
8 sind immer ein Paar (= 2 Stück)?
9 trägst du nur im Winter?
10 sind • maskulin?
11 haben zwei Silben?

	tragen
ich	trage
du	trägst
er, es, sie, man	trägt

T-Shirt, Hose, Socken, Schuhe

Frage 5?

Richtig. Heute trage ich ein T-Shirt …

B2 Wie sieht das aus?

a Hör zu und finde die passende Schuluniform. Finde auch zwei Fehler in den Bildern. 🔊 1/04

A   B   C   D

Modell 1: ?   Modell 3: ?
Modell 2: ?   Modell 4: ?

Fehler in Bild …: … ist nicht …, sondern …

b Such ein Bild im Kursbuch (bis Seite 37). Beschreibe die Kleidung, nenne aber nicht die Person oder die Seite im Buch. Kann deine Partnerin / dein Partner die Person finden?

○ Die Person trägt eine Jacke, eine Hose und ein T-Shirt. Die Jacke ist blau, die Hose ist dunkelgrau und das T-Shirt ist gelb. Wer ist das?
♦ Das ist der Junge auf Seite 35, Foto B.

c Macht Interviews und notiert die Antworten. Berichtet dann in der Klasse.

1 Wie oft kaufst du Kleidung?
2 Kaufst du gern Kleidung? Warum? Warum nicht?
3 Wo kaufst du gern ein? Online oder in Kleidergeschäften?
4 Welche Kleidungsstücke magst du besonders gern?
5 Kaufst du gern mit Freunden oder mit deinen Eltern ein?

LESEN | HÖREN | SPRECHEN | SCHREIBEN | WORTSCHATZ | GRAMMATIK

C1 Was ist billiger? AB 7–10

> Markenkleidung ist **teurer als** normale Kleidung.

a Kleidungsstücke vergleichen. Hör zu und finde die Paare. 1/05

b Hör noch einmal. Ergänze dann die Sätze. Verwende die Kleidungsstücke aus **a**. 1/05

- wärmer ★
- billiger ★
- besser ★
- eleganter ★
- schöner ★
- lieber ★

1 „Kauf doch die _Schuhe_, die sind _billiger_ als die _Stiefel_."
2 „Zieh den (?) an, der ist (?) als die (?)."
3 „Ich ziehe den (?) an, der ist (?) als das (?)."
4 „Nimm die (?), die sind (?) als die (?)."
5 „Das (?) passt (?) als das (?)."
6 „Es regnet. Ich nehme (?) die (?) als die (?)."

> **Komparativ**
> Die Stiefel sind billig.
> Die Schuhe sind billig**er als** die Stiefel.

c Ergänze die Tabelle. Hör zu und vergleiche. 1/06

Komparativ		besondere Formen:			
billig	billig**er**	(?)	wärmer	(?)	teurer
schnell	(?)	groß	(?)	(?)	dunkl**er**
klein	(?)	kurz	(?)	gut	besser
interessant	(?)	nah	(?)	viel	mehr
hässlich	(?)	(?)	höher	gern	lieber

> bei kurzen Adjektiven:
> a → ä
> o → ö
> u → ü

d Zeig ein Adjektiv aus **c**. Deine Partnerin oder dein Partner nennt das Adjektiv im Komparativ.

> gern – lieber

C2 Rechenrätsel

a Lies und ergänze den Dialog.

○ Was ist los, Mia?
◆ Ich habe nur noch 10 Euro. Ich hatte aber 89 Euro auf meinem Konto.
○ Du hast schon ziemlich viel gekauft. Zum Beispiel die Hose für _68 €_.
◆ Ja, aber im Sonderangebot war sie (?) billiger, sie hat also nur (?) gekostet.
○ Und dann hast du noch drei Blusen gekauft.
◆ Die Blusen waren auch im Sonderangebot, die waren auch (?) billiger.
○ Stimmt, die drei Blusen haben (?) gekostet.
◆ Das sind zusammen (?). Ich habe aber nur noch zehn Euro.
○ Es fehlen 21 Euro.
◆ Vielleicht haben wir falsch gerechnet?

b Hör zu und vergleiche. Haben Mia und Julia falsch gerechnet? 1/07

Lösung: S. 147

13 C

LESEN | HÖREN | SPRECHEN | SCHREIBEN | WORTSCHATZ | GRAMMATIK

c Hört den Dialog und ergänzt. Macht Dialoge wie im Beispiel. 🔊 1/08

| 45 € / • Hose ★ |
| 13 € / • Bluse ★ |
| 24 € / • Hemd ★ |
| 29 € / • Rock ★ |
| 7 € / • Socken ★ |

○ Ich habe noch _45 €_.
　Ich brauche noch _eine Hose_.
◆ [?] kostet [?].
　Aber im Sonderangebot ist _sie_ 50 % billiger.
○ Da kostet [?] dann [?]. Das geht.

Weißt du's noch? S.143
Artikelwörter und Pronomen

C3 Vergleiche S. 130 AB 11–13

a Macht Sätze mit Adjektiven. Wie viele Sätze könnt ihr in fünf Minuten finden?

Vergleich

Flugzeuge sind **schneller als** Autos.
Autos sind **so schnell wie** Züge.

Flugzeug: 800 km/h
Auto: 130 km/h
Zug: 130 km/h

Bus · U-Bahn · Flugzeug · Auto · Schiff · Zug · Fahrrad

> Flugzeuge sind schneller als Autos.

> In der Stadt sind Fahrräder so schnell wie Autos.

schnell ★ langsam ★ billig ★ interessant ★ praktisch

praktisch = es ist einfach und passt gut

Pommes frites · Eis · Salat · Fisch · Hamburger · Kuchen · Karotten

gesund ★ teuer ★ billig ★ gut ★ süß

Fußball spielen · tauchen · tanzen · Karten spielen · reiten · lesen

schwierig ★ lustig ★ cool ★ langweilig ★ einfach

b Ratespiel. Vergleiche Dinge/Personen in der Klasse. Schreib drei Sätze, ein Satz ist falsch.

> Ich bin älter als Laszlo. Maria ist größer als ich. Ich bin so alt wie Maria.
> Meine Tasche ist kleiner als Kevins Tasche. …

c Lest die Sätze. Die anderen raten: Welcher Satz stimmt nicht?

LESEN | HÖREN | SPRECHEN | SCHREIBEN | WORTSCHATZ | GRAMMATIK

ALLTAGSSPRACHE **D 13**

D1 Modefarben AB 14–16

a Sieh das Foto an. Was denken die Personen? Was sagen die Personen? Was meinst du? Ordne zu.

1 Ich finde nichts, die Modefarben in diesem Jahr mag ich nicht.

2 Felix, nimm die Hose, wir sind schon so lange hier.

3 Hoffentlich kauft er bald eine Hose.

A Haben Sie die Hose ein bisschen kleiner?

B Ja, vielleicht, ich schaue einmal …

C … du hast immer noch nichts gekauft.

b Hör zu und vergleiche deine Antworten aus **a**. 🔊 1/09

c Hör noch einmal. Das denken die Personen. Was sagen sie wirklich? Ordne zu. 🔊 1/09

Das ist eine Frechheit!
≈ Das ist auf keinen Fall okay.

1 Lara: Es ist schon so spät. (?)
2 Felix: Die Hose finde ich gut, aber sie ist zu groß. (?)
3 Lara: Er muss jetzt etwas kaufen. (?)
4 Verkäuferin: Er war eine Stunde lang hier, und jetzt kauft er nichts, das ist eine Frechheit! (?)
5 Felix: Und jetzt mit Lara Schuhe kaufen, das wird toll. (?)
6 Lara: Der spinnt doch! (?)

A „Haben Sie die Hose kleiner?"
B „Nein, Felix, auf keinen Fall."
C „Nimmst du jetzt gar nichts?"
D „Wir sind schon eine Stunde hier."
E „Felix, da liegen drei Pullover, vier Hemden und sechs Hosen, aber du hast immer noch nichts gekauft."
F „Schau Lara, dort ist ein Schuhgeschäft. Ich brauche Schuhe."

d Lara und die Verkäuferin sind sehr freundlich. Wie können sie ihre Meinung auch anders sagen? Schreib alternative Sätze zu den Sätzen B – E. Die Sätze können auch unfreundlich sein.

freundlich ↔ unfreundlich
😊   🙁

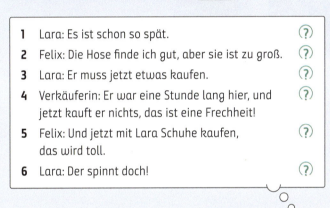

Es ist schon so spät.

Wir sind schon eine Stunde hier.

Er war eine Stunde lang hier und jetzt kauft er nichts, das ist eine Frechheit!

…

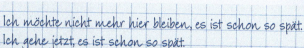

Ich möchte nicht mehr hier bleiben, es ist schon so spät.
Ich gehe jetzt, es ist schon so spät.
Ich habe genug, ich gehe jetzt.

fünfzehn **15**

13 E

LESEN | HÖREN | SPRECHEN | SCHREIBEN | WORTSCHATZ | GRAMMATIK

E1 Könnte ich …? AB 17–20

a Hör zu und ergänze. 🔊 1/10

> **Könnte** ich die Hose auch in Schwarz **haben**?

- ○ [?] ich die Hose [?]?
- ♦ Ja natürlich, welche Größe?
- ○ 52.
- ♦ Passt die Hose?
- ○ Nein, sie ist zu groß. [?] ich die Hose eine Nummer kleiner [?]?
- ♦ Einen Moment.

b Macht Dialoge wie in **a**.

| Schuhe ★ Pullover ★ Rock ★ Bluse ★ Hemd |

> 🙂 Freundlicher: Kann ich … probieren?
> **Könnte** ich … **probieren**?

- ○ Könnte ich das Kleid / die Schuhe … probieren?
- ♦ Ja, natürlich, welche Größe?
- ○ Größe … / Ich weiß nicht.
- ♦ Das ist Größe … / Passt das Kleid …? / Passen …?
- ○ … ist/sind zu klein … Könnte ich … eine Nummer größer/kleiner/ein bisschen länger/kürzer / in Beige/weiter/enger … haben?
- ♦ Einen Moment.

eng   weit

E2 Komm mit.

a Hör die Dialoge und ordne zu. 🔊 1/11

> **Würdest** du noch **mitkommen**?

A   B   C   D

Weißt du's noch? S. 142
Imperativ

b Hör noch einmal. Ergänze die Dialoge. Wer ist freundlich 🙂 / unfreundlich 🙁 ? 🔊 1/11

| könnten … wiederholen ★ kauf ★ geh einkaufen ★ komm ★ bring … mit ★ würdest … mitkommen |

> Komm mit.
> 🙂 Freundlicher: **Würdest** du **mitkommen**?

1. ○ Schau, dort ist ein Schuhgeschäft. [?] du [?], Karin? Ich brauche noch Schuhe.
   ♦ Nein, leider, ich habe keine Zeit.

2. ○ Schnell, [?]! Der Zug wartet nicht.
   ♦ Aber ich habe keine Fahrkarte.
   ○ [?] schnell eine Karte. Dort ist ein Fahrkartenautomat.

3. ○ Martin, [?].
   ♦ Na gut.
   ○ Und [?] Milch [?]. Wir haben keine Milch mehr.
   ♦ Natürlich.

4. ○ Die Apotheke ist in der Goethestraße, neben dem Museum.
   ♦ [?] Sie das [?]? Wo ist die Goethestraße?

1 – 🙂

c Findet Situationen zu den Sätzen. Wer spricht mit wem? Schreibt dann die Sätze freundlicher und macht Dialoge.

an·machen = ein·schalten

1. „Bring deinen Bruder mit."
2. „Räum dein Zimmer auf."
3. „Mach den Fernseher an. Ich will meine Lieblingsserie sehen."
4. „Helfen Sie doch! Die Tasche ist sehr schwer."
5. „Sei still. Ich höre nichts."
6. „Bezahl bitte das Essen. Ich habe kein Geld mit."
7. „Fahren Sie langsamer. Ich habe Angst."
8. „Mach das Fenster zu. Es ist kalt."

Mädchen: „Morgen mache ich eine Party. Könntest du deinen Bruder mitbringen?"
Freundin: „Nein, mein Bruder mag keine Partys."

AB 21–24

still

LESEN | HÖREN | SPRECHEN | SCHREIBEN | WORTSCHATZ | GRAMMATIK

PLUS 13

1 Markenschuhe

a Lies und hör den Text. Ergänze die Informationen in der Grafik. 🔊 1/12

Fabrik (?) %
Transport (?) %
Einzelhandel (?) %
Markenfirma (?) %
Arbeiter in der Fabrik (?) %

Wer bekommt meine 100 Euro?

Deine Schuhe haben 100 € gekostet. Wer bekommt jetzt dein Geld? Einen Teil bekommen die Verkäufer in deinem Schuhgeschäft, das ist klar: 50 € bekommt das Schuhgeschäft in deiner Stadt.

5 Der Transport zum Schuhgeschäft war nicht teuer. 5 Prozent von deinen 100 € sind die Transportkosten.

Du denkst, dann bleiben 45 € für die Produktion? Falsch. Die Schuhfabrik für deine Schuhe steht in Indien. Die Fabrik bekommt 12 €: 8 € für das Material und 3 € für die Energie und die Maschinen in

10 der Schuhfabrik. Die Arbeiter bekommen 0,5 Prozent von deinen 100 €, das sind genau 50 Cent.

50 + 5 + 12 sind 67 €. Wer bekommt nun den Rest von deinen 100 €? Dein Schuh ist ein Markenschuh. Den Rest bekommt die Markenfirma. 9 € kostet ihre Werbung und 10 € kostet die Forschung,

15 14 € sind der Profit der Markenfirma.

b Was bedeuten die Wörter im Text wohl? Kannst du die Bedeutung erraten? Übersetze in eine Sprache, die du sprichst. Vergleiche dann mit einem Online-Wörterbuch.

- Teil • Produktion • Energie • Maschine
- Werbung • Forschung • Rest • Profit

- Firma: produziert und verkauft etwas
- Transport

GEOGRAFIE

Ich glaube, „Teil" bedeutet …

2 Die Hose passt nicht.

a Lies die Nachricht und beantworte die Fragen.

Bea:
Hallo Marie, meine Bluse und meine Hose sind da! Du weißt, für die Party nächste Woche. 😍 Die Bluse passt und sieht toll aus. Die Hose ist zu groß. 😕 Die brauche ich eine Nummer kleiner. Die Farbe passt auch nicht. ☹️ Im Internet hat das Rot toll ausgesehen. Ich möchte die Hose jetzt aber lieber in Dunkelblau. Ich muss sie zurückschicken. Ich schreib gleich eine Mail an die Firma. Bis bald Bea

1 Was hat Bea gekauft?
2 Warum ist Bea nicht ganz zufrieden?
3 Was muss sie jetzt machen?

b Schreib Beas Mail an die Internetfirma.

Sehr geehrte Damen und Herren,
ich habe … … passt leider nicht. …
ist zu groß. Ich brauche … kleiner. …
Ich möchte … in Dunkelblau. Könnten
Sie … Ich schicke … zurück.
Mit freundlichen Grüßen …

AB 25–27

ROSI ROT & WOLFI

siebzehn 17

14 A   Einmal um die Welt …

A1   Expedition zum Denali

a   Schau die Fotos 1–3 und die Karten oben an. Wo sind Stefan und Anja Baumgartner? Wie spät ist es wohl?

> Stefan Baumgartner ist in … In … ist es … Uhr.

> Anja Baumgartner ist vielleicht …

b   Hört zu und vergleicht mit euren Vermutungen in **a**. Beschreibt dann Stefan Baumgartners Reiseroute. ◀) 1/13

> Sie sind mit … von … nach … geflogen.

c   Welches Foto A–D passt? Ordne zu.

> Sie fahren …

① Das Wetter ist schlecht.   ③ Das Basislager am Denali
② Die Bergsteiger warten im Zelt.   ④ Das Ziel: der Gipfel

LESEN | HÖREN | SPRECHEN | SCHREIBEN | WORTSCHATZ | GRAMMATIK

DER GIPFEL WARTET

„... einhundertvierundsechzig, einhundertfünfundsechzig, einhundertsechsundsechzig ..."

Stefan Baumgartner liegt im Zelt und zählt die Quadrate auf seinem Schlafsack. Das Wetter ist schon eine Woche lang schlecht: Es ist neblig, sehr windig, es schneit, und es sind minus 25 Grad Celsius. Stefan Baumgartner, Christina Kaltner und Benjamin Weithofer warten im Basislager am Denali. Die drei möchten den Berg besteigen, aber zuerst muss das Wetter besser werden. Das Warten und die Langeweile sind furchtbar. Stefan Baumgartner hat schon siebenmal die Quadrate auf seinem Schlafsack gezählt. Es sind dreihundertsiebenunddreißig. Er denkt an die Reise zum Denali zurück: von Deutschland mit dem Flugzeug über New York nach Alaska, vom Flughafen Anchorage mit dem Auto nach Fairbanks, von dort mit dem Helikopter zum Basislager ... Und jetzt warten sie. Die Expedition kostet Geld, sehr viel Geld. Ein Jahr lang haben sie ihre Expedition vorbereitet. Jeden Tag hat Stefan trainiert. Seine Freunde haben das oft nicht verstanden. „Warum machst du das, du hast doch eine Familie?", haben sie gefragt.

Und es stimmt auch. Alle drei haben zu Hause eine Familie. Auch ihre Familien müssen jetzt warten. Vielleicht ist das Wetter morgen besser, und sie können den Gipfel besteigen. Vielleicht bleibt das Wetter aber schlecht, und sie müssen wieder zurück nach Deutschland. Mit dem Helikopter zurück nach Fairbanks, mit dem Auto von Fairbanks zurück nach Anchorage, von Anchorage ... Vielleicht nächstes Jahr ... Sind es wirklich dreihundertsiebenunddreißig Quadrate?

A2 Im Basislager AB 1

a Lies und hör den Text. Warum müssen die Bergsteiger warten? 🔊 1/14

b Lies den Text noch einmal. Schreib die Antworten. Die Antworten stehen direkt im Text.

1 Wie ist das Wetter am Denali?
2 Warum wartet die Bergsteigergruppe am Denali?
3 Wie finden sie das Warten?
4 Was macht Stefan Baumgartner in seinem Zelt?
5 Wer wartet zu Hause auf Stefan, Christina und Benjamin?

1 Das Wetter ...

c Findet Antworten auf die Fragen. Was meint ihr?
Die Antworten stehen nicht direkt im Text.

1 Warum zählt Stefan Baumgartner die Quadrate auf seinem Schlafsack?
2 Was denken Stefan Baumgartners Freunde über die Expedition?
3 Was denken die Familien über die Expedition?
4 Was möchte Stefan Baumgartner nächstes Jahr machen?

> Im Text steht „Das Warten und die Langeweile sind furchtbar."
> Ich denke, Stefan Baumgartner kann nichts tun – und er hat sehr viel Zeit.

d Ist die Expedition eine gute Idee? Was meint ihr? Diskutiert in der Klasse.

Ich finde, die Expedition ist eine/keine gute Idee.
Die Expedition ist interessant/toll/verrückt ...
Den Denali besteigen, das ist ...
Die Bergsteigergruppe muss ...
Ihre Familien müssen ... Sie können nicht ...
Im Zelt warten, das ist doch ...

14 B

LESEN | HÖREN | SPRECHEN | SCHREIBEN | WORTSCHATZ | GRAMMATIK

B1 Das Wetter am Denali AB 2–3

a Ergänze die Texte. Hör zu und vergleiche. 🔊 1/15

> Es ist neblig, sehr windig, es schneit, und es sind minus 25 Grad Celsius.

Das Wetter am Denali ist schon eine Woche lang schlecht. Es ist stark b(?), es ist ne(?), es sch(?), es ist sehr w(?) und es sind (?) G(?) Celsius. Das heißt, es ist sehr k(?).

1

Das Wetter am Denali ist gut. Die S(?) sch(?), es sind (?) G(?), es ist nicht w(?) und nicht n(?).

2

• Sonne	• Schnee	• Regen	• Wolke	• Nebel	• Wind
Die Sonne scheint. / Es ist sonnig.	Es schneit.	Es regnet.	Es ist bewölkt.	Es ist neblig.	Es ist windig.

Es ist kalt/kühl/ warm/heiß.
Es sind minus 45 Grad.

kalt – kühl – warm – heiß

b Beschreibt die Jahreszeiten am Denali. Wann ist eine Expedition möglich?

DENALI	Frühling	Sommer	Herbst	Winter
Temperatur	–30 °C	–25 °C	–40 °C	–56 °C
Wind	🚩	🚩	🚩🚩	🚩🚩
Sonne	☀☀	☀☀	☀☀	☀
Niederschläge	❄❄	❄	❄❄❄	❄❄❄
Tageslicht	14 Stunden	18 Stunden	12 Stunden	8 Stunden

Im Frühling sind … Grad. Es ist …

Es gibt wenig/viel / sehr viel Schnee.

B2 Reisewetter AB 4–5

a Hör zu und ergänze die Wetterinformationen im Text. Beschreibe das Wetter in den acht Weltregionen. Ist gerade Frühling, Sommer, Herbst oder Winter? 🔊 1/16

Flug 2213 nach Sydney. Das Wetter in Sydney ist …

1 21 Grad, stark bewölkt, …

REISEWETTER HEUTE		
Norwegen, Oslo	–14 Grad	Sonne
1 Australien, Sydney	(?) Grad	(?)
2 Russland, Nowosibirsk	(?) Grad	stark bewölkt, (?)
3 Brasilien, Rio de Janeiro	(?) Grad	(?), (?)
4 Indien, Mumbai	(?) Grad	(?)
5 Kanada, Quebec	(?) Grad	(?)
USA, San Francisco	–5 Grad	Schnee
Südafrika, Kapstadt	35 Grad	Sonne

b Welches Wetter magst du (nicht)? Ordne die Wörter von 1–6 wie im Beispiel. Erkläre deiner Partnerin / deinem Partner deine Reihenfolge. S. 130

• Hitze: Es ist heiß.
• Kälte: Es ist kalt.

1 gefällt mir sehr gut
2
⋮
5
6 mag ich nicht

1 Schnee
2 Sonne und Hitze (35°C)
3 Nebel
4 Regen
5 Sonne und Kälte (–10°C)
6 Wind

Schnee und Kälte mag ich nicht. Im Winter bin ich oft erkältet.

erkältet

AB 6–7

20 zwanzig

LESEN | HÖREN | SPRECHEN | SCHREIBEN | WORTSCHATZ | GRAMMATIK

C1 Extremes Wetter bei der Expedition: Die „Poseidon" am Kap Hoorn AB 8–15

a Welches Bild passt? Ordne zu. Lies dann den Text. Warum ist das Kap Hoorn so gefährlich?

1. Ganz im Süden von Südamerika: Kap Hoorn
2. Die Stürme am Kap Hoorn waren für die Segelschiffe im 18. und 19. Jahrhundert sehr gefährlich.

Ganz im Süden von Südamerika liegt Kap Hoorn. Der Westwind ist hier sehr stark. Auch gibt es immer wieder Eisberge. Das macht das Meer sehr, sehr gefährlich. Viele Segelschiffe sind vor dem Kap Hoorn untergegangen. Auch die „Poseidon" hatte im Jahr 1865 am Kap Hoorn Probleme. Das Logbuch erzählt ihre Geschichte.

b Was ist passiert? Lies das Logbuch der „Poseidon" und ordne die Bilder 1–4 zu.

1. • Rettungsboot
2. • Eisberg
3. • Mast
4.

DATUM	NOTIZ	LOGBUCH *POSEIDON*
16. Januar 1865	Abfahrt Argentinien	Wind = gut, Temperatur 15 Grad
20. Januar 1865	Eisberg 100 Meter entfernt	?
30. Januar 1865	Sturm –20 Grad Celsius	zwei Rettungsboote verloren ?
5. Februar 1865	5 Männer krank	?
23. Februar 1865	Hauptmast verloren	Wir können nicht weiter, wir müssen zurück. ?

c Lies Alberts Brief und ergänze die fehlenden Wörter. Das Logbuch hilft dir.

Liebste Johanna, Puerto Deseado, den 27. März 1865

wir sind wieder in Argentinien. Die Stürme am Kap Hoorn waren einfach zu stark. Am 1 **?** sind wir von hier abgefahren. Alles hat zuerst gut ausgesehen: Der Wind und das Wetter waren ideal. Am 20. Januar haben wir einen 2 **?** gesehen. Er war nur 3 **?** Meter von unserem Schiff entfernt, doch wir haben aufgepasst. Zehn 4 **?** später haben dann die wirklichen Probleme angefangen. Der 5 St**?** war furchtbar. Gleich am ersten Tag haben wir zwei 6 **?** verloren, und dann sind fünf 7 **?** 8 **?** geworden. Der Sturm hat nicht aufgehört. Dann haben wir auch noch den Hauptmast 9 **?** en. Wir hatten keine Chance mehr und sind zurückgefahren. Gestern sind wir wieder hier in Argentinien angekommen. Endlich in Sicherheit! Wir 10 **?** den Menschen hier unsere Geschichte erzählt, und alle meinen, wir hatten großes Glück.

In Liebe Dein Albert

Albert Hofmann, Schiffsarzt auf der „Poseidon"

1. 16. Januar
2. **?** …

d Ergänze die Sätze aus Alberts Brief.

aussehen ★ zurückfahren ★ verlieren ★ anfangen ★ erzählen ★ aufpassen ★ ankommen ★ ~~abfahren~~ ★ aufhören

Weißt du's noch? S.142
Perfekt und Präteritum

Partizip II

Trennbare Verben
ab fahren – ab ge fahren
auf hören – auf ge hört

Verben mit ver-, er-, be-, ent- (kein -ge-):
verlieren – verloren
erzählen – erzählt
besuchen – besucht
entschuldigen – entschuldigt

Verben auf -ieren (kein -ge)
trainieren – trainiert

1. Am 16. Januar sind wir von hier *abgefahren*.
2. Alles hat zuerst gut [?]:
3. ... doch wir haben [?].
4. Zehn Tage später haben dann die Probleme [?].
5. Gleich am ersten Tag haben wir zwei Rettungsboote [?].
6. Der Sturm hat nicht [?].
7. Wir hatten keine Chance mehr und sind [?].
8. Gestern sind wir wieder hier in Puerto Deseado [?].
9. Wir haben den Menschen hier unsere Geschichte [?].

e Macht ein Fragespiel.

○ Was ist am 16. Januar passiert?
◆ Die „Poseidon" ist in Argentinien abgefahren.

· 20. Januar
· 30. Januar
· 5. Februar
· 23. Februar

C2 Tagebücher AB 16–17

a Lies die Online-Tagebücher von Stefan Baumgartner und Christina Kaltner. Wie war der Tag? Erzähle.

 Stefan Baumgartner **hat** schon siebenmal die Quadrate auf seinem Schlafsack **gezählt**.

≡ STEFAN BAUMGARTNER

13. Tag im Basislager

Ich zähle die Quadrate auf meinem Schlafsack.
Christina macht Tee, schon wieder!
Ich denke an die Vorbereitungen zurück.
Benjamin erzählt seine Mount Everest-Geschichten.
Immer dasselbe – ich höre nicht mehr zu.
Der Wind hört auf.
Christina räumt das Zelt auf, schon wieder!
Ich ziehe mich an und stehe auf.
Das Wetter sieht besser aus.

≡ CHRISTINA KALTNER

Basislager, 13. Tag

Ich koche Tee. Stefan zählt schon wieder die Quadrate auf seinem Schlafsack. Warum zählt er so laut? Ich höre Benjamin zu, finde seine Everest-Geschichten interessant. Er erzählt sie immer neu. Ich räume dann das Zelt auf. Überall sind Stefans Sachen, seine Socken, sein Taschenmesser. Ich verstehe das nicht. Stefan kommt zurück.
Ich spreche mit ihm.

Stefan Baumgartner hat ... gezählt.

Christina Kaltner hat Tee gekocht.

• Taschenmesser

b Hat es Streit gegeben? Warum (nicht)?
Was meinst du?

• Streit

LESEN | HÖREN | SPRECHEN | SCHREIBEN | WORTSCHATZ | GRAMMATIK   ALLTAGSSPRACHE D 14

D1 Verrückte Reisen

a Lies die Anzeigen und ergänze die Tabelle.

Reise	Dauer	Preis
Nordpol-Rundflug	elf Stunden	500 – 2.000 €
(?)	(?)	(?)

www.verrueckte-reisen.com

VERRÜCKTE REISEN

NORDPOL – RUNDFLUG
Dauer: elf Stunden.
Inklusive Speisen, Getränke, Filme, Musik.
Preis: 500 – 2.000 €.

FLUG IN DEN WELTRAUM
Dauer: drei Tage.
Achtung: lange Wartelisten.
Preis: 50 Millionen €.

TITANIC – EXKURSION
Eine Tauchfahrt mit dem U-Boot.
Dauer: acht Stunden.
Preis: 106.000 €.

SCHIFFSREISE
Mit der „Queen Victoria" um die Welt.
Dauer: 106 Tage.
Preis 379.000 €.

MOUNT EVEREST – EXPEDITION
Dauer: 71 Tage.
Preis: 49.000 €.

FORMEL-1 – TESTFAHRT
Ein Tag auf dem Pannoniaring – 50 Kilometer in einem Formel-1-Rennwagen.
Preis: 1.450 €.

b Macht ein Miniquiz. Was findet ihr billig? Was findet ihr teuer?

○ Die Reise dauert … und sie kostet …
◆ Das ist der/die … Den/Die finde ich …

> • Anzeige ≈ kurzer Text in der Zeitung oder im Internet, wenn man etwas sucht oder verkaufen will

D2 Die Reise im Kopf AB 18–19

a Hör den Dialog. Welche Reisen aus D1a nennen Hannah und Florian? ◀) 1/17

b Hör noch einmal. Was ist richtig? ◀) 1/17

1 Florian sucht im Internet ein Hotel für den Familienurlaub. (?)
2 Das Hotel kostet 49.000 €. (?)
3 Florian findet die Internetseite „Verrückte Reisen". (?)
4 Florian und Hannah spielen Reisebüro. (?)

c Florian und Hannah spielen Reisebüro. Ergänze die Dialoge.

○ Unser Sonderangebot: ⑥ ⑨ ③ Weltraum.
◆ Das meinst du nicht ernst? Ich habe Flugangst, und ich brauche frische Luft.

○ (?) (?) (?) Welt.
◆ Nein danke, das Schiff ist zu klein.

○ Fünfzig Kilometer (?) (?) (?) Pannoniaring, das klingt doch gut.
◆ Nein danke, der Wagen ist zu unbequem.

○ Vielleicht (?) (?) (?) Titanic?
◆ Nein danke, das ist langweilig, und im Eismeer kann man nicht baden.

d Hör zu und vergleiche. ◀) 1/18

① um den ★
② • „Queen Victoria" ★
③ in den ★
④ • Formel-1-Rennwagen ★
⑤ • U-Boot „Nautilus" ★
⑥ für ★
⑦ mit der ★
⑧ mit dem ★
⑨ 50 Millionen Euro ★
⑩ mit einem ★
⑪ zur ★
⑫ um die

dreiundzwanzig 23

14 E

LESEN | HÖREN | **SPRECHEN** | SCHREIBEN | WORTSCHATZ | GRAMMATIK

E1 Verrückte Rennen und Rekorde AB 20–23

a Kannst du die Verkehrsmittel erraten? Ergänze die Schlagzeilen.

> Mit der „Queen Victoria" in 106 Tagen um die Welt.

1 _Mit dem Fahrrad_ in 10 Tagen durch Australien.
2 (?) in 18 Tagen von Paris nach Dakar.
3 (?) ohne Pause um die Welt.
4 (?) mit 140 km/h durch die Stadt.
5 (?) in 89 Tagen 8000 km von Amerika nach Asien.
6 (?) 8800 Meter hoch zum Mount Everest.
7 (?) MIT 300 KM/H IN ZWEI STUNDEN VON PARIS NACH LYON.

• zu Fuß • Motorrad • Ballon • Surfbrett

um + Akkusativ
durch + Akkusativ

b Hör zu und vergleiche. 1/19

c Macht Dialoge wie in **D2c**.

> Fahren wir mit dem Mountainbike durch Australien?

> Nein danke. ...

Das ist zu gefährlich/langweilig/unbequem ...
Da gibt es zu viele Schlangen / zu viel Schnee ...
... gefällt mir nicht.
Ich mag keinen/kein/keine ...
Ich kann nicht ...
Da ist es zu heiß/kalt ...
Da kann ich kein Gepäck mitnehmen.
Da muss ich zu viel einpacken.
Das habe ich schon gemacht, es war ...
Ich fahre lieber ...

Weißt du's noch? S.144
Präpositionen

• Gepäck   einpacken   auspacken

E2 Ich bin noch nie ... AB 24–25

a Sammelt (verrückte) Reiseideen.

> mit einem Hausboot fahren
> im Winter in einem Zelt schlafen ...

b Ordnet eure Ideen in **a**.

> 🙂 Das möchte ich gern machen
>   mit einem Hausboot fahren
>
> 🙁 Das möchte ich nicht machen
>   im Winter in einem Zelt schlafen

c Sprecht über eure Reiseideen.

> Ich bin noch nie mit einem Hausboot gefahren. Aber das möchte ich unbedingt ausprobieren. Das ist sicher lustig.

> Ich habe noch nie im Winter in einem Zelt geschlafen. Das möchte ich auf keinen Fall machen. Im Winter ist es viel zu kalt.

LESEN | HÖREN | SPRECHEN | SCHREIBEN | WORTSCHATZ | GRAMMATIK

PLUS ⊕ 14

1 Aktivitäten gegen die Langeweile

a „Stefan zählt die Quadrate auf seinem Schlafsack."
Probiert interessantere Aktivitäten gegen
die Langeweile aus:

Wie viele Beispiele könnt ihr in fünf Minuten finden?

1. Finde ein Wort, zum Beispiel *Brot*. Das Wort *Brot* endet mit dem Buchstaben **t**. Finde jetzt ein Wort mit **t**, zum Beispiel *Tier*. *Tier* endet mit **r**. Finde jetzt ein Wort mit **r** usw.
2. Wähle einen Buchstaben, z. B. **s**. Mach jetzt einen Satz ohne den Buchstaben **s**, z. B. *Ich kann heute nicht kommen*. Wie viele Sätze ohne **s** kannst du finden?
3. Wähle einen Satz aus dem Text in A2 (Seite 19) aus, zum Beispiel **Stefan Baumgartner liegt in seinem Zelt und zählt die Quadrate auf seinem Schlafsack**. Mach mit jedem Wort einen neuen Satz, z. B. **Stefan** ist krank. Stefan Familienname ist **Baumgartner**. Der Denali **liegt** in Alaska. Stefans Familie lebt **in** Deutschland. usw.

b Kennst du andere Sprachspiele? Sprich auch in deiner
Muttersprache.

usw. = und so weiter
z. B. = zum Beispiel

2 Nachrichten aus dem Urlaub

a Florian ist mit seinen Eltern in Italien
im Urlaub. Lies den Chat mit Hannah
und finde die Antworten.

1 Wie ist das Wetter?   *Zuerst war …*
2 Wo ist das Hotel?
3 Wo sind Florians Eltern?
4 Was macht Florian?

Florian:
Liebe Hannah, wir sind vor zwei Tagen hier in Bibione angekommen. Leider war das Wetter bis jetzt schlecht. Es hat geregnet. 🙁 Aber heute ist das Wetter wunderbar. Die Sonne scheint, und es ist wirklich warm. 😎

Hannah:
Und wie ist euer Hotel?

Florian:
Super! Das Hotel „Angelo" liegt direkt am Meer. Aber es hat auch einen Swimmingpool. Meine Eltern sind gerade in die Stadt gegangen. Ich sitze hier am Swimmingpool und frühstücke. 😊 Später gehe ich dann zum Strand. Das Meer ist wunderschön!

Hannah:
Dann noch viel Spaß! 👋

b Du machst mit deinen Eltern Urlaub. Schreib wie Florian
eine Nachricht an deine Freundin oder deinen Freund
in Deutschland.

	Liebe/r …,
Wann bist du angekommen?	ich bin … gut … in … angekommen.
Wie ist das Wetter?	Das Wetter ist … Es … Es sind … Grad.
Wie ist das Hotel?	Das Hotel ist …
Was hast du gestern / vor drei Tagen … gemacht?	Gestern / Vor drei Tagen habe/bin ich …
Was machst du jeden Tag?	Ich … (lesen / baden gehen …)
	Liebe Grüße …

ROSI ROT & WOLFI

fünfundzwanzig 25

LÄNDER & LEUTE 13+14 — Sind Trachten wieder in?

LL1 Fakten und Beispiele

a Sieh die Fotos an. Lies und hör den Text. Welche Zeilen passen zu Bild A, welche zu Bild B? Ergänze. 🔊 1/20

• Dirndl
• Schürze • Lederhose
A

B

„Schnelle Mode" oder Tracht?

Jedes Wochenende ins Einkaufszentrum, alle zwei Monate neue Klamotten. Jugendliche finden „Fast Fashion" oft toll. Sonderangebote und extrem billige T-Shirts, Hosen und Kleider haben
5 die „schnelle Mode" möglich gemacht. Aber schnelle Mode geht auch schnell kaputt, und das ist schlecht für die Umwelt.

Es geht aber auch anders, denn viele Jugendliche finden traditionelle Kleidung cool: Trachten sind wieder in. Für viele Regionen in Deutschland, Österreich und der Schweiz gibt es eine typische,
10 traditionelle Kleidung, die Tracht. Eine Tracht ist teurer als die „schnelle Mode" aus dem Internet, aber man kann sie länger tragen. Denn Trachten werden nicht alt, sie sind es eigentlich schon.

A Zeilen (?)   B Zeilen (?)

b Diskutiert in der Klasse.

Welche Alternativen zu „schneller Mode" kennt ihr? (Secondhand-Läden, Bio-Kleidung, Fair Trade ...) Wie findet ihr diese Alternativen?

> Bio-Kleidung ist teurer als ...

> Die Kleidung in Secondhand-Läden ist ...

c Lies den Anfang des Interviews. Warum trägt Maximilian manchmal Tracht?

www.laptop-sz.at

LAPTOP – DEINE SCHÜLERZEITUNG

Rock gefällt mir besser

Laptop: Maximilian, du bist in einem Trachtenverein. Was macht ihr dort?
Maximilian: Wir üben verschiedene Volkstänze.
Laptop: Ihr tragt dann auch eine Tracht. Wie sieht eure Tracht denn aus?
Maximilian: ...

Volkskulturfestival in Oberwang

d Hör nun das ganze Interview mit Maximilian. Beantworte dann die Fragen. 🔊 1/21

1 Was macht Maximilian im Trachtenverein?
2 Wie sieht Maximilians Tracht aus?
3 Wie finden die Mitschüler und Mitschülerinnen seine Tracht?
4 Welche Musik gefällt Maximilian?

e Jeans oder Tracht, Rock oder Volksmusik? Alt oder Neu? Warum nicht beides? Warum nicht „Crossover"? Lies die Texte und finde weitere Beispiele für „Crossover".

1 Volksmusik und Popmusik? Volkstanz und Rock? Einige Musiker finden „Crossover"-Musik interessant. Die Musik von Hubert von Goisern ist ein Beispiel für diesen Musikstil.

2 Auf dem Münchner Oktoberfest sind Trachten ein Muss. Manche Besucher sieht man aber auch in „Crossover"-Kleidung: T-Shirts und Lederhosen. Warum nicht?

Musik ★ Kleidung ★ Möbel ★ Architektur ★ Medien ★ ...

LL2 Und jetzt du!

Macht Notizen zu den Fragen und diskutiert in der Klasse.

1 Welche Musik ist in eurer Klasse beliebt?
2 Welche Kleidung ist in?
3 Gibt es in eurem Heimatland eine traditionelle Kleidung? Wie sieht sie aus? Wer trägt sie wann?
4 Gibt es Volksmusik? Wem gefällt Volksmusik?
5 Wie wichtig ist für euch Tradition?

Eine Umfrage in der Klasse — 13+14 PROJEKT

P1 Macht eine Umfrage.

a Wählt ein Thema.

`Geld verdienen – Geld ausgeben` `Urlaubsgewohnheiten` `Wetter` `Langeweile` `Kleider` `…`

b Sammelt Fragen für die Umfrage. Macht dann einen Fragebogen mit fünf Fragen wie im Beispiel.

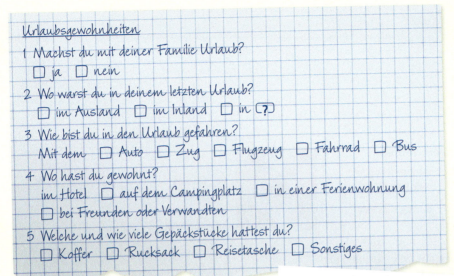

• Koffer

c Jede Person in der Gruppe hat den Fragebogen. Fragt Schülerinnen und Schüler aus anderen Gruppen und notiert die Antworten.

d Schreibt kurze Berichte und zeichnet Grafiken und Diagramme. Macht ein Poster.

P2 Präsentiert euer Poster.

Präsentiert euer Poster in der Klasse. Jede Person in der Gruppe soll etwas sagen.

1 Präsentiert zuerst das Thema.

> Wir haben eine Umfrage zum Thema … gemacht. Das waren unsere Fragen: …

2 Präsentiert die Resultate.

> Acht Schüler in der Klasse haben gesagt, sie …

3 Was war interessant?

> Julio hat gesagt, er …
> Das war besonders interessant.

FILM
Schau den Film **Du siehst toll aus!** an und lös die Aufgaben auf Seite 135.

siebenundzwanzig 27

GRAMMATIK 13+14

FINDE DIE Sprechblasen-Sätze IN DEN LEKTIONEN 13 UND 14.

G1 Verb

a Konjugation *tragen* (Verben mit Vokalwechsel)

	tragen
ich	trage
du	trägst
er, es, sie, man	trägt
wir	tragen
ihr	tragt
sie, Sie	tragen

Welche Kleidungsstücke **trägst** du oft?

 S. 12

b Partizip II (trennbare Verben)

Infinitiv	Partizip
an kommen	an ge kommen

Gestern **sind** wir wieder hier in Argentinien **angekommen**.

Der Sturm **hat** nicht **aufgehört**.

 S. 21

c Partizip II (Verben mit *be-*, *ent-*, *er-*, *ver-*)

Infinitiv	Partizip (ohne *-ge-*)
bekommen	bekommen
besuchen	besucht
entschuldigen	entschuldigt
erzählen	erzählt
verlieren	verloren

Gleich am ersten Tag **haben** wir zwei Rettungsboote **verloren**.

 S. 21

d Partizip II (Verben auf *-ieren*)

Infinitiv	Partizip (ohne *-ge-*)
trainieren	trainiert

anfangen → an**ge**fangen
be-, ent-, er-, ver-, -ieren
→ ohne **-ge-**

e Konjunktiv II: höfliche Fragen/Bitten

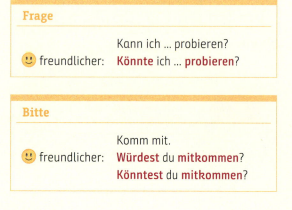

Könnte ich die Hose eine Nummer kleiner **haben**?

 S. 16

Würdest du **mitkommen**?

 S. 16

GRAMMATIK

G2 Artikel, Nomen und Präpositionen

durch, um + Akkusativ

Mit dem Motorrad **durch die •** Sahara.
Mit der „Queen Viktoria" **um die •** Welt.

Mit dem Fahrrad in 10 Tagen **durch** Australien.

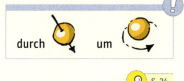

 S. 24

G3 Adjektiv

Komparativ

Majas Schuhe sind **billiger als** Klaras Stiefel.
Majas Schuhe sind **so cool wie** Klaras Stiefel.

 S. 13, 14

Zieh den Mantel an, der ist **wärmer als** die Jacke.

billig – billig**er**

kurze Adjektive mit *a, o, u*: warm – w**ä**rmer, groß – gr**ö**ßer, kurz – k**ü**rzer
Adjektive auf *-el* und *-er*: dunkel – dun**kl**er, teuer – teu**r**er
Besondere Formen: hoch – **höher**, gut – **besser**, viel – **mehr**, gern – **lieber**

Autos sind **so schnell wie** Züge.

13+14 REDEMITTEL

über Taschengeld und Einkaufsgewohnheiten sprechen L13, S. 10, 12

- Wie viel Taschengeld bekommt Mia?
- Sie bekommt 30 Euro Taschengeld.
- Was macht sie mit dem Geld?
- Sie kauft coole Markenkleidung.
- Wo kaufst du gern ein?
- Kaufst du gern mit Freunden oder mit deinen Eltern ein?

Personen beschreiben L13, S. 12

- Die Person trägt einen Pullover, eine Hose und ein T-Shirt. Der Pullover ist blau, die Hose ist dunkelgrau und das T-Shirt ist gelb.

vergleichen L13, S. 13, 14

- Kauf doch die Schuhe, die sind billiger als die Stiefel.
- Ja, und sie sind so schön wie die Stiefel.

Kleidung einkaufen L13, S. 16

- Könnte ich die Hose probieren?
- Ja, natürlich, welche Größe?
- Größe 40.
- Passt die Hose?
- Sie ist zu groß. Könnte ich die Hose eine Nummer kleiner haben?
- Einen Moment.

höflich bitten L13, S. 16

- Könnte ich den Pullover auch in Schwarz haben?
- Ja, natürlich, einen Moment.
- Schau, dort ist ein Schuhgeschäft. Würdest du mitkommen?
- Nein, leider, ich habe keine Zeit.

Angaben zum Wetter machen L14, S. 20

- Wie ist das Wetter am Denali?
- Das Wetter ist schlecht. Es ist stark bewölkt, es ist neblig und es schneit. Es ist sehr windig und es sind –30 Grad Celsius. Das heißt, es ist sehr kalt.

Reiserouten beschreiben L14, S. 22

Am ... sind wir von hier abgefahren.
Zuerst ...
... Tage später ...
Gestern ...

über Verkehrsmittel und Reiseziele sprechen L14, S. 24

- Fahren wir mit dem Mountainbike durch Australien?
- Nein danke. Das ist zu gefährlich.

15 A Kennst du ihn?

Maria und Albert

Pascal und Lara

Yvonne und Hannah

Sereia liest die Nachricht. Sie muss von einem Bergelfen sein. Doch Bergelfen und Waldelfen sind Feinde. ... Sereia gefällt die Nachricht und die Handschrift.

A

„Was machst du mit meinem Stein? Warum liest du das?" So wütend hat Sereia ihre Schwester Calandra noch nie gesehen.

B

A1 Kennenlernen

a Wie haben sich die Personen auf den Fotos 1–3 kennengelernt? Hör die Interviews und ordne zu. 🔊 1/22

- A auf einem Schulfest
- B Briefe schreiben
- C auf einer Dating-Plattform
- D skypen
- E Anzeigen lesen
- F im Internet chatten

Pascal hat Lara auf einer Dating-Plattform kennengelernt.

b Wo habt ihr wen kennengelernt? Sammelt Situationen und schreibt Sätze. Lest die Sätze dann vor.

im Urlaub ★ bei einem Fußballspiel ★ im Einkaufszentrum ★ ...

Brieffreund/Brieffreundin ★
Freund/Freundin ★
Tennispartner/Tennispartnerin ★
...

Ich habe meinen Brieffreund im Urlaub kennengelernt. Wir waren in Spanien am Meer und ...

Freunde sein ≠ Feinde sein

A2 Tobias Brief AB 1

a Seht die Bilder A und B an und beantwortet die Fragen. Was meint ihr?

1. Wie heißen die Elfen?
2. Wer hat die Nachricht geschrieben?
3. Warum ist die Elfe auf Bild B wütend?
4. Was steht in der Nachricht?

Die Elfe auf Bild A heißt ...

30 dreißig

LESEN | HÖREN | SPRECHEN | SCHREIBEN | WORTSCHATZ | GRAMMATIK

A 15

www.deine-story.de

FANTASIA
Du magst Fantasy? Hier ist Platz für deine Geschichten.

BRAUCHT LIEBE ZEIT?

Der Waldsee ist Sereias Lieblingsplatz. Die Blumen, die Bäume, die Steine: Das ist ihre Welt, die Welt der Waldelfen. Im Mondlicht
5 tanzt sie über das dunkle Wasser und denkt an ihre Schwester Calandra. Auch Calandra liebt den See. Meistens sind sie zusammen hier. Doch heute hatte Calandra keine Zeit für den gemeinsamen Tanz. Sie war nervös. „Etwas stimmt nicht mit ihr!", denkt Sereia. Sie ist inzwischen auf der kleinen Insel im See gelandet. Dort sitzt sie jetzt auf Calandras Lieblingsstein. Unter dem Stein versteckt ihre Schwester oft persönliche Dinge. Auch diesmal liegt da etwas. Sereia hat ein schlechtes Gefühl, doch dann sieht sie nach.

„Das ist nicht möglich, das ist unglaublich!" Sereia hält einen Halbedelstein mit einer Nachricht in der Hand: „Ich denke immer an dich, jeden Tag, jede Stunde. Dein Tobin".

Tobin, was für ein seltsamer Name … die Nachricht muss von einem Bergelfen sein, aber das sind doch ihre Feinde!?! Warum, das weiß man nicht genau. Vor vielen hundert
25 Jahren hat es Krieg zwischen Berg- und Waldelfen gegeben, so erzählt man.

„Ich denke immer an dich, jeden Tag, jede Stunde. Dein Tobin". Sereia gefällt die Nachricht. Wie dieser Tobin wohl aussieht? Auch die Hand-
30 schrift gefällt ihr: große Buchstaben, eine sehr energische Handschrift.

Ihren Eltern gefällt die Nachricht ganz sicher nicht. Ihnen gefällt der junge Batur. Sereia und Calandra haben Batur bei einem Elfenfest kennen-
35 gelernt. Es war furchtbar. Das Essen und Trinken waren ihm wichtiger als Calandra, außerdem kann er überhaupt nicht tanzen. „Den heirate ich sicher nicht", hat Calandra danach gesagt. „Dein Vater war auch kein Tänzer", hat ihre Mutter gemeint, „das
40 Tanzen ist nicht so wichtig. Liebe braucht einfach Zeit. Batur ist der richtige Mann für dich!" Batur schickt Nachrichten auf Blumenblättern, doch Calandra antwortet nicht.

Tobins Nachricht macht Sereia auch Angst.
45 Da steht: „Warum warten wir so lange? Wir müssen weg von hier."

„Was machst du da mit meinem Stein, der gehört mir!" So wütend hat Sereia ihre Schwester noch nie gesehen. „Warum liest
50 du das?" „Es … es tut mir leid", mehr kann Sereia nicht sagen. Calandra hat den Stein genommen und ist schon wieder weg.

„Ich verstehe dich doch so gut …", möchte Sereia ihr nachrufen. Sie möchte
55 ihr helfen, doch sie weiß nicht, wie.

• Mond

b Lies und hör die Geschichte. Sind eure Vermutungen in **a** richtig? 🔊 1/23

c Lies noch einmal. Ergänze die richtigen Namen (drei Namen passen zweimal).

1 (B) liest Calandras Briefe.
2 Calandras Elfen und (?)s Elfen sind Feinde.
3 (?) schreibt Calandra Liebesnachrichten.
4 Calandras Eltern finden, Calandra und (?) passen gut zusammen.
5 (?) gefällt Sereia und (?) nicht.
6 (?) meint: „Das Tanzen ist nicht so wichtig."
7 (?) will nicht bei ihrer Familie bleiben.
8 (?) kann ihrer Schwester nicht helfen.

(A) Calandra ★ (B) Sereia ★
(C) Calandras und Sereias Mutter ★
(D) Tobin ★ (E) Batur

d Lies die Fragen, such die passenden Textstellen und schreib deine Antworten. Lest eure Antworten vor und sprecht in der Klasse.

1 Warum gefällt Tobins Nachricht Calandras Eltern sicher nicht?

*Waldelfen und Bergelfen sind ….
Calandras Eltern möchten …*

2 Eine Stelle in Tobins Nachricht macht Sereia Angst. Warum?

*Tobin schreibt, …
Sereia glaubt, Tobin und Calandra wollen …*

einunddreißig 31

15 B

B1 Seit wann gibt es das Internet …? AB 2

a Was meint ihr? Ordnet die Kommunikationsmittel den Jahreszahlen zu.

> Ich glaube, seit 1990 telefoniert man mit Handys.

① E-Mails schicken ★ ② im Internet surfen ★ ③ telefonieren ★
④ mit Lichtsignalen kommunizieren ★ ⑤ mit dem Handy telefonieren ★
⑥ skypen ★ ⑦ ein Fax schicken ★ ⑧ einen Brief schreiben ★
⑨ eine SMS schicken

seit 1900 ≈ von 1900 bis heute

700.000 v. Chr.　3.000 v. Chr.　1918　1930　1990　1994　2003　heute
　(?)　　　(?)　　　(?)　(?)　⑤ (?) (?)　(?)　(?)

b Hört zu und vergleicht. 🔊 1/24

c Verflixte 😠 Situationen. Welche Kommunikationsprobleme hast du jetzt wohl? Schreib Sätze. Finde auch noch weitere verflixte Situationen.

Weißt du's noch? S.142 — Negation

1 Der Kugelschreiber schreibt nicht.
　Ich kann keinen Brief schreiben, ich kann …
2 Der Akku ist leer. (?)
3 Ich habe keine Briefmarke. (?)
4 Es ist neblig. (?)
5 Der Computer ist kaputt. (?)
6 Ich habe kein Geld. (?)
7 Meine Brille ist weg. (?)
8 …

• Akku　　• Brille

B2 Aussehen AB 3–5

a Ordne das Gegenteil zu. Hör dann zu und vergleiche. 🔊 1/25

> Wie dieser Tobin wohl **aussieht**?
> Attraktiv, dünn, …

Ⓐ dick ★ Ⓑ blond ★ Ⓒ klein ★ Ⓓ schwach ★
Ⓔ unfreundlich ★ Ⓕ unsympathisch ★ Ⓖ dumm ★ Ⓗ hässlich

1 attraktiv ↔ (?)　　5 stark ↔ (?)
2 dunkelhaarig ↔ (?)　6 sympathisch ↔ (?)
3 schlank, dünn ↔ (?)　7 freundlich ↔ (?)
4 groß ↔ (?)　　　　　8 intelligent ↔ (?)

stark

b Ähnlichkeiten. Elena und Pia vergleichen ihre Verwandten mit Yvonne und Hannah. Hör zu und ergänze die Sätze. 🔊 1/26

Elena:
Meine Schwester ist genauso *schlank* und (?) wie Yvonne, aber ihre Haare sind lockig. Ich glaube, meine Schwester ist auch ein bisschen *kleiner*. Sie ist (?) als Yvonne, meine Schwester ist erst fünfzehn Jahre alt. Yvonne sieht (?) aus. Sie ist vielleicht schon 18 oder 19.

Pia:
Meine Cousine trägt auch eine Zahnspange, und sie ist genauso (?) und ungefähr so (?) wie Hannah auf dem Foto. Aber ihre Haare sind (?) und sie ist ein bisschen (?).

lockig　　• Zahnspange

c Such eine Person im Buch oder im Internet. Vergleiche sie mit einem Verwandten oder einer Freundin / einem Freund. Schreib und lies deine Beschreibung vor.

Mein Onkel sieht so ähnlich aus wie der Mann auf Seite …
Mein Onkel ist aber älter und auch größer. Er …

der Verwandte = Onkel, Mutter, ein Verwandter　Großvater usw.

32　zweiunddreißig

LESEN | HÖREN | SPRECHEN | SCHREIBEN | WORTSCHATZ | GRAMMATIK   B 15

B3 Handschriften AB 6-10

a Was bedeuten die Charaktereigenschaften?
Ordne die Definitionen zu. Hör zu und vergleiche. 🔊 1/27

Auch die **Handschrift** gefällt ihr: große Buchstaben, eine sehr energische Handschrift.

① ruhig ★ ② energisch ★ ③ vorsichtig ★ ④ spontan ★ ⑤ optimistisch
⑥ aktiv ★ ⑦ ordentlich ★ ⑧ diszipliniert ★ ⑨ realistisch ★ ⑩ kreativ

A Man denkt nicht lange nach, man reagiert schnell und sofort. (?)
B Man faulenzt nicht gern und ist voll Energie. (?) ② (≠ passiv)
C Man hat viele Ideen. (?)
D Man sieht das Leben so, wie es ist. (?)
E Man findet Regeln sehr wichtig. (?) ⑦
F Man mag keinen Stress. (?)
G Man nimmt das Leben positiv. (?) (≠ pessimistisch, traurig, deprimiert)
H Man mag kein Risiko. (?)

• Stress ≈ keine Freizeit, viele Termine

b „Tobins Handschrift ist sehr energisch." Was kann das bedeuten? Analysiere die Handschriften mithilfe der Übersicht.

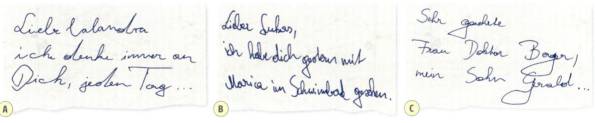

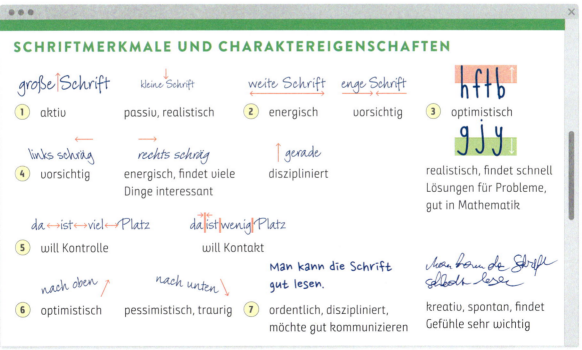

c Schreibt die Zeilen 1–7 von „Braucht Liebe Zeit?" in **A2b** ab. Tauscht eure Texte in der Gruppe. Analysiert die Handschriften mit den Informationen aus **b**.

d Diskutiert eure Ergebnisse. Sprecht auch in eurer Muttersprache.

1 Gibt es „richtige" Ergebnisse?
2 Gibt es „falsche" Ergebnisse?
3 Können Handschriften Charaktereigenschaften zeigen? Was meint ihr?

dreiunddreißig 33

C1 Inions und Uxilios Elfenfest

a Was meinst du?
Wer ist *sie*, *ihn*, *ihr* ...?
Finde in der Zeichnung die richtigen Namen zu den Pronomen.

Inion — Uxilio — Ariana — Mandrian — Rinal — Kimama

> Ihnen gefällt der junge Batur

> hübsch ≈ schön

Ariana: Haben Inion und Uxilio ① **ihn** nicht eingeladen?
Mandrian: Doch, sie haben ② **sie** beide eingeladen, schau, dort drüben sind sie.
Ariana: Ach ja. ... Das rosa Kleid passt ③ **ihr** aber überhaupt nicht.
Mandrian: Ich finde es hübsch.
Ariana: ④ **Mir** gefällt es nicht.

Kimama: Ich habe gehört, Sie haben Inion und Uxilio bei den Vorbereitungen geholfen, König Rinal.
Rinal: Ja, sie haben ⑤ **mich** gefragt, und ich habe ⑥ **ihnen** geholfen.
Kimama: Man kann ⑦ **Ihnen** wirklich nur gratulieren, das Fest ist wunderbar.
Rinal: Ja, jetzt sind die Vorbereitungen vorbei. Jetzt geht es ⑧ **uns** besser.
Kimama: Und der Elfencocktail schmeckt ⑨ **ihnen** auch.
Rinal: Ja, ⑩ **mir** auch.

① = _Rinal_   ② = ?

> *Weißt du's noch?* S.143
> Pronomen

b Hör zu und vergleiche 🔊 1/28

c Akkusativ oder Dativ? Ordne die Pronomen aus **C1a** in die Tabelle ein.

einladen, finden, fragen ... + Akkusativ	passen, gefallen, helfen, ... + Dativ
1 ihn, ?	?
Wen Person ...? Was Sache ...?	Wem Person ...?

Verben mit Akkusativ (die meisten Verben)
Ich **frage** **den Lehrer**. Ich **frage** **ihn**.

Verben mit Dativ (nur wenige Verben)
Das Kleid **passt** **meiner Schwester**. Das Kleid **passt** **ihr**.

Verben mit Akkusativ und Dativ
Ich **gebe** **ihm** **das Buch**.

d Du verstehst nicht, wer gemeint ist.
Schreib Fragen zu den Pronomen. S. 130

Haben Inion und Uxilio **ihn** nicht eingeladen?

Wen haben sie nicht eingeladen?

C2 Nach dem Fest AB 11–14

a Seht euch die Namen gut an. Deckt dann die Namen ab, fragt und antwortet.

○ Wir haben eine Geldbörse gefunden. Gehört sie dir?
◆ Nein, die gehört mir nicht. Ich glaube, die gehört Maja. Ja, genau, die gehört ihr.

Maja — Finn — Elias und Paul — Moritz — Emily

> Der gehört mir.

> gehören + Dativ

b Fragespiel. Sammelt Gegenstände in der Klasse. Wem gehört was?

○ Markus, gehört das dir?
◆ Nein, das gehört nicht mir, ich glaube, das gehört Eva.
○ Eva, gehört das dir?

LESEN | HÖREN | SPRECHEN | SCHREIBEN | WORTSCHATZ | GRAMMATIK   ALLTAGSSPRACHE D 15

D1 Was soll ich tun? AB 15–16

a Hör die Dialoge. Welche zwei Fotos passen? Ordne zu. 🔊 1/29

Dialog 1: (?)
Dialog 2: (?)

A Simon   B Marvin   C Clara   D Leas Mutter

b Hör noch einmal. Ordne die Dialogteile. 🔊 1/29

1 Das möchte ich auch, aber …
2 Du magst Lea, oder? Mag sie dich auch?
3 Lad sie doch ein.
4 Ich bin nicht sicher. Was soll ich tun?
5 Schon gut, ich verstehe.
6 Das geht leider nicht, Marvin.
7 Heute kann ich nicht, aber vielleicht morgen?
8 Marvin, sie ist ein Mädchen, kein Monster!
9 Du, Lea, gehen wir heute ins Kino?
10 Sie sagt vielleicht Nein, das ist peinlich.

Dialog 1: 2 (?)
Dialog 2: (?)

ⓘ peinlich ≈ eine dumme Situation

• Monster

c Lies und ergänze die Dialoge. Welche Fotos aus **D1a** passen zu den Situationen? Hör zu und vergleiche. 🔊 1/30

musst ★ muss ★ kann ★ musst ★ kann

Dialog 3:
Clara: Kommst du heute Abend zu mir? Ich verstehe die Mathematik-Hausaufgabe nicht.
Lea: Tut mir leid, ich (?) nicht. Ich bin mit Marvin verabredet. Wir gehen ins Kino.
Clara: Ach Lea, nein … Du (?) kommen …
Lea: Clara, er hat mich gestern gefragt und ich habe Ja gesagt. Was soll ich tun?

Dialog 3: (?)
Dialog 4: (?)

ⓘ verabredet sein ≈ einen Termin mit einer Person haben

Dialog 4:
Mutter: Lea, ich bin heute Abend weg. Papa hat keinen Schlüssel. Du bist aber zu Hause, ja?
Lea: Nein, Mama, ich bin verabredet. Ich gehe ins Kino.
Mutter: Das geht nicht, du (?) zu Hause bleiben.
Lea: Aber ich (?) nicht zu Hause bleiben, ich (?) mit Marvin ins Kino gehen. Er hat mich gestern gefragt und ich habe Ja gesagt. Was soll ich denn jetzt tun?

Weißt du's noch? S. 142
Modalverben

d Welche zwei Probleme hat Lea? Ergänze die Sätze.

Problem 1:   Problem 2:

Clara sagt: „Du musst …" Aber Lea will …   Leas Mutter sagt: „Du musst …" Aber Lea will …

fünfunddreißig 35

15 E

LESEN | HÖREN | SPRECHEN | SCHREIBEN | WORTSCHATZ | GRAMMATIK

E1 Optionen AB 17–18

> Das geht nicht, du **musst** zu Hause **bleiben**.

a Was kann Lea tun? Was passt für Problem 1, was passt für Problem 2 in **D1d**? Finde weitere Möglichkeiten.

> Marvin anrufen ★ zu Hause bleiben ★ zu Clara gehen ★ ins Kino gehen ★ den Schlüssel der Nachbarin geben ★ Clara ihre Hausaufgabe geben ★ …

> Lea kann …

> Sie **kann** Marvin **anrufen**. = Das ist möglich.

Problem 1: ? Problem 2: ?

b Was soll Lea tun? Was denkst du?

> Was **soll** ich denn jetzt **tun**?

> Ich denke, sie soll …

sollen		
ich	soll	Sie **soll** Marvin **anrufen**.
du	sollst	≈ Eine Person denkt,
er/es/sie/man	soll	das ist gut für Lea.
wir	sollen	
ihr	sollt	
sie/Sie	sollen	

E2 Entscheidungen AB 19–20

a Sammelt alltägliche Entscheidungen und macht Notizen.

> aufstehen oder im Bett bleiben?
> Kakao oder Milch?
> Hemd/Bluse oder T-Shirt?
> Straßenbahn oder Bus?

● Straßenbahn

> Hamburger oder Salat?
> zu spät kommen oder …?
> zuhören oder …?
> Nachricht schreiben oder …?

b Schreibt einen Text mit den Ideen aus **E2a**.

> Soll ich aufstehen oder im Bett bleiben?
> …

> Soll ich ein Computerspiel spielen oder skypen?
> Soll ich Mia eine Nachricht schreiben oder anrufen?
> Soll ich fernsehen oder ins Kino gehen?
> Soll ich Musik hören oder wieder einmal ein Buch lesen?
> So viele Entscheidungen, ich glaube, ich werde noch verrückt.

E3 Argumente für Entscheidungen AB 21–22

a Hör zu. Was mögen die Personen *gern*, *lieber*, *am liebsten*? Ergänze. 🔊 1/31

Dialog 1
Dokumentationen 🙂, Serien ?, Krimis ?

Dialog 2
Salat ?, Steak ?, Fisch ?

> gern 🙂 lieber 🙂🙂 am liebsten 🙂🙂🙂

b Wie entscheiden sich die Personen? Was will Sandra sehen, was will Miriam essen? Schreib Sätze.

> Sandra …, Miriam …

c Kettenübung. Was magst du am liebsten?

Getränke: Kakao, Milch, Mineralwasser, Saft …
Speisen: Pizza, Spaghetti, Fisch, Pommes frites, Hamburger, Bratwurst …
Schulfächer: Mathematik, Biologie, Deutsch, Sport …
Fernsehen: Krimis, Serien, Unterhaltungssendungen, Dokumentationen …
Urlaub: am Meer, in den Bergen, zu Hause …
Musik: Jazz, Klassik, Pop, Rock, Hip-Hop …
Sport: Tennis, Basketball, Fußball …

> Ich trinke am liebsten Kakao zum Frühstück, und du, Manuel?

> Ich trinke am liebsten Tee. Ich sehe …

AB 23–24

LESEN | HÖREN | SPRECHEN | SCHREIBEN | WORTSCHATZ | GRAMMATIK   PLUS 15

⊕1 „Der richtige Typ für mich"

a Finde das Gegenteil und schreib Sätze. Finde weitere Gegensatzpaare.

> das Kleid ★ schlecht ★ Tee ★ Kaffee ★ schnell ★ die Hose ★ kalt ★ gut ★ hell ★ …

Mir gefällt _die Nacht_.   Ihr gefällt _der Tag_.
Mir ist _heiß_.   Ihr ist (?).
Mir ist es zu _dunkel_.   Ihr ist es zu (?).
Mir geht es zu _langsam_. Ihr geht es zu (?).
Mir schmeckt (?).   Ihr schmeckt (?).
Mir passt (?).   (?).
Mir geht es (?). …   (?). …

b Hör das Lied. Ergänze die Pronomen und einige Wörter aus ⊕1a. 🔊 1/32

Der richtige Typ für mich

Er: Sie mag Schwarz. Ich mag Weiß.
Ihr ist kalt. Mir ist **1** (?).
Sie mag Regen. Ich mag Schnee.
2 (?) schmeckt Kaffee. Mir schmeckt **3** (?).
Wir sind so verschieden,
Sie ist nicht so wie ICH!
Sie ist einfach nicht der richtige Typ für mich.

Sie: Er mag den Tag. Ich mag die Nacht.
Er mag die Sieben. Ich mag die Acht.
Ihm ist's zu dunkel. **4** (?) ist's zu **5** (?).
6 (?) geht's zu **7** (?). Mir geht's zu schnell.
Warum ist er so anders?
Warum nicht so wie ICH?
Er ist einfach nicht der richtige Typ für mich.

Er: Hey! Dir passt das T-Shirt genauso toll wie mir.
Sie: Hey! Dir steht der Ohrring genauso gut wie mir.
Er: Wow, das ist 'ne Farbe! Sie gefällt uns beiden sehr …
Sie: Wow, der Rock passt super. Er gefällt **8** (?) noch viel mehr …
Beide: Du bist nicht so anders, Du bist genau wie ICH!
Du bist ganz genau der richtige Typ für mich!

⊕2 Kennenlernen im Internet

Du möchtest für deine deutschen Freunde dein Internetprofil ergänzen. Wähl drei oder vier Themen aus und schreib kurze Texte über dich.

FREUNDE

ÜBER MICH
Hey, einige von euch haben geschrieben, ich soll etwas von mir erzählen.
Hier ein paar Infos zu meiner Person: …

Meine Familie
Ich habe … Mein/Meine … heißt … und ist … alt.

Meine Hobbys
Ich … gern … Am liebsten … ich …

Meine Lieblingsmusik
Ich höre gern … Meine Lieblingsband ist …

Meine Heimatstadt
Ich wohne in … Die Stadt ist … Es gibt …

Das Wetter in meinem Heimatland
Im Winter ist es …

Meine Wohnung
Wir haben … Es gibt …

Urlaub und Ferien
Wir fahren/fliegen im Sommer nach …

Schule und Lieblingsgegenstände
Ich mag … Ich bin gut in …

Ein Problem mit einem Freund
Ich hatte … Ich war …

Kleidung
Ich trage gern … Ich habe … gekauft.

Meine Fernsehgewohnheiten
Ich sehe gern …

AB 25–27

ROSI ROT & WOLFI

siebenunddreißig 37

16 A Was für eine Idee!

DAS IST DOCH VERRÜCKT!
Manche Menschen tun verrückte Dinge für das „Guinness Buch der Rekorde".

① Lange Haare sind vielleicht schön, aber sind sie auch praktisch? Xie Qiupings Haare sind 5,70 Meter lang. Sie war seit 1973 nicht mehr beim Friseur. Das ist Weltrekord bei den Frauen. Tran Van Hays Haare waren aber noch viel länger. Sie waren 6,20 Meter lang. Der Mann aus Vietnam lebt heute leider nicht mehr. Doch seinen Weltrekord gibt es immer noch.

② Ein Rockkonzert dauert circa 5 Stunden. Danach können Sänger und Fans oft nicht mehr singen. Der indische Sänger Thomas Vijayan hat 72 Stunden ohne Pause gesungen. Das war lang genug für das „Guinness Buch der Rekorde".

③ Eine Boeing 747 wiegt so viel wie 150 Autos: 187 Tonnen. Der Australier David Huxley kann eine Boeing 91 Meter weit ziehen. Das hat er am Flughafen in Sydney gezeigt. Das Geld für seinen Weltrekord hat er für arme Kinder gespendet.

④ Für die kleinste Zeitung der Welt braucht man gute Augen und kleine Hände: Die „Terra Nostra" in Portugal war einen Tag lang nur 2,5 x 1,8 cm groß. Eine Spendenaktion hat diesen Guinness-Rekord möglich gemacht.

⑤ Gesunde Zähne sind wichtig! Marianne Kalb aus der Schweiz hält den Weltrekord im Zähneputzen. Ziemlich genau 14 Stunden lang hat sie ohne Pause ihre Zähne geputzt – natürlich mit einer Spezial-Zahncreme.

B

A1 Verrückte Rekorde AB 1

a Ordne die Wortgruppen den Fotos zu.
Welche Wörter kannst du auf den Fotos zeigen?

① praktisch, • Haare, • Friseur   ② singen, • Sänger, • Rockkonzert
③ wiegen, • Tonne (= 1000 kg), ziehen   ④ Zähne, • Zahncreme, putzen
⑤ klein, lesen, • Zeitung   ⑥ verrückt, Dinge tun, • Rekord

b Lies und hör die Texte. Ordne die Fotos zu. 1/33

LESEN | HÖREN | SPRECHEN | SCHREIBEN | WORTSCHATZ | GRAMMATIK   A 16

A2 Das ist Weltrekord.

a Lies die Texte noch einmal. Ordne zu und ergänze.

1. Tran Van Hays Haare …
2. Thomas Vijayan aus Indien …
3. David Huxley aus Australien …
4. Die Zeitung „Terra Nostra" aus Portugal …
5. Marianne Kalb aus der Schweiz …

A kann eine Boeing 747 [?] weit ziehen.
B hat [?] lang ihre Zähne geputzt.
C waren [?] lang.
D hat [?] ohne Pause gesungen.
E ist nur [?] groß.

b Ein Text ist falsch. Welcher? Warum? Diskutiert in der Klasse.

○ Ich denke, Text 2 ist falsch. Zweiundsiebzig Stunden lang singen, das ist unmöglich.
○ … Das gibt es nicht.
○ … Ich glaube das nicht.

◆ Warum nicht? Ein Popkonzert dauert auch sehr lang.
◆ Doch, ich glaube, das ist möglich.
◆ Du hast recht, das ist wahrscheinlich falsch.

Lösung: S. 147

neununddreißig

16 B

B1 Wie schnell, wie hoch, wie schwer …? AB 2–3

Eine Boeing 747 **wiegt** so viel wie 150 Autos: **187 Tonnen**.

a Ordne zu. Hör zu, wiederhole und vergleiche. 🔊 1/34

• Stunde ★ • Kubikzentimeter ★ • Grad ★ • Minute ★ • Kilometer ★
• Stundenkilometer ★ • Tonne ★ • Zentimeter ★ • Liter ★ • Gramm ★
• Sekunde ★ • Quadratzentimeter ★ • Meter ★ • Kilo(gramm)

1 m (?)　3 cm^2 (?)　5 km (?)　7 h (?)　9 " (s) (?)　11 g (?)　13 t (?)
2 cm (?)　4 cm^3 (?)　6 km/h (?)　8 ' (min) (?)　10 l (?)　12 kg (?)　14 °

b Ordne die Wörter aus **B1a**.

Länge, Breite, Höhe	Meter, Zentimeter, (?)		Zeit, Geschwindigkeit	(?) (?) (?)
Fläche	(?)		Gewicht	(?) (?) (?)
Raum	Liter, (?)		Temperatur	(?)

c Welche Antwort passt? Was meinst du? Hör zu und vergleiche. 🔊 1/35

A 370 km/h ★ B 5 Tonnen ★ C 180 kg ★ D 3 × 20 Minuten ohne Pause ★
E 324 km^2 ★ F 12 m^3 ★ G 75 × 45 Meter ★ H 586 km

1 Wie viel wiegt ein Sumoringer? (?)
2 Wie schnell fährt ein Formel-1-Rennwagen? (?)
3 Wie lange dauert ein Eishockeyspiel? (?)
4 Wie schwer ist eine Lokomotive? (?)
5 Wie lang und wie breit ist ein Fußballfeld? (?)
6 Wie weit ist es von München nach Berlin? (?)
7 Wie groß ist Liechtenstein? (?)
8 Wie viel Sauerstoff (O_2) brauchen wir in einer Stunde? (?)

d Welche Kategorien aus **B1b** passen zu den Fragen?

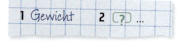
1 Gewicht　2 (?) …

e Macht ein Quiz. Schreibt Fragen zu den Informationen in **A1b**.

○ Wie lang sind Xie Qiupings Haare?
◆ Sechs Meter zwanzig.
○ Falsch. Xie Qiupings Haare sind fünf Meter siebzig lang.
◆ Wie schwer ist eine Boeing 747?

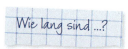
Wie lang sind …?

SPORT

B2 Noch mehr Rekorde AB 4

a Ergänzt die Sätze und findet Antworten. Was meint ihr?

A fast ★ B weniger ★ C 25 Millionen ★ D 1.825 Meter ★ E 4.478 Meter ★
F höher ★ G 72 km/h ★ H schnell ★ I 6.000 Kilo ★ J länger

1 Ein Mensch isst in seinem Leben (I) Obst. Er isst aber viel (?) Gemüse. Wie viel wohl?
2 In Spanien gibt es (?) Autos. In Deutschland gibt es (?) doppelt so viele. Wie viele?
3 Das Matterhorn in der Schweiz ist (?) hoch. Der Mont Blanc in Frankreich ist (?). Wie hoch wohl?
4 Die Brooklyn Brücke in New York ist (?) lang. Die Golden Gate Brücke in San Francisco ist (?). Wie lang wohl?
5 Ein Hase kann (?) schnell laufen. Ein Gepard läuft doppelt so (?). Wie schnell genau?

doppelt so schnell = 2× so schnell

b Hört die Lösung und vergleicht. 🔊 1/36

40 vierzig

LESEN | HÖREN | SPRECHEN | SCHREIBEN | WORTSCHATZ | GRAMMATIK

B 16

B3 Wie viel genau? AB 5–6

a Was passt? Ordne zu.

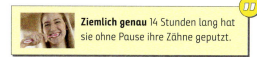
Ziemlich genau 14 Stunden lang hat sie ohne Pause ihre Zähne geputzt.

Das ist ziemlich teuer.

A Es kostet 11,90 € oder 12,10 €.
C Nur heute: Luftballons gratis!
B Das ist nichts für mich, das kaufe ich nicht.
D Vielleicht kaufe ich es.

1 Das ist nicht so teuer. **D**
2 Das ist viel zu teuer. (?)
3 Das kostet nichts. (?)
4 Das kostet circa 12 Euro. (?)

 E 8,90 €
G Es ist teuer, aber nicht sehr teuer.
F –50%
H

5 Das ist ziemlich teuer. (?)
6 Das kostet nur die Hälfte. (?)
7 Das kostet fast 9 Euro. (?)
8 Das kostet ein paar Euro. (?)

 I 16,–
K Ich habe 7,80 €, aber es kostet 9 €.
J Das kostet nicht viel.
 L –30%

9 Das ist 30 Prozent billiger. (?)
10 Das kostet nur ein Viertel. (?)
11 Das kostet ein bisschen mehr, als ich habe. (?)
12 Das kostet wenig. (?)

b Macht ein Zahlenquiz. Schreibt Rätselfragen für eure Partnerin / euren Partner.

Familie ★ Wohnung ★ Haustiere ★ …

1 Mein Vater ist 38 Jahre alt. Meine Mutter ist ein bisschen jünger. Wie alt ist meine Mutter?
2 Ich bin 1,62 Meter groß, mein Vater ist viel größer. Wie groß ist er?
…

… war ziemlich teuer / 20 % billiger …
… hat die Hälfte / ein Viertel gekostet …
… viel größer/älter …
… ein bisschen größer/kleiner/älter …
… ein paar Jahre älter/jünger …
… 20 % weniger/mehr …

16 c

LESEN | HÖREN | SPRECHEN | SCHREIBEN | WORTSCHATZ | GRAMMATIK

C1 Superlative AB 7–8

a Ergänze die Tabelle. Hör zu und vergleiche. 🔊 1/37

Superlativ
Es gibt viele kleine Zeitungen.
Die „Terra Nostra" ist **am kleinsten**.
Sie ist **die kleinste** Zeitung der Welt.
• **der** kleinste Mensch / • **das** kleinste Land /
• **die** kleinste Stadt / • **die** kleinsten Länder

	Komparativ	Superlativ
lang	(?)	am längsten
alt	(?)	am ältesten
gut	(?)	am besten
viel	(?)	am meisten
gern	(?)	am liebsten

Für **die kleinste** Zeitung der Welt braucht man gute Augen.

b Rekorde. Ergänze die Superlative. Welche drei Informationen stimmen nicht? Was meinst du?

1 Das *(schwer)* __schwerste__ Tier ist der Wal. Er wird bis zu 200 Tonnen schwer.
2 Der Kontinent mit den *(viel)* (?) Sprachen ist Asien. Dort spricht man mehr als 800 verschiedene Sprachen.
3 Kleine Länder gibt es viele. Der Vatikan ist am *(klein)* (?). Er ist nur 0,45 km² groß.
4 Der *(groß)* (?) Ozean ist der Pazifik. Er ist größer als Asien, Afrika und Nordamerika zusammen.
5 Die *(viele)* (?) Menschen sprechen Englisch als Muttersprache. Es sind 450 Millionen.
6 Das Faultier und die Schildkröte sind nicht die schnellsten Tiere, aber am *(langsam)* (?) ist die Schnecke.

• Schnecke

c Hör zu und korrigiere die drei falschen Rekorde in **C1b**. 🔊 1/38

> Das langsamste Tier ist nicht die Schnecke.
> Das Faultier ist (?) als die Schnecke.

C2 Favoriten AB 9

a Hör zu und ergänze die Dialoge. 🔊 1/39

1
○ Wo gibt es das (?) Eis in der Stadt?
● Ich weiß nicht. Ich denke, die Eisdiele am Bahnhof hat das (?) Eis. Es ist aber (?) als bei der Eisdiele in der Stadt.

2
○ Welcher Schauspieler gefällt dir (?), Melina?
● Tye Sheridan sieht (?) aus. Aber Tom Holland finde ich (?).

3
○ Was ist dein Lieblingssport, Sonja?
● Volleyball mag ich (?). Fußball mag ich nicht so gern, Fußball finde ich viel (?) als Volleyball.

am tollsten ★
langweiliger ★
teurer ★
am besten ★
beste ★
beste ★
am liebsten ★
am besten

b Macht Dialoge wie in **C2a**. S. 131

♦ Welchen/Welches/Welche ... findest du am ...?   ♦ Was ist der/das/die ...?
♦ Wo gibt es den/das/die ...?   ♦ Wer ist der/das/die ...?

Sportart ★ Film ★ Schulfach ★ Platz in der Stadt ★ Geschäft in der Stadt ★
Text in deinem Deutschbuch ★ Fernsehsendung ★ Stadt ★ Verkehrsmittel ★ Urlaubsort ★ ...

langweilig ★ interessant ★ ruhig ★ gefährlich ★ groß ★ toll ★
praktisch ★ gemütlich ★ klein ★ verrückt ★ schnell ★ teuer ★
billig ★ schwierig ★ schön ★ einfach ★ lang

LESEN | HÖREN | SPRECHEN | SCHREIBEN | WORTSCHATZ | GRAMMATIK   ALLTAGSSPRACHE **D 16**

D1 Dieses „Märchen" darfst du nicht glauben! AB 10–12

> Märchen ≈ *hier:* Geschichte, nicht real

a Welches Thema passt zu welchem Foto? Ordne zu.

- A Haustiere ★
- B Sport ★
- C Mopedreparatur ★

1   2   3

b Welche Wörter passen zu Thema A, B und C? Was meinst du?

1 Kraulschwimmen (?)
2 Meerschweinchen (?)
3 Die Meisterschaft gewinnen (?)
4 Techniker (?)
5 reparieren (?)
6 brustschwimmen (?)

7 Pferd (?)
8 Batterien wechseln (?)
9 rückenschwimmen (?)
10 ein Hund macht Saltos (?)
11 Rettungsschwimmen (?)
12 Haustierallergie (?)

c Jan, Leonie und Charlotte erzählen „Märchen". Wer erzählt was?
Hör die Dialoge und ergänze. 🔊 1/40

1 Ich war der Schnellste über 200 Meter Kraul, 200 Meter Rücken und 100 Meter Kraul.
2 Mein Vater hat ein Pferd gekauft.
3 Mein Vater war der Schnellste über 100 Meter Brust.
4 Meine Meerschweinchen können Rad fahren.
5 Mein Bruder ist der beste Techniker in der Familie.
6 Mein Hund kann Saltos machen.
7 Mein Vater hat bei Schwimmmeisterschaften gewonnen.
8 Mein Bruder kann alles reparieren.

Dialog 1: Jan: **1** (?)
Dialog 2: Leonie: (?)
Dialog 3: Charlotte: (?)

> der schnellste Schwimmer
> → der Schnellste

d Hör noch einmal. Warum stimmen die Geschichten nicht? 🔊 1/40

1 Jan: (?) Jans Vater war Rettungsschwimmer.
          (?) Jans Vater ist zu langsam geschwommen.
2 Leonie: (?) Leonies Bruder hat ihr Moped repariert.
            (?) Leonies Bruder sagt, er kann keine Mopeds reparieren.
3 Charlotte: (?) Charlotte hat eine Haustierallergie.
               (?) Hunde können keine Saltos machen.

> Ich denke, manche Menschen wollen einfach …

e Warum erzählt jemand Lügengeschichten? Was meinst du?

interessant/wichtig sein wollen ★ viele Ideen haben ★
ein bisschen verrückt sein ★ gute Geschichten erzählen wollen ★
viele Wünsche haben ★ …

> Ich glaube, viele wollen …

> Lüge ≈ Geschichte, nicht wahr

dreiundvierzig 43

16 E

LESEN | HÖREN | **SPRECHEN** | SCHREIBEN | WORTSCHATZ | GRAMMATIK

E1 Lügengeschichten AB 13–14

a Welche Märchen erzählen Jan, Leonie und Charlotte? Schreib Sätze.

1 Hund – Saltos machen
2 Bruder – der beste Techniker in der Familie sein
3 Vater – bei Schwimmmeisterschaften gewonnen haben

> Charlotte sagt, **dass** ihr Hund Saltos **macht**.

1 Charlotte sagt, dass ihr Hund …

b Welche Märchen erzählt Nico? Schreib seine Lügengeschichten auf.

Mutter – vier Musikinstrumente spielen
Bruder – Ferrari haben
Freund – bei den Judo-Weltmeisterschaften mitmachen
Schwester – bei einer Fernsehshow gewinnen
Nico – nur Markenkleidung kaufen
Großeltern – Haus in Asien haben
Onkel – in Hollywood arbeiten und viele Filmstars kennen

Nebensatz mit **dass**
Charlotte: „Mein Hund **macht** Saltos."
Charlotte sagt, **dass** ihr Hund Saltos **macht**.

Nico sagt, dass seine Mutter vier Musikinstrumente spielt. …

E2 In Wirklichkeit … AB 15–16

a Was ist wohl die Wahrheit? Findet wahre Sätze zu Nicos Lügengeschichten in **E1b**.

In Wirklichkeit spielt seine Mutter nur ein bisschen Klavier. …

b Macht Dialoge mit den Sätzen aus **E1a** und **E1b**.

○ Nico hat gesagt, dass …
◆ Diesen Unsinn / Dieses Märchen / Diese Geschichte darfst du nicht glauben. In Wirklichkeit …

> **Diese** Geschichte stimmt sicher nicht.

dies**er** • Unsinn	der
(Akk. dies**en** Unsinn)	(Akk. **den**)
dies**es** • Märchen	das
dies**e** • Geschichte	die
dies**e** • Geschichten	die

E3 Falsche Geschichten entdecken AB 17

a Findet Fragen für Nicos Geschichten und die Geschichten aus den Hörtexten. Ordnet zu.

> **Welche** Meisterschaften waren denn das?
> **Was für ein** Hund ist denn das?

A hat der Ferrari? B ~~spielt sie denn?~~ C war denn das?
D hat ihr Vater gekauft? E hat ihr Bruder schon repariert?
F haben sie dort in Asien? G hast du denn gewonnen? H kennt er denn?

1 Welche Instrumente — B
2 Welche Filmstars — (?)
3 Was für Geräte — (?)
4 Welche Farbe — (?)
5 Was für ein Haus — (?)
6 Was für eine Fernsehshow — (?)
7 Was für ein Pferd — (?)
8 Welche Meisterschaften — (?)

Welcher Hund? — Welcher Hund aus der Gruppe ist es?
Was für ein Hund? — Ist er groß, klein …?

b Schreibt richtige und falsche Informationen über euch, eure Familie und eure Freunde. Lest die Sätze in der Gruppe vor. Die anderen stellen Fragen und finden die falschen Sätze.

*Meine Mutter war die Beste in Mathematik.
Mein Großvater hat drei Autos.
Ich kann …*

> Was für einen Beruf hat deine Mutter?

Was für ein • Hund …?
Was für ein • Auto …?
Was für eine • Fernsehshow …?
Was für • Geräte …?

AB 18–22

LESEN | HÖREN | SPRECHEN | SCHREIBEN | WORTSCHATZ | GRAMMATIK

⊕1 Gefährliche Lügen

a Lies und hör den Text. Ordne die Fotos A, B, C zu. 🔊 1/41

HOCHSTAPLER

„Ich bin amerikanischer Major. Ich muss hier in Ihrem Ort eine NATO-Konferenz organisieren."
Alle Menschen in der ostdeutschen Kleinstadt sind nervös.
Eine NATO-Konferenz in ihrem Ort? Kann das stimmen? Doch der amerikanische Major war schon im Rathaus und hat dort seine Pläne präsentiert. Es muss stimmen. Alle im Ort beginnen mit den Vorbereitungen. Der Major ist inzwischen abgereist. Die NATO-Konferenz hat es nie gegeben.

„Ich organisiere Reisen auf den Mond. Ich suche noch Passagiere."
Ein Manager aus Hamburg hört interessiert zu. Es ist eine fantastische Geschichte: die NASA-Rakete, der Flug zum Mond ... Er glaubt jedes Wort. Er will einfach jedes Wort glauben. Schließlich kauft er ein Ticket. Der Preis: 2,5 Millionen €. Er sieht den Mann und sein Geld nie wieder.

Der amerikanische Major und der Mondreisende waren Thorsten S. und Jürgen H., zwei Hochstapler aus Deutschland. Hochstapler erzählen Lügengeschichten. Sie machen ihr Leben mit ihren Geschichten interessanter. „Die Geschichte muss einfach und logisch sein, oder extrem unlogisch", meint Thorsten S. und lächelt. „Am Ende glaube ich meine Geschichten oft selbst", erzählt Jürgen H. Doch der Preis für das neue, interessantere Leben ist meist sehr hoch. In Alexander Adolphs Dokumentarfilm „Hochstapler" erzählen Thorsten S. und Jürgen H. ihre Geschichten. Alexander Adolph hat die Interviews in einem Gefängnis gemacht. Denn dort sitzen die beiden Hochstapler jetzt schon seit ein paar Jahren.

● Flug zum Mond
● NATO-Konferenz
● Gefängnis

b Lies den Text noch einmal. Beantworte die Fragen. Schreib Sätze.

1 Was für eine Lügengeschichte hat Thorsten S. erzählt?
  Thorsten S. hat gesagt, dass er ...
2 Was für eine Lügengeschichte hat Jürgen H. erzählt?
3 Warum erzählen Hochstapler Lügengeschichten?
4 Was ist oft der Preis für ihre Geschichten?

⊕2 „Tag der Rekorde"

Lies die Anzeige und melde dich für den „Tag der Rekorde" an.

www.tag-der-rekorde.de

Kannst du in einer Minute mehr SMS schreiben als deine Freunde? (Marcel Fernandes' Weltrekord sind 160 Zeichen in 18,2 Sekunden) Hast du mehr Kugelschreiber als deine Lehrerin / dein Lehrer? (Gerhard Reck aus Deutschland hat mehr als 80.000 Kugelschreiber)

Dann melde dich zum „Tag der Rekorde" an!
Anmeldeschluss: 31.10. | Anmeldegebühr: 10 €

ANMELDEFORMULAR
Name   Vorname:
Beschreibe deine Rekordidee:
  Ich kann ... sehr schnell / schneller als ...
  Aber ich kann sicher noch schneller / noch mehr ...

SENDEN

AB 23–27

LÄNDER & LEUTE 15+16 — Rekorde aus deiner Heimatregion

LL1 Fakten und Beispiele

a Lies und hör die Texte aus dem Internetforum. Welche drei Bilder passen zu den Texten? Ordne zu. 🔊 1/42

Alte VW Zentrale in Wolfsburg

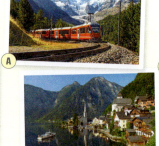

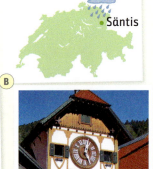
Säntis

FORUM — www.bei-uns-daheim.com
Am schönsten, am höchsten, am größten ...
Welche Rekorde findet man in deiner Heimatregion? Sind sie für dich wichtig? Erzähl uns davon.

1 Rollo11 Ich komme aus dem Schwarzwald. Der Schwarzwald liegt im Südwesten von Deutschland. Bei uns kannst du die größte Kuckucksuhr auf der Welt sehen. Allein der Kuckuck ist 150 Kilogramm schwer. Mir gefällt die Uhr eigentlich gar nicht so gut. Auch den Rekord finde ich ein bisschen seltsam. Unsere Kuckucksuhr zu Hause ist kleiner, aber schöner.

2 heidiX Die Schweizer fahren am liebsten mit dem Zug. Da sind wir Rekordhalter. In keinem anderen Land fahren so viele Menschen mit dem Zug wie in der Schweiz. Als Schweizerin bin ich natürlich auch oft Fahrgast bei der Schweizer Bahn, denn das ist auch für die Umwelt gut. Manchmal wünsche ich mir aber mehr Platz. Wenn ich mit dem Zug fahre, will ich sitzen und nicht stehen.

3 Amadeus Ich komme aus Hallstadt. Hallstadt ist vielleicht das schönste Dorf in Österreich. Das sehen auch viele Touristen so. Wenn man im Sommer nach Hallstadt kommt, trifft man hier zwölfmal mehr Touristen als Einwohner. Das ist ein Rekord, aber leider auch ein Problem für die Einwohner von Hallstadt. Ich bin froh, dass ich mit meiner Familie heute nicht mehr in Hallstadt lebe.

b Lies die Texte noch einmal und ergänze die Tabelle.

	Heimatregion	Rekord	Meinung 😀 😐 ☹
Rollo11	Schwarzwald	(?)	(?)
heidiX	(?)	(?)	(?)
Amadeus	(?)	(?)	(?)

c Hör Daniela, Elias und Sophia. Welche drei Bilder aus a passen zu ihren Rekorden? 🔊 1/43

d Hör noch einmal. Ordne dann zu und ergänze die Namen. Nicht alle Sätze passen. 🔊 1/43

1 (?) findet nicht so gut,
2 (?) wohnt
3 In (?)s Heimatstadt gibt es
4 (?) kommt von einem Bauernhof

a in der größten deutschen Stadt.
b in Österreich.
c deshalb ist sie nicht immer gern in der Großstadt.
d dass es so oft regnet.
e die größte Fabrik weltweit.
f viele Autos.

LL2 Und jetzt du!

a Sammelt Rekorde aus eurer Heimatregion.

[Landschaft] [Wetter] [Wirtschaft] [Kunst und Kultur]
[Bekannte Personen] [Persönliche Superlative]

b Wie findet ihr die Rekorde aus euren Heimatregionen? Zeichnet Smileys und erklärt.

> Bei uns gibt es den höchsten Berg in der Region. Ich finde das toll, weil man mountainbiken und Ski fahren kann.

Liebesgeschichten in Bildern — 15+16 PROJEKT

P1 Erzählt eine Liebesgeschichte in Bildern.

a Sammelt bekannte Liebesgeschichten. Arbeitet auch mit einem Online-Wörterbuch.

> **Märchen und Sagen:** Helena und Paris, Aschenputtel, Froschkönig, Adam und Eva …

> **Film und Literatur:** Romeo und Julia, Faust und Gretchen, Titanic, Die Schöne und das Biest, Shrek …

> **Bekannte Personen:** John Lennon und Yoko Ono, Prinz Charles und Prinzessin Diana …

b Wählt eine Liebesgeschichte aus oder erfindet eine eigene Liebesgeschichte. Erzählt die Geschichte in vier bis sechs Bildern. Diskutiert, was man auf den Bildern sehen soll.

> Auf Bild 1 sieht man den Froschkönig.

> Nein, da sieht man die Prinzessin, sie hat ihren Ball verloren.

> Auf Bild 2 kommt der Froschkönig und …

c Zeichnet die Bilder als Comic. Ihr könnt die Bilder auch nachstellen und Handyfotos machen.

d Macht ein Poster oder eine digitale Präsentation mit euren Bildern.

P2 Präsentiert eure Geschichten.

a Bereitet eure Präsentation vor. Jede Person in der Gruppe soll ein Bild beschreiben.

- Auf dem ersten Bild sieht man … Er/Sie ist/will …
- Später/Danach trifft er/sie …   Das sieht man auf dem zweiten Bild.
- Das dritte Bild zeigt …
- Am Ende / Schließlich …

b Präsentiert euer Poster oder eure digitale Präsentation in der Klasse.

FILM
Sieh den Film **Ich habe jemanden kennengelernt!** an und lös die Aufgaben auf S. 136.

GRAMMATIK 15+16

🔍 FINDE DIE Sprechblasen-Sätze IN DEN LEKTIONEN 15 UND 16.

G1 Verb

a Konjugation (Modalverb *sollen*)

	sollen
ich	soll
du	sollst
er, es, sie, man	soll
wir	sollen
ihr	sollt
sie, Sie	sollen

Was **soll** ich **anziehen**?

Soll ich **aufstehen** oder im Bett **bleiben**?

🔍 S. 36

b Verben mit Dativ

○ Schau, die Torte schmeckt **deinem Hund**.
◆ Nein, Bello! Hör auf!

Die Torte schmeckt → **Wem?** **dem Hund**.

Die Torte schmeckt → **ihm**.

Verben mit Dativ (nur wenige Verben): passen, gefallen, gratulieren, gehören, helfen, schmecken, es geht …

Verben mit Dativ und Akkusativ: geben, erzählen …

Wir haben eine Geldbörse gefunden. **Gehört** sie **dir**?

🔍 S. 34

G2 Artikel, Nomen und Pronomen

a Artikelwörter (Demonstrativartikel)

	Nominativ	zum Vergleich:	Nominativ	zum Vergleich:
maskulin	dies**er** • Pullover	d**er** • Pullover	Was für ein(-) • Pullover?	mein(-) • Pullover
neutral	dies**es** • Kleid	d**as** • Kleid	Was für ein(-) • Kleid?	mein(-) • Kleid
feminin	dies**e** • Hose	di**e** • Hose	Was für ein**e** • Hose?	mein**e** • Hose
Plural	dies**e** • Schuhe	di**e** • Schuhe	Was für (-) • Schuhe?	mein**e** • Schuhe

Diesen Unsinn darfst du nicht glauben.

🔍 S. 44

b Fragepronomen: *Wer? / Wen? / Wem?*

	Wer?	Wen?	
○ Hat	er	**ihn**	eingeladen?

		Wem?	
◆ Ja, aber der Termin passt		**ihm**	nicht.

Wer hat ihn eingeladen?	→	er	= Nominativ
Wen hat er eingeladen?	→	ihn	= Akkusativ
Wem passt der Termin nicht?	→	ihm	= Dativ

🔍 S. 34

48 achtundvierzig

GRAMMATIK

G3 Adjektiv

Superlativ

Das Mineralwasser ist **am billigsten**, das nehme ich.
der billig**ste** • Burger
das billig**ste** • Eis
die billig**ste** • Pizza
die billig**sten** • Getränke

Wo gibt es **das beste** Eis in der Stadt?

Welcher Schauspieler gefällt dir **am besten**?

S. 42

kurze Adjektive mit *a, o, u*: am wärmsten, am größten …

Besondere Formen: gut – **am besten**, viel – **am meisten**, gern – **am liebsten**

billig	**am** billig**sten**
	der/das/die billig**ste**
	die billig**sten**

G4 Satz

Nebensatz mit *dass*

Nico: „Mein Bruder hat einen Ferrari."   Nico sagt, **dass** sein Bruder einen Ferrari hat.

Das ist ein Märchen.   Ich glaube, **dass** das ein Märchen ist.

15+16 REDEMITTEL

Personen beschreiben und charakterisieren L15, S. 32

- Meine Schwester ist schlank und ihre Haare sind lockig.
- Meine Cousine trägt auch eine Zahnspange, und sie ist ungefähr so groß wie du.
- Mein Onkel sieht so ähnlich aus wie der Mann auf dem Foto. Mein Onkel ist aber älter und auch größer.

Besitz angeben L15, S. 34

- Gehört das dir?
- Nein, das gehört nicht mir, das gehört Eva.
- Ja, genau, das gehört ihr.
Eva Ja, genau, das gehört mir.

Entscheidungen diskutieren L15, S. 35

- Kommst du heute Abend zu mir?
- Tut mir leid, ich kann nicht.
- Ach nein, du musst kommen …
- Aber ich kann nicht kommen. Ich bin schon verabredet und habe Ja gesagt. Was soll ich denn jetzt tun?

Vorlieben angeben L15, S. 36

- Ich trinke am liebsten Kakao zum Frühstück.

Angaben zu Mengen und Maßen machen L16, S. 40

- Wie lang und breit ist ein Fußballfeld?
- 75 x 45 Meter.
- Wie schnell fährt ein Formel-1-Rennwagen?
- 370 km/h.
- Wie groß ist Liechtenstein?
- 324 km².

vergleichen L16, S. 42

- Was ist dein Lieblingssport?
- Volleyball mag ich am liebsten. Fußball mag ich nicht so gern, Fußball finde ich viel langweiliger als Volleyball.

Zweifel ausdrücken L16, S. 44

- Nico hat gesagt, dass seine Mutter vier Musikinstrumente spielt.
- Diesen Unsinn darfst du nicht glauben. Diese Geschichte stimmt sicher nicht. In Wirklichkeit spielt seine Mutter nur ein bisschen Klavier.

neunundvierzig

17 A — Wenn ich das schaffe, …

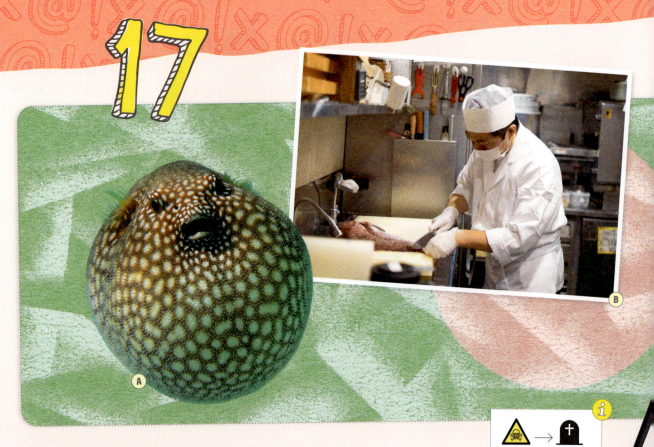

A1 Japanische Kochkunst

Sieh die Fotos an. Ordne die Texte zu.

> 1 Der Fugu ist ein japanischer Speisefisch. Er ist eine besondere Spezialität in der japanischen Küche, denn er ist sehr giftig. Viele Menschen sind schon nach einem Fugu-Essen gestorben.

> 2 Nur spezielle Köchinnen und Köche dürfen in Japan Fugu-Speisen kochen. Die Arbeit in einer Fugu-Küche ist gefährlich.

giftig → gestorben (sterben)

• Koch

A2 Die Prüfung AB 1

a Lies und hör die Teile aus dem Text. Beantworte die Fragen. Was meinst du? 🔊 2/01

> „Akio, komm in die Küche, deine Prüfung beginnt!" Meister Sato hat seinen jungen Koch endlich gefunden. Er war auf dem Parkplatz. Akio ist nervös. Er glaubt, er ist noch nicht gut genug für die Prüfung.
> …
> Akio legt seine Messer auf den Tisch und wartet auf seinen Fugu. Dann kommt das Startsignal, es geht los. Akio arbeitet schnell und genau. Er schneidet die giftigen Teile aus dem Fisch und legt sie auf einen Teller. Dann markiert er sie. Die guten Teile gibt er auf die Seite. Zuletzt macht er noch seinen Tisch sauber. …

• Prüfung = • Test

sauber ↔ schmutzig

1 Wer ist Akio? **2** Wo ist Akio? **3** Warum ist er dort? **4** Wer ist Meister Sato?

in einem Restaurant ★ zu Hause ★ auf einem Parkplatz ★ in einer Küche ★ eine Prüfung machen ★ ein Koch ★ ein Freund ★ ein Mittagessen machen ★ ein Restaurantbesucher ★ …

> Akio ist ein Junge.

> Ja, er ist ein Koch.

> Zuerst ist er …

50 fünfzig

FUGU
eine gefährliche Spezialität

„Akio, komm in die Küche, deine Prüfung beginnt!" Meister Sato hat seinen jungen Koch endlich gefunden. Er war auf dem Parkplatz. Akio ist nervös. Er glaubt, er ist noch nicht gut genug für die Prüfung. Fünf Jahre arbeitet er schon in Meister Satos Restaurant. Er hat dort viele Dinge gelernt: Zwiebeln schneiden, Fleisch braten, Kuchen backen … Denn Akio macht
5 eine Ausbildung zum Koch. Doch Akios Ausbildung ist keine normale Kochlehre. Akio möchte Fugu-Koch werden. Fugu-Köche müssen aber länger lernen als normale Köche, und sie müssen sehr schwierige Prüfungen schaffen.
   Der Fugu ist ein japanischer Fisch und eine besondere Spezialität in Japans Küche. Denn der Fugu ist sehr, sehr giftig. Nur spezielle Köche und Köchinnen dürfen Fugu-Speisen in
10 ihren Restaurants anbieten. Zu viele Menschen sind schon nach einem Fugu-Essen gestorben. In vielen Ländern ist der Fisch daher verboten, auch in Deutschland.
   Akio hat bei Meister Sato alles über Fugu-Fische gelernt: Er kann alle Arten erkennen, er kann die giftigen Fischteile herausschneiden, und er kann fast alle Fugu-Rezepte kochen.
   In Meister Satos Küche hat er auch genug Zeit, da schafft er das ohne Probleme. Doch heute
15 soll er einen ganzen Fisch in Teile schneiden, und das in nur zwanzig Minuten! Meister Sato ist eigentlich sehr zufrieden mit Akio: Er ist pünktlich, er kann gut zuhören, und er kann konzentriert arbeiten. Er akzeptiert Kritik und passt gut in Meister Satos Team. Das ist wichtig, denn die Arbeit in einer Fugu-Küche ist gefährlich. Doch Akio ist nicht der Schnellste. Deshalb ist er heute so nervös.
20 Akio legt seine Messer auf den Tisch und wartet auf seinen Fugu. Dann kommt das Startsignal, es geht los. Akio arbeitet schnell und genau. Er schneidet die giftigen Teile aus dem Fisch und legt sie auf einen Teller. Dann markiert er sie. Die guten Teile gibt er auf die Seite. Zuletzt macht er noch seinen Tisch sauber. Er hat es geschafft! „Sie haben alles richtig gemacht. Aber warum haben Sie am Ende den Tisch mit einer Serviette geputzt? Das dürfen
25 Sie nicht. Wir sehen uns nächstes Jahr wieder!"
   Akio ist traurig, doch Meister Sato meint: „Das ist kein Problem: Die besten Fugu-Köche haben die Prüfung dreimal gemacht."

• Serviette

b Lies und hör den Text. Hat Akio seine Prüfung geschafft? 🔊 2/02

c Lies den Text noch einmal. Was ist richtig?

1 (?) Meister Sato ist Akios Chef.
2 (?) Akio muss eine Kochprüfung machen.
3 (?) In Deutschland sind Fugu-Speisen sehr beliebt.
4 (?) Akio weiß noch nicht sehr viel über Fugu-Fische.
5 (?) Akio hat bei der Prüfung eine halbe Stunde Zeit.
6 (?) Meister Sato ist froh, dass Akio für ihn arbeitet.
7 (?) Akio ist der schnellste Koch in Meister Satos Küche.
8 (?) Akio hat bei der Prüfung einen Fehler gemacht.

17 B

B1 Eine Kochprüfung. Teil 1: „Das Rezept" AB 2–7

a Hör gut zu. Kannst du das Rezept nachkochen? Nummeriere die Arbeitsschritte unten. 🔊 2/03

• Rezept

Akio legt seine Messer **auf den** Tisch.

↻ *Weißt du's noch?* S.144
Präpositionen

Wechselpräpositionen mit Akkusativ
wohin? → in den Topf

geben, legen, stellen, …
auf, über, an, in, vor, hinter, zwischen, neben, unter

- ❓ Die Kartoffeln und die Sardellen ᵂᵒʰⁱⁿ? in den Topf [geben].
- ❓ Salz und Pfeffer ᵂᵒʰⁱⁿ? in den Fischtopf [geben] und alles ᵂᵒʰⁱⁿ? auf den Tisch [stellen]. Guten Appetit!
- ❓ Den Wein, das Wasser und die Milch ᵂᵒʰⁱⁿ? über die Kartoffeln und das Gemüse [geben] und alles eine halbe Stunde lang kochen.
- ❓ Zwiebel und Lauch ᵂᵒʰⁱⁿ? in den Topf [geben] und fünf Minuten anbraten.
- ① Das Gemüse klein schneiden. Einen Topf ᵂᵒʰⁱⁿ? auf den Herd [stellen] und Öl ᵂᵒʰⁱⁿ? in den Topf [geben].
- ❓ Den Fisch vorsichtig ᵂᵒʰⁱⁿ? auf die Kartoffeln [legen] und alles noch einmal 15 Minuten kochen.

b Hör zu. Der Chefkoch kontrolliert. Welche Fehler findet er? Ordne zu. 🔊 2/04

| auf dem Tisch (2x) ★ im Topf (2x) ★ auf dem Herd |

1 Julians Topf steht nicht ʷᵒ? ❓ .
2 Davids Kartoffeln sind noch nicht ʷᵒ? ❓ .
3 Marias Sardellen liegen noch hier ʷᵒ? ❓ .
4 Christophs Fisch ist schon ʷᵒ? ❓ .
5 Lisas Fischtopf steht noch nicht ʷᵒ? ❓ .

Wechselpräpositionen mit Dativ
wo? ● auf dem Herd

sein, liegen, stehen, …
auf, über, an, in, vor, hinter, zwischen, neben, unter

B2 Eine Kochprüfung. Teil 2: „Tisch decken" AB 8–9

a Ordne zu. Hör zu und vergleiche. 🔊 2/05

1 • Glas (¨er) — C
2 • Löffel — ❓
3 • Teller — ❓
4 • Dessertbesteck — ❓
5 • Messer — ❓
6 • Serviette — ❓
7 • Salzstreuer — ❓
8 • Gabel — ❓

52 zweiundfünfzig

LESEN | HÖREN | SPRECHEN | SCHREIBEN | WORTSCHATZ | GRAMMATIK   B 17

b Der Tisch ist falsch gedeckt. Hör zu und notiere die fünf Fehler. 🔊 2/06

1 Der Löffel liegt wo? [?].   Das ist falsch. Der Löffel kommt wohin? [?].
2 Der Dessertlöffel liegt wo? [?].   Das ist falsch. Er kommt wohin? [?].
3 Das Brotmesser liegt wo? [?].   Das ist falsch. Es kommt wohin? [?].
4 Das Wasserglas steht wo? [?].   Das ist falsch. Es kommt wohin? [?].
5 Da ist kein Salz wo? [?].

B3 Wie viel kostet das Menü? AB 10–11

a Lies den Chat. Wie viel kosten die Menüs in den drei Restaurants?

1 „Tornado" Lieferservice: [?]   2 Restaurant „Jägerhof": [?]   3 Mensa: [?]

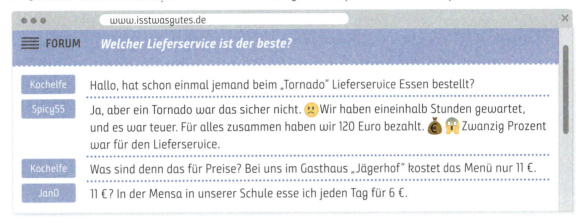

b Hör den Dialog und ergänze die Speisen und Getränke. 🔊 2/07

Alexandra: Wir möchten gern bestellen.
Kellner: Bitte sehr.
Alexandra: Ich nehme **1** [?] und dann **2** [?].
Kellner: Und was möchten Sie trinken?
Alexandra: **3** [?], bitte.
Julian: Ich nehme **4** [?] und dann **5** [?].
Kellner: Und was möchten Sie trinken?
Julian: **6** [?].

c Was fehlt? Hör die Dialoge und ergänze. 🔊 2/08

A
Alexandra: Entschuldigen Sie, **1** [?] fehlt.
Kellner: Stimmt, ich bringe ihn sofort. …
Hier, bitte sehr.
Alexandra: Vielen Dank.

B
Julian: Entschuldigen Sie, könnten wir noch **2** [?] haben?
Kellner: Ja natürlich, ich bringe es sofort.
Julian: Vielen Dank.

d Spielt zu dritt Dialoge wie in **b** und **c**.

AB 12–13

dreiundfünfzig 53

17 C

LESEN | HÖREN | SPRECHEN | SCHREIBEN | WORTSCHATZ | GRAMMATIK

C1 Berufsausbildung AB 14

a Sieh die Fotos an. Ordne die Berufe zu. Hör zu und vergleiche. 🔊 2/09

Denn Akio **macht eine Ausbildung** zum Koch.

A   B   C   D   E   F   G

① Mechatroniker/-in ★ ② Tierarzt/-ärztin ★ ③ Pflegefachmann/-frau ★
④ Friseur/-in ★ ⑤ Fotograf/-in ★ ⑥ IT-Fachmann/-frau ★ ⑦ Büroassistent/-in

b Welche anderen Berufe findest du interessant? Schreib vier Berufe auf.
Schau in einem Online-Wörterbuch nach oder frag deine/n Lehrer/-in.

Beamter (Beamtin)

c Hör zu. Was möchten die Jugendlichen werden? Welche Ausbildung A, B oder C brauchen sie? 🔊 2/10

	Ausbildung	Beruf
1	Nele	(?)	(?)
2	Ben	(?)	(?)
3	Celina	(?)	(?)

A Mittelschulabschluss und eine Lehre machen
B auf eine spezielle Schule gehen
C Abitur machen und an der Universität studieren

Friseurin ★ Fotograf ★ Tierärztin ★ Lehrer ★ Sänger ★ Ingenieur

C2 Ausbildung AB 15–16

a Welche Ausbildung braucht man in Deutschland für die Berufe in **C1a**? Sieh die Grafik an und erkläre.

Arzt/Ärztin, Ingenieur/-in, Lehrer/-in, Architekt/-in …

Mechatroniker/-in, Friseur/-in, Fotograf/-in, Kellner/-in, alle Handwerksberufe (Tischler/-in …)

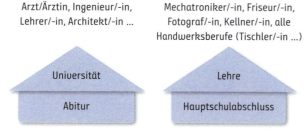

Universität — Abitur
Lehre — Hauptschulabschluss

Ein Arzt oder eine Ärztin hat Abitur gemacht und dann …

Ein Mechatroniker oder eine Mechatronikerin muss …

Grafik zu Ausbildung und Beruf: S. 66

b Lies zuerst den Dialog und ergänze. Hör dann zu und vergleiche. 🔊 2/11

Pflegefachfrau werden ★ Wie wird man das? ★ weiß noch nicht ★ nach der Schule ★
ich möchte Tierärztin werden ★ in eine spezielle Schule gehen ★ gute Noten in Biologie haben

○ Was möchtest du **1** (?) machen?
◆ Ich möchte **2** (?).
○ Ja? **3** (?)
◆ Na ja, man muss **4** (?) und man muss **5** (?).

◆ Die Aufnahmeprüfung für die Schule ist ziemlich schwierig. Und du? Was möchtest du nach der Schule machen?
○ Ich **6** (?), aber ich glaube, **7** (?).
◆ Ja? Wie wird man das? …

c Schreibt den Dialog aus **b** weiter. Der Kasten hilft euch.

Tiere mögen ★ Abitur machen ★ an der Universität studieren ★ gut in Biologie und Chemie sein

d Macht ein Interview wie in **b**. Was möchte eure Partnerin / euer Partner werden?

54 vierundfünfzig

LESEN | HÖREN | SPRECHEN | SCHREIBEN | WORTSCHATZ | GRAMMATIK ALLTAGSSPRACHE D

D1 Jobs für Jugendliche

a Lies die Anzeigen. Welche Jobs findest du interessant?

b Hattest du schon einmal einen Job? Was hast du gemacht? Wie viel Geld hast du verdient? Warum hast du gearbeitet?

> Ich habe schon einmal Nachhilfe in … gegeben.

c Ein Job im Supermarkt. Was muss man tun? Ergänze *den*, *ins* oder *die*.

1 Preise ^(wohin?) auf (?) Produkte kleben

2 Schachteln und Dosen ^(wohin?) (?) Regal stellen
• Dose
• Schachtel

3 leere Flaschen ^(wohin?) in (?) Flaschenkisten stellen
• Flasche
• Kiste

4 leere Schachteln ^(wohin?) (?) Lager räumen

5 Plakate ^(wohin?) an (?) Wand hängen

6 Abfall ^(wohin?) in (?) Mülleimer werfen
• Abfall
• Mülleimer

D2 Das war die Kleine da. AB 17–18

a Hör den Dialog und beantworte die Fragen. 🔊 2/12

1 Wo arbeiten Lukas und Sarah?
2 Warum ist Herr Huber böse?

b Lies die Sätze und ordne die Zitate aus dem Dialog zu. Hör noch einmal und vergleiche. 🔊 2/12

1 Lukas hat einen Termin. **C**
2 Sarah denkt, Lukas arbeitet nicht genug. (?)
3 Sarah nervt Lukas. (?)
4 Herr Huber hat noch Arbeit für Lukas und Sarah. (?)
5 Lukas hat die Flaschen kaputt gemacht. (?)
6 Lukas lügt. (?)
7 Herr Huber hört Sarah nicht zu. (?)
8 Lukas hat die Flaschen kaputt gemacht. Das hat Frau Hacker gesehen. (?)

A Warum machst du dauernd so lange Pausen?
B Das ist meine Sache. Mach du deine Arbeit.
C Noch zehn Schachteln einräumen, und ich muss um sechs Uhr bei Max sein. Ich hasse den Job.
D Sarah, du musst noch die Kalender an die Wand hängen und die Dosen ins Regal räumen, Lukas, stell die Flaschen in die Kisten.
E Das war die Kleine. Ich bin fertig, Herr Huber, ich muss weg …
F Oh nein, Lukas. Was hast du gemacht?
G Da war doch ein junger Mann, der hat doch die Flaschen kaputt gemacht.
H Mach das sauber. Ich habe jetzt keine Zeit, da drüben warten Kunden.

c Diskutiert in der Klasse. Sprecht auch in eurer Muttersprache.

1 Warum sagt Lukas: „Das ist meine Sache."
2 Warum sagt Herr Huber: „Ja, ja, ist schon gut."
3 Wer hat die Flaschen kaputt gemacht?
4 Welche Person reagiert richtig?
5 Welche Person reagiert falsch?

fünfundfünfzig

17 E

LESEN | HÖREN | SPRECHEN | SCHREIBEN | WORTSCHATZ | GRAMMATIK

E1 Das nervt! AB 19–20

a Regeln im Job. Ordnet zu.

1 Wenn du am Morgen unpünktlich bist, (?)
2 Wenn du krank bist, (D)
3 Wenn die Fenster schmutzig sind, (?)
4 Wenn die Schachteln leer sind, (?)
5 Wenn ein Kunde etwas sucht, (?)
6 Wenn du eine Pause machen willst, (?)

> Wenn ihr fertig **seid**, **könnt** ihr gehen.
>
> **Nebensatz mit wenn**
> Ihr **seid** fertig. Ihr **könnt** gehen.
> Wenn ihr fertig **seid**, **könnt** ihr gehen.

A musst du sie wegräumen. ★ B musst du sofort anrufen. ★
C musst du am Abend länger arbeiten. ★ D darfst du nicht weiterarbeiten. ★
E musst du sie bald putzen. ★ F musst du ihm helfen.

b Wer denkt was? Schreib Sätze und ordne zu.

> Wenn ich das bezahlen **muss**, habe ich den ganzen Monat umsonst gearbeitet.

A Lukas ★ B Sarah ★ C Herr Huber ★ D Frau Hacker

1 (B) ich – sehe – Wenn – morgen – Lukas, | kein Wort – spreche – mit ihm – ich.
   Wenn ich Lukas morgen sehe, spreche ich kein Wort mit ihm.
2 (?) Sarah – die Flaschen – Wenn – bezahlen muss, | nicht bezahlen – muss – ich – sie.
3 (?) der junge Mann – die Flaschen – bezahlen muss – Wenn, | ich – nicht mehr – kaufe – ein – bei Herrn Huber.
4 (?) ich – Wenn – nicht zur Arbeit – gehe – morgen, | nicht – mit Sarah – sprechen – muss ich.
5 (?) die Flaschen – kaputt gemacht – hat – Wenn – Lukas, | er – muss – bezahlen – sie – und nicht Sarah.
6 (?) ich – bezahlen muss – Wenn – die Flaschen, | für Herrn Huber – nie mehr – arbeite – ich.

E2 Es stört mich, wenn … AB 21–22

a Hör zu. Was stört Marcel, was stört Maria? Schreib Sätze. 🔊 2/13

> Es **stört mich, wenn** wir jeden Tag so lange arbeiten müssen.

Es stört Marcel, wenn … und vor allem mag er es nicht, wenn …

Es stört Maria, wenn …

b Was stört dich? Was stört dich nicht? Schreib Sätze und vergleiche mit deiner Partnerin / deinem Partner. Was habt ihr gemeinsam? ↪ S. 131

nicht zuhören ★ schnell Auto fahren ★ immer seine Sachen vergessen ★
Chaos in seiner Wohnung haben ★ immer zu spät kommen ★ immer schimpfen ★
neben mir rauchen ★ schmutzige Kleidung tragen ★ sehr lange telefonieren ★
seine Haare nicht waschen ★ Lügengeschichten erzählen ★ alles besser wissen ★
mit vollem Mund sprechen ★ Hausaufgaben nicht machen ★ sehr faul sein ★
immer in Eile sein ★ immer sehr ängstlich sein ★ nicht tolerant sein ★
beim Essen Nachrichten auf dem Handy lesen ★ …

rauchen

☹ *Es stört mich, wenn jemand immer zu spät kommt.* | ☺ *Es stört mich nicht, wenn jemand beim Essen Nachrichten auf dem Handy liest.*

schimpfen = was man sagt, wenn man böse ist
faul sein (≈ sehr oft faulenzen) ≠ fleißig sein
in Eile sein ≈ keine Zeit haben
tolerant sein ≈ man akzeptiert andere Ideen und Meinungen

c Berichtet in der Klasse.

> Es stört uns, wenn jemand seine Haare nicht wäscht.

56 sechsundfünfzig

LESEN | HÖREN | SPRECHEN | SCHREIBEN | WORTSCHATZ | GRAMMATIK   PLUS ⊕ 17

⊕ 1 Passt der Job für mich?

a Lies die Anzeigen. Welche Anzeigen passen zu den „Wunschjobs"? Schreib Sätze.

Emma (16): muss am Montag ihren Bruder um 7:00 Uhr in den Kindergarten bringen, macht im Juli einen Sprachkurs in England
Wunschjob: Zeitungen austragen oder im Getränkemarkt arbeiten

> Wenn Emma Zeitungen austrägt, kann sie ihren Bruder nicht in den Kindergarten bringen. Aber sie kann babysitten. ...

Benjamin (14): gut in Mathematik, Brieffreundin in London, hat ein Fahrrad
Wunschjob: Babysitten oder Zeitungen austragen

> Wenn Benjamin babysitten will, muss er ...

Meike (15): hat Montag und Mittwoch am Abend Basketballtraining, hat in Mathematik eine Fünf, hat ein Moped
Wunschjob: Babysitten oder Nachhilfe geben

ONLINE-JOBBÖRSE

Wir suchen einen Babysitter
Jede Woche Mo. und Fr. 18:00–22:00 Uhr.
Der Babysitter muss älter als 15 Jahre sein.
Bezahlung: 5 € pro Stunde.
Telefon: 03412 / 88 34 78,
ludwig@next.de

Schülerjob!
Zeitungen und Prospekte austragen
Mo und Sa 5–8 Uhr
(Jungen oder Mädchen mit eigenem Fahrrad oder Moped)
info@ortsnachrichten.de

Ferienjob
Helfer im Getränkemarkt gesucht, Juli–August Mo–Fr acht Stunden täglich. Gute Bezahlung
Fa. Hermes • Marktplatz 4 • Tel.: 98433, hermes@mail.de

Wer gibt **Nachhilfestunden** (Klasse 9) in Mathematik und Englisch?
Dienstag-, Mittwoch- oder Freitagnachmittag
petra@t-online.de

Leon (16): möchte viel arbeiten und Geld verdienen, möchte jeden Tag arbeiten
Wunschjob: Zeitungen und Prospekte austragen

b Sprecht über die Situationen in **a**.

> Wenn Emma Zeitungen austrägt, ...

⊕ 2 Gefällt dir dein Beruf?

a Lies Leons Text über seine Cousine Lara. Ordne die Fragen zu.

www.Johann-Peter-Hebel-Schule.de/Forum

SCHULFORUM — *Guter Job, schlechter Job?*

1 (?) Meine Cousine Lara ist Kellnerin von Beruf. Sie hat eine Lehre gemacht und dann in einigen Restaurants gearbeitet. Im Herbst arbeitet sie auf einem großen Kreuzfahrtschiff.

2 (?) Lara arbeitet jeden Tag acht Stunden. Manchmal muss sie schon um 6 Uhr am Morgen beginnen, dann hat sie aber am Abend frei. Manchmal beginnt sie am Nachmittag, dann ist sie erst um Mitternacht fertig.

3 (?) Lara lernt als Kellnerin viele Menschen kennen. Deshalb mag sie ihren Beruf. Wenn sie genug Trinkgeld bekommt, dann verdient sie gut. Deshalb möchte sie auf dem Kreuzfahrtschiff nur an der Bar arbeiten.

A Was muss sie in ihrem Beruf tun? ★
B Was gefällt ihr (nicht) in ihrem Beruf? ★
C Welche Ausbildung hat sie?

b Macht Interviews mit Freunden oder Familienmitgliedern. Schreibt Texte wie Leon in **a**.

> Mein/e ... ist ... von Beruf. Sie/Er hat ... gemacht / ist ... gegangen. Sie/Er ... gern / nicht so gern ...

AB 23–26

ROSI ROT & WOLFI

Das Wasserglas kommt rechts neben das Weinglas ...

Stört es dich, wenn ich mit Messer und Gabel esse?

SCHMATZ!

SEUFZ!

Und die Serviette neben die Gabel. So, wunderbar.

18 A — Damals durfte man das nicht ...

... und ihre Reise ins Jahr 1902.

DIE BOROS AUS BERLIN ...

Familie Boro aus Berlin hat drei Monate in einem Bauernhaus gelebt. Genau so wie die Bauern im Jahr 1902. Das Leben war plötzlich ganz anders für Ismail und Marianne Boro und ihre drei Kinder Sera, Reya und Akay.

Das Wetter macht den Boros Sorgen: Sie holen viel Holz für den Winter.

Ismail und Marianne gehen auf den Markt. Dort verkaufen sie ihre Produkte.

Sera melkt Kuh Henny: Familie Boro muss ihre Lebensmittel selbst produzieren.

Reya auf dem Kartoffelfeld: Die Boros pflanzen Kartoffeln und Gemüse.

Akay füttert die Tiere.

> etwas macht Sorgen ≈ etwas macht ein bisschen Angst
> Lebensmittel ≈ Brot, Milch, Eier ...
> romantisch: Ein Liebesfilm ist romantisch.

A1 Die Zeitreise

a Seht die Fotos an. Was haben die Boros gemacht?

b Was war toll, was war nicht so toll? Was war wohl einfach, was war schwierig? Was meint ihr?

> Das Leben war stressig.
> Das Leben heute ist vielleicht stressiger.

die Arbeit ★ die Freizeit ★ das Essen und Trinken ★ die Kleider ★ ...

langweilig ★ schrecklich ★ praktisch ★ unpraktisch ★ super ★ stressig ★ interessant ★ neu ★ anders ★ romantisch ★ lustig ★ cool ★ uncool ★ ...

A2 Deutschland im Jahr 1900

Beantworte die Fragen. Was meinst du?

Das Jahr 1900 in Deutschland:
Ein Arbeiter verdient in Deutschland 800 Mark im Jahr. Im Jahr 2023 sind das circa 5.600 Euro. Du lebst in einem Bauernhaus im Schwarzwald im Jahr 1900. Du kannst sehr gut Bürsten und Besen binden. Für eine Bürste brauchst du zwei Stunden.

PREISE

Waren	Menge	im Jahr 1900 (Mark)	heute (Euro)
Butter	500 g	1,00	5,60
Kaffee	1 kg	1,24	20,00
Bürste	1 Stück	0,50	11,00
Kuh	1 Stück	150,00	1.600,00
Milch	1 Liter	0,18	1,60

Frage 1: Wie viele Bürsten musst du binden, wenn du auf dem Markt eine Kuh kaufen willst?
Frage 2: Wie lange musst du für eine Kuh arbeiten?
Frage 3: Wie lange muss ein Arbeiter im Jahr 1900 in Deutschland für eine Kuh arbeiten?
Lösung: S. 147

● Bürste ● Besen

LESEN | HÖREN | SPRECHEN | SCHREIBEN | WORTSCHATZ | GRAMMATIK

Plötzlich waren Streichhölzer wichtig

Wie war wohl das Leben auf einem Bauernhof im Jahr 1902? Die Familie Boro aus Deutschland konnte das ausprobieren. Ein deutscher Fernsehsender hat die Berliner Familie auf eine Zeitreise geschickt: Drei Monate lang mussten Ismail Boro, seine Frau Marianne und die drei Kinder Reya, Sera und Akay in einem alten Bauernhaus im Schwarzwald leben, genauso wie die Schwarzwaldbauern im Jahr 1902. Das Haus hatte also keine Elektrizität, kein Internet und natürlich auch keinen Fernseher. Die Familie hatte Lebensmittel für die ersten Tage, aber dann mussten sie ihr Essen und Trinken selbst produzieren. Sie mussten Kartoffeln und Gemüse pflanzen, die Kuh melken und die Tiere füttern. Außerdem mussten sie Butter machen und Besen und Bürsten binden. Diese Produkte sollten sie auf dem Markt verkaufen und ein bisschen Geld verdienen.

Die ersten Tage auf dem Schwarzwaldhof waren noch gemütlich und ruhig, doch die Wochen danach waren sehr schwierig: Die Kartoffelernte war kaputt und man konnte die Kartoffeln nicht essen. Die Kuh war plötzlich krank und man konnte die Milch nicht trinken. Auch das Wetter machte der Familie Sorgen: Zwei Wochen lang konnten sie nicht auf dem Feld arbeiten. Und dann war der Winter da ...

Nach den drei Monaten auf dem Bauernhof war für die Boros und Millionen Fernsehzuschauer klar: Bauern im Jahr 1902 mussten jeden Tag um ihr Überleben kämpfen. Doch die Boros haben es geschafft. Sie sind stolz und haben viel gelernt:

„Auch wenn man nichts hat, kann man lachen und glücklich sein", meint Marianne Boro, und ihre Tochter Sera stellt fest: „Handy und Fernseher waren in den drei Monaten überhaupt kein Thema, aber Streichhölzer waren plötzlich total wichtig."

Auch Akay Boro hat etwas gelernt: „Jeden Tag duschen ist überhaupt nicht notwendig. Das weiß ich jetzt."

Möchte Akay gern auf einem Bauernhof im Jahr 1902 leben? „Auf einem Bauernhof schon, aber im Jahr 1902? Da bin ich nicht sicher."

• Streichholz

A3 Gelebte Geschichte im Fernsehen: „Schwarzwaldhaus 1902" AB 1

a Lies und hör den Text. Waren deine Vermutungen in A1 richtig? 🔊 2/14

b Lies den Text noch einmal. Lies auch die Fragen und mach Notizen.

1. Warum hat eine Berliner Familie drei Monate auf einem Bauernhof im Schwarzwald gelebt?
2. Was waren die Spielregeln für die Familie?
3. Welche Probleme hatte die Familie?
4. Was haben die Boros und die Fernsehzuschauer gelernt?

1 Ein Fernsehsender hat eine Fernsehsendung gemacht, man hat sie auf eine Zeitreise geschickt.

c Möchtest du auf einem Bauernhof im Jahr 1900 leben? Warum (nicht)?

18 B

LESEN | HÖREN | SPRECHEN | SCHREIBEN | WORTSCHATZ | GRAMMATIK

B1 Ein Arbeitstag im Schwarzwaldhaus – ein Arbeitstag in Berlin AB 2–5

a Das Jahr 1900 – das Jahr 2023. Welche Aktivitäten passen zusammen? Ordne zu.

Sie mussten **Kartoffeln** und **Gemüse pflanzen**, die **Kuh melken** und die **Tiere füttern**.

Akay Boro füttert die Kaninchen und Meerschweinchen.

	1900	2023
5 Uhr	aufstehen	
	Feuer machen	1
	Tiere füttern	(?)
	Kühe melken	(?)
	Frühstück machen	
7 Uhr	frühstücken	
	Holz machen	
	Haus in Ordnung bringen	(?)
	Kartoffeln für die Schweine kochen	
9 Uhr	Frühstückspause	
	auf den Markt gehen (10 km zu Fuß)	(?)
	Bürsten und Besen verkaufen	
	oder Wäsche waschen	(?)

	1900	2023
11 Uhr	Feuer machen und Mittagessen kochen	(?)
12 Uhr	Mittagessen	
	Geschirr abwaschen	(?)
	Schweine füttern	
14 Uhr	Feldarbeit und Waldarbeit	
18 Uhr	Tiere füttern	
	Kühe melken	
	Eier holen	
	im Garten Gemüse pflanzen	(?)
	Butter machen	
20 Uhr	Abendessen	
21 Uhr	Besen und Bürsten machen	(?)

1 Heizung und Licht einschalten
2 fernsehen
3 im Supermarkt Eier, Gemüse und Butter kaufen
4 mit dem Bus zur Arbeit fahren
5 staubsaugen
6 den Geschirrspüler einräumen
7 die Katze füttern
8 am Herd oder in der Mikrowelle kochen
9 Milch aus dem Kühlschrank nehmen
10 Wäsche in die Waschmaschine stecken

• Heizung
• Lichtschalter
staubsaugen
• Geschirrspüler

b Hör den Text aus der Fernsehsendung und vergleiche. 🔊 2/15

„Die Boros sind wieder in Berlin." Schwarzwaldhaus 1902

c Finde drei Aktivitäten pro Kategorie aus **a**.
Sammle weitere Wörter.

	1900	2023
Geld verdienen	(?)	(?)
Lebensmittel produzieren	(?)	(?)
Essen zubereiten	(?)	(?)
Hausarbeit	Feuer machen	(?)

d Wähle vier bis sechs Kategorien und zeichne ein Tortendiagramm für deinen Alltag. Wie ist dein Leben? Was meinst du? Was soll anders sein? Vergleicht und erzählt. ↪ S. 131

Sport ★ schlafen ★ Musik hören ★ Schule ★
Freunde ★ Computer ★ Hausarbeit ★
Essen und Trinken ★ fernsehen ★ lesen ★ …

DAS LEBEN IM SCHWARZWALDHAUS

Tiere 20%
Hausarbeit 20%
Arbeiten für den Markt 10%
Garten- und Feldarbeit 25%
schlafen 25%

60 sechzig

LESEN | HÖREN | SPRECHEN | SCHREIBEN | WORTSCHATZ | GRAMMATIK

C1 Die Regeln im Schwarzwaldhaus AB 6–8

a Ergänze die Regeln für die Familie Boro im Schwarzwaldhaus.

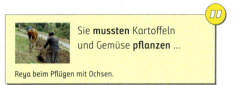

Sie **mussten** Kartoffeln und Gemüse **pflanzen** ...

Reya beim Pflügen mit Ochsen.

Präteritum: Modalverben	
ich m**uss**te	auch:
du m**uss**test	dürfen → d**ur**fte
er, es, sie, man m**uss**te	können → k**o**nnte
wir m**uss**ten	wollen → w**o**llte
ihr m**uss**tet	sollen → s**o**llte
sie, Sie m**uss**ten	mögen → m**o**chte

Die Fernsehshow „Schwarzwaldhaus 1902" hatte strenge Regeln.

1 (leben müssen) Die Boros ___mussten___ drei Wochen lang wie die Bauern im Jahr 1902 ___leben___.

2 (abgeben müssen) Sie (?) ihre (?) und ihre (?) (?).

3 (sein dürfen) Im Haus (?) keine modernen Geräte (?).

modern ≈ aktuell

4 (bleiben dürfen) Nur die (?) (?) im Haus (?).

5 (gehen müssen) Sie (?) alle Wege zu (?) (?).

6 (kaufen dürfen) Sie (?) im (?) keine modernen Produkte (?).

7 (leben müssen) Sie (?) mit dem (?) von 1902, der Mark, (?).

8 (bekommen können) Sie (?) für ihre Produkte nur die Preise von 1902 (?).

b Der Alltag im Schwarzwaldhaus. Was konnten und durften die Boros nicht? Macht eine Liste.

> fernsehen, Radio hören, Kartoffelchips essen ...

c Welche Probleme hatten die Boros? Lies den Text in **A3a** und schreib Sätze.

> Die Kartoffelernte ... und man konnte ...

d In Berlin ist alles anders. Was *können* und *dürfen* die Boros jetzt wieder tun? Erzähle.

> In Berlin dürfen die Boros wieder mit dem Auto fahren.

> Sera kann wieder mit ihren Freundinnen telefonieren.

C2 Reality- und Castingshows AB 9–11

a Hör die Dialoge. Über welche Fernsehsendungen sprechen die Jugendlichen? Ordne zu. 🔊 2/16–17

B Bist du ein Oragu?
Familie Balluch bei den Oragus: Drei Wochen lang lernt die Familie das Leben im Dorf und im Dschungel kennen. Wir sind mit der Kamera für Sie dabei.

A Das schaffst du!
Es ist so weit! Zehn Kandidaten warten im Dschungelcamp auf ihre Aufgaben. Wer wird am Ende der Dschungelkönig oder die Dschungelkönigin? Sie entscheiden mit!

Dialog 1: ?   Dialog 2: ?

• Kandidat ≈ Spieler in einer Show

b Hör noch einmal. Was waren die Regeln bei den Fernsehshows? Schreib Sätze. 🔊 2/16–17

im Dschungel eine Kiste finden ★ von den Eltern getrennt schlafen ★
Heuschrecken essen ★ in einem Dorf in Afrika leben ★
für Süßigkeiten und Bonbons Fragen beantworten ★
bei den Eltern schlafen ★ scheußliche Sachen essen

•/• Bonbon

getrennt ≈ nicht zusammen
etwas schmeckt scheußlich/widerlich ≠ lecker

Das schaffst du!	Bist du ein Oragu?
Die Kandidaten mussten …	Familie Balluch musste …
Alexander …	Sophie …

Uuuah!! Widerlich!

c Kennt ihr noch andere Reality- und Castingshows? Was sind die Regeln? Erzählt.

… ist eine Realityshow. Die Kandidaten müssen …

d Hier sind einige Meinungen zu Reality- und Castingshows im Fernsehen. Markiert und diskutiert.

+++ stimme zu
+– stimme teilweise zu
+ richtig
– stimme nicht zu

1 +++ Die Zuschauer und die Spieler können bei den Shows sehr viel lernen.
2 ?   Diese Shows sind furchtbar. Die Kandidaten müssen dumme Dinge tun, und die Fernsehzuschauer müssen das ansehen.
3 ?   Reality- und Castingshows machen Spaß, sie sind gute Fernsehunterhaltung.
4 ?   Die Shows zeigen nicht die Realität, sondern nur Sensationen.
5 ?   Die Regeln bei den Realityshows werden immer extremer. Bei „Couple Challenge" mussten die Paare bei -40 Grad Celsius ihre Prüfungen machen. Das muss man verbieten.
6 ?   In diesen Shows müssen die Spieler ihre persönlichen Gefühle und ihr Privatleben im Fernsehen zeigen. Das ist peinlich.
7 ?   Kandidaten in Castingshows wollen schnell berühmt werden. Kurze Zeit später kennt sie niemand mehr.

verbieten ≈ sagen, dass man etwas nicht darf ≠ erlauben
berühmt ≈ viele Menschen kennen diese Person und finden sie toll

Das finde ich auch. Ich stimme zu.
Das ist richtig / teilweise richtig / falsch.
Das stimmt sicher nicht.

Bei Shows wie … kann man …
Shows wie … sind …
Wenn die Kandidaten … müssen, dann …

Das finde ich auch. Bei Shows wie … kann man …

AB 12–14

62 zweiundsechzig

LESEN | HÖREN | SPRECHEN | SCHREIBEN | WORTSCHATZ | GRAMMATIK   ALLTAGSSPRACHE D 18

D1 Früher und heute

Seht die Fotos an. Was war früher anders? Vergleicht.

mehr ★ weniger ★ einfacher ★ gefährlicher ★ langsamer ★ schneller ★ gesünder ★ größer ★ ruhiger ★ langweiliger ★ besser ★ billiger ★ bequemer ★ …

Schule früher – heute
(Unterricht, Schulfächer, Tests …)

Städte früher – heute
(einkaufen, Straßen, Verkehr …)

Familie und Haushalt früher – heute
(Hausarbeit, arbeiten, kochen, wohnen …)

> Ich denke, der Unterricht war früher langweiliger als heute.

> Früher konnte man auf den Straßen spielen, da war weniger Verkehr.

• Verkehr ≈ Autos, Busse, Fahrräder …

D2 Das hatten wir alles nicht! AB 15–16

a Hör zu. Über welche Themen sprechen Sarah und ihr Großvater? 🔊 2/18

• Großvater   • Enkelin (• Enkel)

1 ? Handys   5 ? Prüfungen
2 ? Computer   6 ? Verkehr
3 ? Hausarbeit   7 ? Urlaub
4 ? tanzen   8 ? Gesundheit

b Hör noch einmal. Was ist richtig? 🔊 2/18

1 Sarahs Großvater hat ein Problem mit seinem Handy. ?
2 Sarah kann ihrem Großvater helfen. ?
3 Sarahs Großvater möchte zwei Telefone haben. ?
4 Sarahs Großvater geht einmal in der Woche ins Kino. ?
5 Sarah muss in 15 Minuten in der Schule sein. ?
6 Großvaters Freund Otto hat angerufen. ?

WIRTSCHAFT

dreiundsechzig 63

18 E

LESEN | HÖREN | **SPRECHEN** | SCHREIBEN | **WORTSCHATZ** | GRAMMATIK

E1 War es früher besser? AB 17–18

Hör noch einmal. Wer sagt was? Großvater oder Sarah? Schreib Sätze. 2/18

> Ich finde, **dass** alles einfacher **wird**.

1 „Alles wird einfacher." <u>Sarah</u> findet, dass <u>alles einfacher wird</u>.
2 „Alles wird komplizierter." (?) meint, dass (?).
3 „Früher hatten **wir** keine Handys und keine Computer." (?) sagt, dass **sie** (?).
4 „Das Leben war früher viel langweiliger." (?) glaubt, dass (?).
5 „**Du** hast zu viele Prüfungen und Tests." (?) meint, dass **Sarah** (?).
6 „**Wir** sind mit dem Rad auf der Straße gefahren." (?) erzählt, dass (?).
7 „**Wir** hatten früher mehr Freiheiten." (?) ist sicher, dass **die Jugendlichen** (?).

E2 Warum funktioniert das nicht? AB 19–21

a Ordne zu und schreib die Antworten. Hör zu und vergleiche. 2/19

> Heute kannst du überall telefonieren, **weil** es Handys **gibt**.

1 ○ Die Wäsche ist noch schmutzig.
  Warum hat die Waschmaschine nicht funktioniert? C
2 ○ Warum funktioniert das Computerspiel nicht? (?)
3 ○ Warum funktionieren die Streichhölzer nicht? (?)

Nebensatz mit weil

○ **Warum** höre ich nichts?
◆ **Weil** du das Telefon auf „Kopfhörer" geschaltet **hast**.

A ◆ es – geregnet – Weil – hat. (?)
B ◆ kein Internet – Weil – haben – wir. (?)
C ◆ nicht eingeschaltet – habe – die Maschine – Weil – ich. <u>Weil ich</u> (?)

b Ordnet zu und macht Dialoge wie in **a**.

○ Warum funktioniert das Handy nicht?
◆ Weil der Akku leer ist.

1	Die LED-Glühbirne ist kaputt.	(?)
2	Der Code ist falsch.	(?)
3	Du hast sie nicht eingeschaltet.	(?)
4	Wir haben kein Öl mehr.	(?)
5	Die Batterien sind leer.	(?)
6	Du hast die Kopfhörer nicht eingesteckt.	(?)
7	Der Motor ist kaputt.	(?)
8	Die Antenne ist nicht in Ordnung.	(?)

A • Heizung
B • Auto
C • Taschenlampe
D • Licht
E • Küchenmaschine
F • Fernseher
G • EC-Karte
H • Musikapp

E3 Optimisten und Pessimisten

a Wird das Leben einfacher? Was meint ihr?
Schreibt Sätze und berichtet in der Klasse.

mehr Verkehr ★ Online-Geschäfte ★
Computer ★ Videochats ★ mehr Geld haben ★
mehr Prüfungen haben ★ …

Optimist	Pessimist
Alles wird einfacher, weil …	Alles wird schwieriger, weil …
Alles wird besser, weil …	Alles wird schlechter, weil …

b Warum bist du so pessimistisch, optimistisch, traurig …?
Such ein Smiley aus und mach einen Satz mit *weil*.

> Ich bin so fröhlich, weil heute die Sonne scheint.

> Ich bin so …, weil …

64 vierundsechzig

1 Das Einkaufszentrum

a Hör das Gespräch mit Frau Koch. Sieh die Stadtpläne 1 und 2 an. Welcher Plan zeigt Hofstätten heute? 🔊 2/20

• Rentner / • Rentnerin = die Person arbeitet nicht mehr

b Hör noch einmal. Was war früher anders in Hofstätten? Vergleiche die Pläne und schreib Sätze. 🔊 2/20

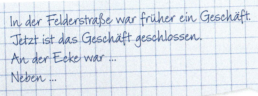

In der Felderstraße war früher ein Geschäft.
Jetzt ist das Geschäft geschlossen.
An der Ecke war …
Neben …

c Was konnte Frau Koch früher tun? Was kann sie jetzt nicht mehr tun?

Früher konnte sie …, weil …

schnell einkaufen ★ billig essen ★ spazieren gehen ★ Rad fahren ★ einen Brief aufgeben

2 Vor sechs Jahren …

a Lies den Text von Vani45 im Schülerforum. Möchte sie noch einmal neun sein? Warum (nicht)?

SCHÜLERFORUM *Unser Thema heute: Möchtest du noch einmal neun sein?*

Vani45

Nein, ich denke mein Leben ist jetzt viel besser. Früher musste ich früh ins Bett gehen, ich durfte nicht fernsehen und durfte mit meiner Freundin nicht alleine in die Stadt gehen. Ich hatte vor sechs Jahren auch keinen Hund und kein E-Bike. Ich finde, dass die Tests und Prüfungen in der Schule jetzt schwieriger sind. Ich habe mehr Hausaufgaben und muss mehr lernen. Aber ich möchte nicht mehr neun Jahre alt sein.

b Wie war dein Leben früher, wie ist es heute? Schreib einen Text für das Schülerforum.

Ich finde, dass mein Leben jetzt/früher …
Ich hatte kein Fahrrad / kein eigenes Zimmer / keinen Computer / keine Schwester …
Jetzt habe ich …
Ich musste zu Fuß gehen / ins Bett gehen / zu Hause bleiben / bei … bleiben / … essen …
Ich durfte (nicht) ins Schwimmbad gehen / in den Club gehen / aufbleiben …
Ich konnte noch nicht Ski fahren / Tennis spielen …
Jetzt muss / darf / kann ich …

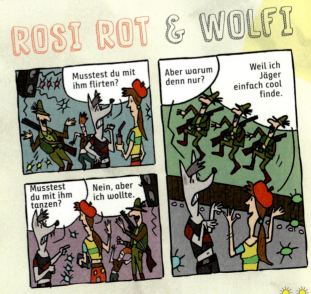

LÄNDER & LEUTE 17 + 18 — Ausbildung und Beruf

LL1 Fakten und Beispiele

a Hör die Informationen und ergänze die Grafik. 🔊 2/21

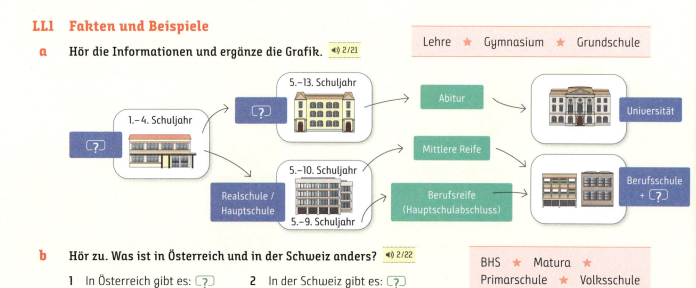

Lehre ★ Gymnasium ★ Grundschule

b Hör zu. Was ist in Österreich und in der Schweiz anders? 🔊 2/22

1 In Österreich gibt es: (?)   2 In der Schweiz gibt es: (?)

BHS ★ Matura ★ Primarschule ★ Volksschule

c Vergleicht das Schulsystem in Deutschland mit dem Schulsystem in eurem Land. Was ist ähnlich, was ist anders?

In Deutschland gibt es … Bei uns …
In Deutschland kann/muss man …
In Deutschland dauert …
Bei uns … länger / kürzer / genauso lang.

d Lies die Texte. Welche Ausbildung machen Paul und Hannah?

Beruf oder Schule?

Wenn Jugendliche in Deutschland, Österreich oder der Schweiz 15 Jahre alt sind, müssen sie eine wichtige Frage beantworten: „Will ich weiter in die Schule gehen oder will ich einen Beruf lernen?" Paul und Hannah haben ihren Weg gewählt. Wir haben sie interviewt.

Paul macht eine Lehre als Mechatroniker. Er arbeitet in einer Autowerkstatt und besucht eine Berufsschule.

Hannah besucht ein Gymnasium. Sie geht in die fünfte Klasse. Hannah möchte später Tierärztin werden.

e Hör die Interviews. Was ist richtig? 🔊 2/23

1 Paul darf in der Werkstatt (?) Motoren reparieren. (?) nur einfache Sachen machen.
2 Paul gefällt nicht, dass er bei der Arbeit so (?) schmutzig wird. (?) wenig Geld verdient.
3 Hannah hat (?) jeden Nachmittag (?) zweimal am Nachmittag Unterricht.
4 Hannah möchte (?) mehr (?) weniger Wahlfächer haben.
5 Hannah braucht gute Noten, weil sie (?) studieren (?) einen Beruf lernen möchte.

f Vergleiche Pauls und Hannahs Situation. Was findest du besser? Diskutiert in der Klasse.

> Paul verdient schon Geld, das finde ich gut.

LL2 Und jetzt du!

a Vergleicht Julias Schulalltag mit eurem Alltag.

Unterrichtsbeginn ★ Nachmittagsunterricht ★ Schulfächer ★ Stress ★ …

> Ich stehe früher auf als Hannah.

b Macht ein Freund oder eine Freundin eine Berufsausbildung? Erzählt in der Gruppe.

Berufsschule ★ Alltag in der Firma ★ Geld ★ …

> Mein Freund arbeitet als …

Das Leben heute und vor 60 Jahren — 17+18 PROJEKT

P1 Bereitet eine Posterpräsentation vor.

a Was ist heute anders als vor 60 Jahren? Wählt ein Thema aus.

> Das Leben in der Stadt: einkaufen, Straßen, Gebäude, Verkehrsmittel …
> Schule: Schulfächer, Stundenpläne, Lehrpersonen, Prüfungen, Methoden …
> Familienleben und der Alltag zu Hause: Geschirr abwaschen, Wäsche waschen …
> Freizeitaktivitäten: Urlaub, Sport, Kino, Partys …
> Berufsleben: Ausbildung, Jobs, Einkommen, Chefinnen und Chefs …
> Essen und Trinken: Restaurants, Bars und Kaffeehäuser …

b Sammelt Fragen zu eurem Thema.

Freizeitaktivitäten
1. Wie viel Freizeit hatten die Menschen vor 60 Jahren?
2. Wie oft und wie lange machte man Urlaub?
3. Wohin fuhren die Menschen in den Urlaub?
4. Welche Sportarten waren damals beliebt?
5. Wer waren damals die bekanntesten Sportlerinnen und Sportler?
6. …

c Sprecht mit älteren Personen an eurem Wohnort, nehmt die Antworten auf oder macht Notizen. Sammelt Fotos und Musikbeispiele von früher und sucht auch Informationen im Internet.

d Ordnet eure Informationen und schreibt kurze Texte. Klebt eure Texte und Fotos auf Plakatpapier.

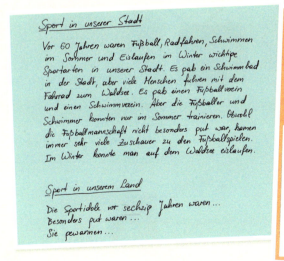

P2 Präsentiert euer Poster.

a Übt die Präsentation. Jede Person in der Gruppe soll etwas sagen.
Lest eure Texte vor und vergleicht dann die Informationen mit der Situation heute.

- Unser Thema ist „Freizeitaktivitäten". Was hat man vor 60 Jahren in der Freizeit gemacht? Das zeigen wir euch jetzt.
- Wichtige Sportarten waren damals …
- Heute sieht man viele Jogger in unserer Stadt. Das war damals anders.
- Wir hatten ein Schwimmbad in unserer Stadt. Aber …

b Präsentiert eure Arbeit und spielt das Interview und/oder eure Musikbeispiele aus **P1c** vor.

> **FILM**
> Schau den Film **Hoffentlich bekomme ich das Zimmer!** an und lös die Aufgaben auf S. 137.

GRAMMATIK 17 + 18

FINDE DIE Sprechblasen-Sätze IN DEN LEKTIONEN 17 UND 18.

G1 Verb

Präteritum mit Modalverben

	müssen
ich	mus**ste**
du	mus**stest**
er, es, sie, man	mus**ste**
wir	mus**sten**
ihr	mus**stet**
sie, Sie	mus**sten**

ich, er, es, sie man → -te
du → -test
ihr → -tet
wir, sie, Sie → -ten

! Kein Umlaut!

Die Boros **mussten** drei Wochen lang wie die Bauern im Jahr 1902 leben.

 S. 61

ebenso: können – k**o**nn**te**, dürfen – d**u**rf**te**, wollen – woll**te**, sollen – soll**te**, mögen – **!** m**o**ch**te**

G2 Artikel, Nomen und Präpositionen

Wechselpräpositionen mit Akkusativ und Dativ

Wechselpräpositionen mit Akkusativ

wohin? ⟶ in den Topf

geben
legen
stellen
...

auf, über, an, in, vor, hinter, zwischen, neben, unter

Zwiebel und Lauch **in den Topf geben** und fünf Minuten anbraten.

 S. 52

Wechselpräpositionen mit Dativ

wo? ● auf dem Herd

sein
liegen
stehen
...

auf, über, an, in, vor, hinter, zwischen, neben, unter

Der Löffel **liegt neben der Gabel.**

 S. 53

! wohin? → Wechselpräpositionen + Akkusativ
wo? → Wechselpräpositionen + Dativ

GRAMMATIK

G3 Satz

a Nebensatz mit *wenn*

Ihr seid fertig, ihr könnt gehen.   Wenn ihr fertig seid, könnt ihr gehen.

Wir müssen jeden Tag so lange arbeiten, es stört mich.   Es stört mich, wenn wir jeden Tag so lange arbeiten müssen.

> Wenn ich das bezahlen muss, habe ich den ganzen Monat umsonst gearbeitet.

 S. 56

b Nebensatz mit *weil*

Heute kannst du überall telefonieren, es gibt Handys.   Heute kannst du überall telefonieren, weil es Handys gibt.

Du hast das Handy auf „Kopfhörer" geschaltet.

◆ Warum höre ich nichts?
○ Weil du das Handy auf „Kopfhörer" geschaltet hast.

> Warum funktioniert das Handy nicht?

> Weil der Akku leer ist.

 S. 64

 **REDEMITTEL**

in einem Restaurant bestellen L17, S. 53

○ Wir möchten gern bestellen.
◆ Bitte sehr.
▫ Ich nehme die Gemüsesuppe.
◆ Und was möchten Sie trinken?
▫ Einen Apfelsaft, bitte.

über Berufswünsche sprechen L17, S. 54

◆ Was möchtest du nach der Schule machen?
○ Ich möchte Pflegefachfrau werden.
◆ Ja? Wie wird man das?
○ Naja, man muss in eine spezielle Schule gehen.

sagen, was jemanden stört L17, S. 56

◆ Es stört mich, wenn jemand immer zu spät kommt.

das Leben früher und heute L18, S. 61

○ Früher musste man Feuer machen, wenn man kochen wollte. Heute schaltet man einfach den Herd ein.

seine Meinung zu Fernsehsendungen sagen L18, S. 62

◆ Bei Fernsehdokumentationen können die Zuschauerinnen und Zuschauer sehr viel lernen.
○ Das finde ich auch. Ich stimme zu.
◆ Reality- oder Castingshows zeigen nicht die Realität.
○ Das stimmt sicher nicht. Shows wie … sind gute Unterhaltung, aber sie zeigen nicht das echte Leben.

19 A — Mein Vorbild, mein Idol

A1 Gib niemals auf ... AB 1

a Welche Bildunterschrift 1–3 passt zu welchem Foto A–C?

1. Elisabeth steht nicht gern im Mittelpunkt. Goldmedaillen holen die Aigners im Team.
2. Vor allem Abfahrtsrennen sind sehr gefährlich. Wenn man bei 130 km/h stürzt, sind die Verletzungen meistens sehr schwer.
3. Veronika Aigner ist sehbehindert. Ihre Schwester Elisabeth ist ihr Guide. Sie muss Veronika sicher durch das Rennen führen.

b Zu welchen Stationen im Diagramm passen die Fotos A–C?

Veronika und Elisabeth: Höhen und Tiefen

1. Die Aigner Kinder lernen Ski fahren.
2. Elisabeth fährt internationale Skirennen.
3. Elisabeth gibt die Einzelrennen auf.
4. Elisabeth wird Veronikas Guide
5. Veronikas Unfall
6. schwer verletzt
7. die Operationen
8. Veronika beginnt mit dem Training.
9. Das Team Aigner gewinnt wieder Medaillen.

c Lies und hör den Text auf Seite 71. Welche Station im Diagramm 1–9 passt zu welchem Textabschnitt? 3/02

Station 1: Zeile 8–11

LESEN | HÖREN | SPRECHEN | SCHREIBEN | WORTSCHATZ | GRAMMATIK

IM TEAM GEWINNEN

Die besten Skifahrer und Skifahrerinnen der Welt kommen aus Österreich und der Schweiz. Skifahren ist in diesen beiden Ländern ein Nationalsport. Ein erster Platz bei Olympischen Spielen oder Weltmeisterschaften bedeutet, dass man es geschafft hat: Man wird zum Vorbild, zum Idol für das ganze Land.

Die vier Geschwister Barbara, Veronika, Elisabeth und Johannes Aigner haben viel gemeinsam. Sie sind zum Beispiel alle sehr gute Skifahrer. Sie sind so gut, dass sie bei Weltmeisterschaften und Olympischen Spielen regelmäßig Goldmedaillen gewinnen.

Doch Barbara, Veronika und Johannes haben noch eine Gemeinsamkeit. Sie sind sehbehindert. Wenn sie mit über 100 km/h den Berg hinunterrasen, können sie nicht genau sehen, wohin sie fahren. Deshalb brauchen sie bei den Rennen Hilfe. Ein Guide muss vor ihnen fahren. Die sehbehinderten Sportler können noch so gut sehen, dass sie diesen Guide als Farbpunkt erkennen. So finden sie den Weg durch die Tore.

Der Guide und die Rennläufer müssen sich hundertprozentig verstehen. Veronika Aigner hat es gut. Sie hat ihren Guide in der eigenen Familie gefunden. Veronikas Schwester Elisabeth ist nicht sehbehindert. Sie ist Veronikas Guide. Früher fuhr Elisabeth für Österreich bei internationalen Skirennen mit. Einige konnte sie auch gewinnen. Doch heute fährt sie lieber für ihre Schwester: „Ich mochte es nie, wenn ich im Mittelpunkt stand", sagt sie. „Als Guide für Vroni ist mein Leben perfekt. Ich kann Skifahren und bei meiner Familie sein. Ich bin aber selbst nicht im Mittelpunkt."

Als Guide muss Elisabeth ihre Schwester sicher durch das Rennen führen, und das ist nicht einfach. Denn vor allem die Abfahrtsrennen sind sehr gefährlich. Wenn bei der Abfahrt der Guide zu weit vor der Rennläuferin fährt, müssen sie den Lauf sofort beenden. Stürze bei 130 km/h können furchtbar enden. Diese Erfahrung mussten auch Elisabeth und Veronika machen. Sie trainierten für ein Abfahrtsrennen. Alles lief gut, doch kurz vor dem Ziel verlor Veronika die Kontrolle über ihre Ski und stürzte. Sie war schwer verletzt und hatte große Schmerzen in beiden Beinen. Man brachte sie ins Krankenhaus und operierte sie mehrere Stunden lang. Viele dachten, das war das Ende von Veronikas Karriere. Doch die Rennläuferin gab nicht auf. Schon am nächsten Tag begann sie wieder mit dem Training. Und bei den Paralympics, den Olympischen Spielen für behinderte Sportler und Sportlerinnen, holte die Skifamilie Aigner die nächsten Goldmedaillen.

Auch wenn Elisabeth heute etwas lieber im Mittelpunkt steht als früher, das Team ist für sie am wichtigsten. Und wenn es heißt, die Aigners sollen auf ein Foto, dann müssen alle dabei sein: Veronika, Barbara, Johannes und ihre drei Guides Elisabeth, Matteo und Klara.

d Lies den Text noch einmal. Was ist richtig? Korrigiere die falschen Sätze.

1. ? In Österreich und der Schweiz ist Skifahren nicht so wichtig.
2. ? Alle vier Geschwister Aigner gewinnen Skirennen.
3. ? Drei Geschwister können nicht gut sehen.
4. ? Bei den Rennen fährt ein Guide hinter den behinderten Rennläufern.
5. ? Elisabeth gibt gern Interviews, wenn sie ein Rennen gewinnt.
6. ? Bei Abfahrtsrennen muss der Guide nahe beim Rennläufer bleiben.
7. ? Elisabeth hat sich bei einem Abfahrtstraining schwer verletzt.
8. ? Elisabeth und Veronika konnten nach der Verletzung keine Rennen mehr fahren.

rasen = sehr schnell fahren

richtig: ...
falsch:
1 In Österreich und der Schweiz ist Skifahren ein Nationalsport.

e Lest die vier Fragen und sprecht in der Klasse. Sprecht auch in eurer Muttersprache.

1. Haben es behinderte Sportler und Sportlerinnen besonders schwer? Warum (nicht)?
2. Soll man gefährliche Sportarten wie zum Beispiel Skirennen verbieten?
3. Warum hat Veronika nach ihrer Verletzung wohl nicht aufgegeben?
4. Würdest du lieber im Team gewinnen oder als Einzelsportler/Einzelsportlerin?

Behinderte Sportler haben es schwer, weil ...

Die Zuschauer finden ...

einundsiebzig 71

19 B

LESEN | HÖREN | SPRECHEN | SCHREIBEN | WORTSCHATZ | GRAMMATIK

B1 Unfälle AB 2–7

a Ergänze die Mindmap mit den Wörtern aus A1. Hör zu und wiederhole. 3/03

Sie war schwer **verletzt**.

So ist es passiert

stürzen

1 (?)

A verletzt sein
B operieren
C die Kontrolle verlieren
D ins Krankenhaus bringen

• **Unfall**

Schmerzen

Fieber haben
bluten
... nicht bewegen können
gebrochen sein

2 (?)

den Krankenwagen rufen

• Hilfe

3 (?)

4 (?)

• Pflaster
• Verband
• Gips

b Was ist passiert? Was meinst du? Ordne zu.

A   B

kaltes Wasser und Salbe geholt ★ Würstchen gegrillt ★ zum Zahnarzt gefahren ★
mit dem Fuß Zahn ausgeschlagen ★ Hose gebrannt ★ Freund (ist) umgefallen

• Salbe

Im Campingurlaub
Feuer gemacht
(?)
hingefallen
Grill (ist) umgefallen
(?)
(?)

A

Im Schwimmbad
Freund Handstand gemacht
neben ihm gestanden
(?)
(?)
geblutet
(?)

B

• Grill

Weißt du's noch? S.142
Perfekt

Jemand hat Campingurlaub gemacht. Sie haben ...

c Erzählt die Geschichten. Was ist wirklich passiert? Hört zu und vergleicht. 3/04

d Denkt an einen Unfall in eurer Familie. Notiert fünf bis acht Schlüsselwörter. Eure Partnerin / Euer Partner schreibt Sätze in der Ich-Form.

> mit dem Fahrrad nach Hause gefahren
> Hund gesehen
> Angst gehabt
> Kontrolle verloren
> mit dem Fahrrad gestürzt
> Bein gebrochen

> Ich bin mit dem Fahrrad nach Hause gefahren. Da habe ich einen Hund gesehen. ...

e Deine Partnerin / Dein Partner liest die Sätze vor. Wenn die Geschichte anders war, korrigierst du.

AB 8–10

72 zweiundsiebzig

LESEN | HÖREN | SPRECHEN | SCHREIBEN | WORTSCHATZ | GRAMMATIK

C 19

C1 Veronika und Elisabeth AB 11–12

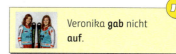

Veronika **gab** nicht auf.

a Ordne die Ausdrücke aus dem Text in **A1c** auf Seite 71 chronologisch.

- (?) holte die nächsten Goldmedaillen
- (?) begann wieder mit dem Training
- (?) stand nicht gern im Mittelpunkt
- (?) trainierten für ein Abfahrtsrennen
- (?) verlor die Kontrolle über ihre Ski
- (1) fuhr bei internationalen Rennen mit
- (?) operierte mehrere Stunden lang
- (?) gab nicht auf

b Ordne die Verben aus **a** und schreib die Infinitive.

mit -t-   Besondere Verben
holte (holen)

Präteritum	
mit -t-	**Besondere Verben**
holen	fahren – ich **fuhr**
ich hol**te**	werden – ich **wurde**
du hol**test**	sehen – ich **sah**
er, es, sie, man hol**te**	sprechen – ich **sprach**
wir hol**ten**	kommen – ich **kam**
ihr hol**tet**	bekommen – ich **bekam**
sie hol**ten**	geben – ich **gab**

c Finde die Verben im Präteritum im Text in **A1c** (Zeile 41–54). Schreib auch die Infinitive.

Präteritum mit -t-	Besondere Verben
konnte (können), mochte (mögen) ...	fuhr (fahren), stand (stehen) ...

Weißt du's noch? S.142
Präteritum von *sein, haben* und von Modalverben

d Besondere Verben im Präteritum. Wie heißt wohl der Infinitiv? Ordne zu.

1. (C) aß
2. (?) schrieb
3. (?) wusste
4. (?) fand
5. (?) trank
6. (?) half
7. (?) nahm
8. (?) rief

- A schreiben
- B finden
- C ~~essen~~
- D rufen
- E nehmen
- F wissen
- G trinken
- H helfen

e Wählt ein besonderes Verb aus Übung **b**, **c** oder **d**. Zeichnet die Präteritum-Form mit dem Finger auf den Tisch. Eure Partnerin / Euer Partner nennt die Infinitivform.

C2 Sophie Scholl AB 13

a Sieh das Filmplakat an. Wie heißt der Film?

b Hör den Dialog. Was ist richtig? 🔊 3/05

1. (?) „Die weiße Rose" ist ein Liebesfilm.
2. (?) Sophie Scholl und ihr Bruder waren Studenten in Berlin.
3. (?) Sophie Scholl und ihr Bruder haben Flugblätter gegen die Nazi-Diktatur geschrieben.
4. (?) Die Nazis haben die „Weiße Rose" sehr schnell gefunden.
5. (?) Julian konnte nicht den ganzen Film sehen.

• Filmplakat

Nazi-Diktatur
Von 1934–1945 war Adolf Hitler Diktator in Deutschland. Seine Partei waren die Nationalsozialisten (Nazis). Die Gestapo war Hitlers „Geheime Staatspolizei". Alle Menschen in Hitlers Diktatur hatten große Angst vor der Gestapo. In den Gefängnissen und Konzentrationslagern starben zwischen 1934 und 1945 mehr als sechs Millionen Menschen.

• Flugblatt

dreiundsiebzig 73

c Lies den Text über die „Weiße Rose" und beantworte die Fragen.

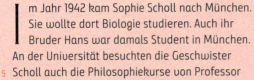

DIE „WEIßE ROSE"

Im Jahr 1942 kam Sophie Scholl nach München. Sie wollte dort Biologie studieren. Auch ihr Bruder Hans war damals Student in München. An der Universität besuchten die Geschwister Scholl auch die Philosophiekurse von Professor Huber, und da wurde ihnen klar, dass man aktiv etwas gegen die Nazi-Diktatur tun musste. Gemeinsam mit drei Freunden schrieben und verteilten sie ihre Flugblätter in ganz Deutschland. Auch Professor Huber war in der Gruppe aktiv. Bald war die Gruppe unter dem Namen „Weiße Rose" in ganz Deutschland bekannt. Natürlich sah bald auch die Gestapo diese Texte. Die Nazi-Polizei suchte fieberhaft nach der „Weißen Rose", aber sie konnte diese lange Zeit nicht finden. Doch dann kam der 18. Februar 1943. Sophie Scholl und ihr Bruder waren an der Universität und hatten Flugblätter für die Studenten dabei. Da sah sie der Hausmeister und holte die Polizei. Schon wenige Tage später entdeckte die Gestapo auch Sophies Freunde. Die Nazis hatten kein Mitleid. Sophie Scholl, ihr Bruder und vier weitere Gruppenmitglieder mussten sterben. Die „Weiße Rose" war Geschichte. Im Dezember 1943 konnten die Deutschen aber doch noch einen Text der Gruppe lesen. Diesmal kamen die Flugblätter von oben: Englische Flugzeuge „verteilten" das letzte Flugblatt der „Weißen Rose" über Deutschland.

1 Welche Fächer studierten Sophie Scholl und ihr Bruder in München?
   Biologie und …
2 Was ist am 18. Februar 1943 passiert?
3 Wie viele Gruppenmitglieder mussten sterben?
4 Warum konnte man in Deutschland im Dezember 1943 doch noch ein Flugblatt der „Weißen Rose" lesen?

verteilen

GESCHICHTE

C3 Idole

a Schreibt drei Fragen zu den Texten in **A1c** und **C2c**. Eure Partnerin / Euer Partner beantwortet sie.

Was haben die Geschwister Aigner gemeinsam?
Warum kam Sophie Scholl 1942 nach München?

Sie können …
Sie wollte …

b Lest die zwei Fragen und sprecht in der Klasse. Sprecht auch in eurer Muttersprache.

1 Sind Veronika und Elisabeth Aigner Heldinnen, Vorbilder, Idole? Warum (nicht)?
2 War Sophie Scholl eine Heldin? Ist sie ein Vorbild, ein Idol? Warum (nicht?)

Von … spricht man, wenn …
… bedeutet, dass …
Veronika und Elisabeth Aigner sind sehr …
Sophie Scholl ist sehr …
Deshalb denke ich, dass …
Ich bin der Meinung, dass …
Für mich persönlich …

- Held / • Heldin ≈ Diese Person hat etwas Tolles getan.
- Vorbild ≈ Ich möchte so sein wie diese Person.
- Idol ≈ Ich finde diese Person toll.

LESEN | HÖREN | SPRECHEN | SCHREIBEN | WORTSCHATZ | GRAMMATIK   ALLTAGSSPRACHE D 19

D1 Idole und Vorbilder von gestern

a Kennst du diese Personen? Ordne die Namen zu.

- (?) wurde in den 1970er-Jahren durch den Film „Saturday Night Fever" berühmt. Er ist ein amerikanischer Schauspieler, Sänger und Tänzer.
- (?) hat 1936 bei den Olympischen Spielen in Berlin zwei Goldmedaillen gewonnen.
- (?) war eine deutsche Tennisspielerin. Sie gewann 22 Grand-Slam-Turniere und war 377 Wochen lang die beste Tennisspielerin auf der Welt.
- (?) war ein indischer Politiker und Pazifist. Er kämpfte für die Freiheit Indiens.
- (?) war eine österreichische Schauspielerin. Sie war auch für den französischen Film sehr wichtig. Sie starb mit nur 43 Jahren.

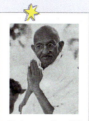

Mahatma Gandhi (A) | Steffi Graf (B) | Romy Schneider (C)

John Travolta (D) | Jesse Owens (E)

b Kennst du andere Idole von früher? Können diese Personen auch heute noch Vorbilder und Idole sein? Was meinst du?

> ... war ein Idol.

> Ich finde ... noch immer toll. Er/Sie hat ...

c Was machen Fans? Sammelt Ideen und macht eine Liste.

> die gleiche Frisur wie das Idol haben, Poster an die Wand hängen, ... sammeln ...

- Frisur

D2 Wer ist dein Vorbild?   AB 14–15

a Wer hat welches Vorbild? Hör zu und ordne zu. 🔊 3/06

1. (?) John Travolta
2. (?) Heidi Klum
3. (?) ein Fußballer
4. (?) Ludmilla Schwarz

A) Anna
B) David
C) Laura
D) Julias Mutter

> Anna möchte vielleicht auch Ärztin werden, so wie ihre Großmutter.

b Wie zeigen die Personen, dass sie Fans sind?

c Was erzählt Anna über ihre Großmutter? Hör noch einmal und ergänze den Text. 🔊 3/06

Annas Großmutter musste für ihre (1)(?) sorgen. Ihr (2)(?) ist nach dem Krieg nicht mehr nach Hause gekommen. Sie war die Älteste in der Familie, und ihre Mutter war damals (3)(?)(?). Dann studierte sie (4)(?). Sie war oft das einzige Mädchen in den Kursen. Annas Großmutter war die (5)(?)(?) in Annas Familie mit einem Universitätsstudium. Annas Großmutter wurde (6)(?) und sie arbeitete sehr viel. Auch wenn sie nach der Arbeit oft (7)(?) war, hatte sie immer (8)(?) für ihre Kinder. Sie war immer (9)(?). Sie starb vor einigen Jahren.

d Macht Dialoge wie im Beispiel mit den Personen aus D1a und b.

○ Das ist doch, das ist doch ...
◆ Wer ist das?
○ Ich habe den Namen vergessen. Das ist doch diese Tennisspielerin, sie hat 22 Grand-Slam-Turniere gewonnen.
◆ Meinst du Steffi Graf?
○ Ja genau.

> David will aussehen wie **dieser**, wie **dieser** ...

fünfundsiebzig 75

19 E

LESEN | HÖREN | SPRECHEN | SCHREIBEN | WORTSCHATZ | GRAMMATIK

E1 Was Fans so tun ... AB 16–18

a Hör zu. Was sind die Wünsche der Fans?
Was sind mögliche Probleme? Ordne zu. ◀) 3/07

> Sie will aussehen wie Heidi Klum, **obwohl** sie nur 1,50 m groß ist.

Fans
Luca: ③ Ⓐ
Lisa: (?) (?)
Felix: (?) (?)
Hannah: (?) (?)
Katharina: (?) (?)

Wünsche
① einen Film mit Romy Schneider sehen
② ein Spiel in der Allianz-Arena sehen
③ ~~so aussehen wie Freddie Mercury~~
④ Charlie Chaplin treffen
⑤ am Wochenende alle Folgen von „Game of Thrones" sehen

Probleme
Ⓐ ~~blond sein~~
Ⓑ das Fußballspiel sehen wollen
Ⓒ sehr weit sein bis München
Ⓓ 73 Stunden dauern
Ⓔ schon lange tot sein

b Schreib Sätze mit *obwohl*.

> Lisa möchte einen Film mit Romy Schneider sehen, obwohl alle das Fußballspiel sehen wollen.

Nebensatz mit obwohl

Luca möchte so aussehen wie Freddie Mercury.
Problem: Luca ist blond.
Luca möchte so aussehen wie Freddie Mercury, **obwohl** er blond **ist**.

E2 Probleme? Mach es trotzdem! AB 19–21

a Annas Vorbild: Was machte Ludmilla Schwarz?
Schreib Sätze mit *trotzdem*.

> Sie war erst 14 Jahre alt. Sie musste für ihre Geschwister sorgen.
> Sie musste die ganze Hausarbeit machen. Sie war auch in der Schule gut.
> Nur wenige Mädchen studierten damals Medizin. Sie hat mit dem Studium begonnen.
> Das Studium war sehr schwierig. Sie hat es geschafft.
> Sie hat viel gearbeitet. Sie hatte immer Zeit für ihre Kinder.
> Sie war nach der Arbeit oft müde. Sie war nie böse.

> Sie war oft sehr müde. **Trotzdem** hatte sie immer Zeit für ihre Kinder.

> Sie war erst 14 Jahre alt. Trotzdem musste sie für ihre Geschwister sorgen. Sie musste ...

Weißt du's noch? S.144
· Sätze mit *deshalb* ...
· Nebensätze

b Schreib die Sätze aus **a** auch mit *obwohl*.

> Obwohl Annas Großmutter erst 14 Jahre alt war, musste sie für ihre Geschwister sorgen. Obwohl sie ...

c Schreibt drei Wünsche auf. Tauscht dann die Zettel.
Eure Partnerin / Euer Partner findet möglichst viele Probleme. S. 132

Ich möchte Arzt werden.	Das Studium dauert lange. Man muss sehr viel arbeiten.
Ich möchte die Pyramiden in Gizeh besichtigen.	(?)
Ich möchte ein Konzert mit ... besuchen.	(?)

besichtigen ≈ etwas genau ansehen (meistens als Tourist)

d Macht nun Dialoge.

○ Ich möchte Arzt werden.
◆ Aber das Studium dauert sehr lange.
○ Trotzdem möchte ich Arzt werden. Ich habe Zeit.
◆ Aber man muss sehr viel arbeiten.
○ Ich möchte trotzdem Arzt werden. Ich ...

76 sechsundsiebzig

LESEN | HÖREN | SPRECHEN | SCHREIBEN | WORTSCHATZ | GRAMMATIK   PLUS 19

1 Ein Lied: „Helden von heute"

a Ergänze den Liedtext. Hör zu und vergleiche. 🔊 3/08

parkte ★ sah ★ trank ★ fuhr ★ aß ★
spielte ★ sprach (2x) ★ fand ★ wusste ★
sah aus ★ rief an ★ war (2x)

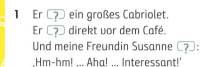

HELDEN VON HEUTE

nämlich ≈ denn

1   Er (?) ein großes Cabriolet.
    Er (?) direkt vor dem Café.
    Und meine Freundin Susanne (?):
    ‚Hm-hm! ... Aha! ... Interessant!'

    Sie mag die Helden von gestern.
    Die brauchen immer viel Benzi-hi-hin.
    Ich mag lieber die Helden von heute.
    Die kommen auch mit dem Fahrrad hin.

2   Er (?) auf seine superteure Uhr.
    Er (?) und (?) das Beste nur.
    Und Susanne (?) gleich:
    ‚Hm-hm ... Aha! ... Der ist aber reich!'

    Sie mag die Helden von gestern.
    Die brauchen immer viel Ge-he-held.
    Ich mag lieber die Helden von heute.
    Die wissen, dass nur die Liebe zählt.

3   Er (?) (?) wie ein Fernsehstar.
    Er zeigte jedem, wie toll er (?).
    Und meine Freundin Susanne (?):
    ‚Hm-hm! ... Aha! ... Ich glaub', ich werde schwach!'

    Sie mag die Helden von gestern.
    Die reden immer nur von si-hi-hich.
    Ich mag lieber die Helden von heute.
    Die brauchen sowas nämlich nicht.

4   Er (?) zu ihr: ‚Ich will ein Leben mit dir!'
    Doch er _spielte_ nur mit ihr.
    Am nächsten Morgen (?) sie mich (?):
    ‚Das (?) schon wieder nicht der richtige Mann!'

    Ja so sind sie, die Helden von gestern:
    Sie denken immer nur an si-hi-hich.
    Ich mag lieber die Helden von heute.
    Helden von gestern interessieren mich nicht!

Held von gestern

Held von heute

b Hör Johannas Lied noch einmal. Was ist für Johanna und Susanne wichtig? 🔊 3/08

Johanna
Ich finde ihn ..., weil er mit dem Fahrrad fährt. ...

Susanne
Er gefällt mir, weil er viel Geld hat. Er ist egoistisch und denkt nur an sich. Trotzdem ...

2 Wen findest du interessant?

a Lies Bojans Text. Wen möchte er treffen? Warum?

Ich möchte gern Maximilian Kleber treffen. Maxi Kleber ist ein berühmter Basketballspieler. Er wurde 1992 in Würzburg in Deutschland geboren. Im Jahr 2017 ging er in die USA. Dort spielte er gemeinsam mit dem deutschen Superstar Dirk Nowitzki bei den „Dallas Mavericks". Maxi ist für mich der beste Spieler in der deutschen Nationalmannschaft. Er ist ein Vorbild für mich, weil ich auch in einem Basketballteam spiele und weil ich auch einmal im Ausland spielen möchte. Er kann mir sicher Tipps geben.

Bojan

b Welche Person möchtest du einmal treffen? Wer ist ein Idol, ein Vorbild, eine Heldin / ein Held für dich? Sammle Informationen und schreib einen kurzen Text für das Schülerforum.

Ich möchte ... treffen. / Mein Idol heißt ...
Er/Sie war / ist ...
... wurde ... in geboren. Schon früh ...
... ist ein Vorbild / Held für mich, weil ...

AB 22–24

siebenundsiebzig 77

20 A — Lasst mich doch erwachsen werden!

Wann ist man erwachsen?

	stimmt	stimmt teilweise	stimmt nicht
1 Wenn man heiraten darf.	?	?	?
2 Wenn man arbeiten muss.	?	?	?
3 Wenn man in der Zeitung auch die Politikseiten liest.	?	?	?
4 Wenn man keine Zeichentrickfilme mehr anschaut.	?	?	?
5 Wenn man seine Eltern nicht mehr peinlich findet.	?	?	?
6 Wenn man Auto fahren darf.	?	?	?
7 Wenn man eine eigene Wohnung hat.	?	?	?
8 Wenn man 18 Jahre alt ist.	?	?	?
9 Wenn man mit der Schule fertig ist.	?	?	?
10 Wenn man sich rasieren muss.	?	?	?
11 Wenn man Märchen wieder mag.	?	?	?
12 Wenn man sich schminkt.	?	?	?

sich rasieren · sich schminken

A1 Wann ist man erwachsen?

a Wann ist man erwachsen? Was sagen die Personen? Hör zu und ergänze die Sätze. ◀) 3/09

1 ◆ Wenn man (?)   2 ○ Wenn man (?)

b Wann ist man erwachsen? Was meint ihr? Macht den Fragebogen oben und schreibt noch mehr Sätze. Besprecht eure Ergebnisse in der Klasse.

> Ich denke, Mädchen sind erwachsen, wenn sie sich schminken.

erst mit 22   „So spät!"
schon mit 22 „So früh!"

> Nein, ich denke …

Weißt du's noch? S.144
Nebensätze mit *wenn*

c In welchen Ländern darf man was wann? Was meinst du? Lies den Text und ordne zu.

in den USA ★ in China ★ in Österreich

Erwachsen mit 18?
Wenn du 18 Jahre alt bist, darfst du in Deutschland bei allen Wahlen wählen, Auto fahren und heiraten. Doch das ist nicht überall so.

(?) dürfen Jugendliche schon seit 2007 mit 16 Jahren wählen.
(?) müssen Frauen 20 Jahre alt sein, wenn sie heiraten wollen. Männer dürfen erst mit 22 Jahren heiraten.
(?) darf man schon mit 16 Jahren Auto fahren.

Lösung: S. 147

d Wie ist das in deinem Land? Wann darfst du was?

> Wenn man … Jahre alt ist, darf man bei uns …

wählen / ● Wahl

78 achtundsiebzig

LESEN | HÖREN | SPRECHEN | SCHREIBEN | WORTSCHATZ | GRAMMATIK

A 20

Erst dann bist du erwachsen ...

Wann ist man erwachsen? In vielen Ländern feiert man einfach seinen achtzehnten Geburtstag. Danach ist man erwachsen: Man darf dann zum Beispiel wählen, Auto fahren und heiraten. So einfach ist es aber nicht überall.

In manchen Ländern feiert man spezielle Feste, und auf die Jungen und Mädchen warten besondere Aufgaben. In Japan feiern junge Menschen „Seijin no Hi" oder den „Tag der Erwachsenen", wenn sie 20 Jahre alt sind. An diesem Tag sollten die Mädchen ein traditionelles japanisches Kleid, den Kimono, tragen. Doch diese Kleider sind sehr teuer. Sie kosten oft fast so viel wie ein kleines Auto. Deshalb leihen viele Mädchen diese Kleider für diesen einen Tag aus. Dann beginnt eine schwierige Aufgabe für die Mädchen: das Anziehen und das Schminken. Die Vorbereitungen für das Fest dauern oft mehrere Stunden und sind sehr anstrengend für die Mädchen.

Pentecost ist eine kleine Insel im Pazifik. Jedes Jahr gibt es dort im April und Mai ein großes Fest, genannt „Naghol". Die älteren Jungen im Dorf fühlen sich vor dem Fest oft gar nicht gut. Denn Erwachsenwerden kann für junge Männer auf Pentecost lebensgefährlich sein! Die Erwachsenen lassen die Jungen alleine in den Wald gehen und eine Liane schneiden. Sie sollte sehr dick und stark sein. Dann gehen die Jungen ins Dorf zurück. Dort steht ein 25 Meter hoher Turm aus Bambus. Die Jungen müssen auf den Turm hinaufsteigen und von diesem Turm hinunterspringen. Wenn die Liane reißt oder zu lang ist, stirbt der Junge vielleicht. Bestimmt kennst du diese Mutprobe. Die „Naghol"-Zeremonie ist bei uns als Freizeitsport bekannt und heißt Bungee-Jumping.

A2 „Seijin no Hi" und „Naghol" AB 1

a Sieh die Fotos A–D an. Welches Foto passt?

1. Jeder Junge muss von einem Turm im Dorf hinunterspringen, erst dann ist er ein Mann. (?)
2. Am „Seijin no Hi"-Tag tragen die Mädchen einen Kimono. (?)
3. Die Jungen müssen in den Wald gehen und eine Liane schneiden. (?)
4. Das Anziehen und Schminken ist anstrengend und dauert oft mehrere Stunden. (?)

b Lies und hör den Text. Wo feiert man „Seijin no Hi"? Wo feiert man „Naghol"? 🔊 3/10

c Ordne die Satzteile zu und ergänze „die Jungen" und „die Mädchen".

1. Wenn junge Menschen 20 Jahre alt sind, (A)
2. (?) tragen an diesem Tag (?)
3. Das Anziehen und das Schminken ist für (?) (?)
4. Die Vorbereitungen für das Fest (?)
5. Jedes Jahr feiert man (?)
6. Die Zeremonie (?)
7. 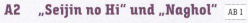 Die Jungen müssen in den Wald gehen (?)
8. (?) müssen auf einen Turm steigen (?)

A. ~~feiern sie in Japan das Fest „Seijin no Hi".~~ ★
B. eine schwierige Aufgabe. ★
C. auf Pentecost die „Naghol"-Zeremonie. ★
D. und eine Liane schneiden. ★
E. und von diesem Turm hinunterspringen. ★
F. sind sehr anstrengend für (?). ★
G. ist lebensgefährlich für (?). ★
H. eine traditionelle Kleidung.

d Wie findest du das „Seijin no Hi"-Fest und die „Naghol"-Zeremonie? Gibt es in deinem Heimatland ein Fest oder eine Zeremonie, wenn junge Menschen erwachsen werden? Erzähle in der Klasse.

Ich finde ... schön/gefährlich/kompliziert/
  interessant ...
Ich selbst möchte (nicht) ...
Ich denke, dass ...

Bei uns ist es so: Wenn ein Mädchen / ein Junge ...
  Jahre alt wird, ...
Normalerweise macht man bei uns ...
Oft/Manchmal ...

neunundsiebzig

20 B

B1 Extremsportarten AB 2–5

a Kennst du diese Sportarten? Welche Sportart passt? Ordne zu.

- A House Running
- B Rafting
- C Objektspringen
- D Eisschwimmen
- E Freiklettern
- F Apnoetauchen

Die Jungen müssen auf den Turm **hinaufsteigen** und von diesem Turm **hinunterspringen**.

Die Sportlerinnen und Sportler …
1. springen mit einem Fallschirm von einem Haus oder von einer Brücke hinunter.
2. schwimmen einen Kilometer oder mehr im eiskalten Wasser.
3. laufen eine Hauswand hinunter.
4. klettern ohne Hilfe steile Felswände hinauf.
5. fahren einen Wildbach hinunter.
6. tauchen ohne Sauerstoffgerät bis 200 Meter tief hinunter.

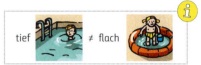
tief ≠ flach

b Weniger extrem? Sammelt noch mehr Sportarten und beantwortet dann die Fragen.

1. Welche Sportarten sind Teamsportarten?
2. Welche Sportarten sind Wassersportarten?
3. Welche Sportarten gibt es bei den Olympischen Winterspielen?
4. Welche Sportarten sind in deinem Heimatland populär?
5. Machst du Sport? Welche Sportarten machst du gern?
6. Welche Sportarten siehst du gern im Fernsehen?
7. Welche Extremsportarten findest du interessant?

Rad fahren, Eishockey, Eislaufen, Laufen, Rudern …

c Finde das Gegenteil.

1. hier ↔ dort / dort drüben
2. drinnen ↔ ?
3. hinauf ↔ ?
4. unten ↔ ?
5. rechts ↔ ?
6. vorne ↔ ?
7. hinein ↔ ?

d Hört kurze Ausschnitte aus Sportreportagen. Ergänzt die Sätze mit den Wörtern in **c**. Notiert auch die Sportarten. 🔊 3/11

1. War der Ball drinnen oder ?? Der Schiedsrichter entscheidet, der Ball war ?. Tor!
2. ? läuft noch immer die Läuferin aus Nigeria, aber ? kommt die Nummer 3.
3. ? steht mit der Nummer 10 ein Läufer aus Norwegen. Fast alle Favoriten sind schon ?.
4. Jetzt geht es die letzten Meter zum Tourmalet ?. Dann geht es den Berg ?.
5. Das Foul war nicht nötig. Die Spielerin muss ?. Sie darf in diesem Drittel nicht mehr ?.
6. 89 : 90 der Spielstand. Noch 20 Sekunden. Das Publikum hier in der Halle ist begeistert, Trainer und Spieler ? auf der Trainerbank sind natürlich nervös.

Sportart: Fußball, ?, ?, ?, ?, ?, ?

• Halle

es ist nötig ≈ es muss sein

LESEN | HÖREN | SPRECHEN | SCHREIBEN | WORTSCHATZ | GRAMMATIK

B2 Basejumping AB 6–9

a Lies das Interview mit André und ergänze die Sätze. Hör dann zu und vergleiche. 3/12

> Die älteren Jungen im Dorf **fühlen sich** vor dem Fest oft gar nicht gut.

| uns ★ dich (2x) ★ mich (4x) | interessieren ★ ~~fühlen~~ ★ vorbereiten ★ entspannen ★ fühlen ★ streiten ★ verletzen |

- ◆ André, wann hast du mit dem Objektspringen begonnen?
- ○ Vor vier Jahren, da war ich 18 Jahre alt.
- ◆ Warum hast du ① _dich_ damals für Basejumping ② _interessiert_ ?
- ○ Ich bin ein paar Mal vorher Fallschirm gesprungen. Das war toll, aber ich wollte mehr.
- ◆ Hast du nie Angst? Wie ③ _fühlst_ du ④ _dich_ vor einem Sprung?
- ○ Ich ⑤ ❓ ⑥ ❓ gut. Natürlich bin ich nervös. Aber ich ⑦ ❓ ⑧ ❓ gut auf jeden Sprung ⑦ ❓. ⑨ ❓ kann ich ⑩ ❓ ja dann danach. Ich habe ⑪ ❓ auch noch nie ⑫ ❓.
- ◆ Das Springen von Gebäuden und Brücken ist ja meist verboten. Basejumper tun es trotzdem. Da gibt es auch Kritik.
- ○ Meine Freunde und ich springen nur dort, wo das auch erlaubt ist. Wir möchten ⑬ ❓ nicht mit der Polizei ⑭ ❓.

André

sich entspannen

b Was sagt André? Schreib seine Antworten und berichte.

> Wie fühlt er sich vor einem Sprung? – Er sagt, vor dem Sprung fühlt er ... gut. Er bereitet ...
> Seine Freunde und er springen nur dort, wo das auch erlaubt ist. Sie möchten ...

Reflexive Verben

ich fühle **mich** gut
du fühlst **dich** gut
er, es, sie, man fühlt ❗ **sich** gut
wir fühlen **uns** gut
ihr fühlt **euch** gut
sie, Sie fühlen ❗ **sich** gut

B3 Extreme

a Wo siehst du dich? Wo siehst du deine Partnerin / deinen Partner? Trag „ich"- und „du"-Punkte ein.

		-3	-2	-1	0	1	2	3		• Ich
1	sich ärgern	-3	●	-1	0	1	2	●	sich freuen	• Lisa
2	sich konzentrieren	●	-2	●	0	1	2	3	sich entspannen	
3	sich bewegen	-3	-2	-1	0	1	2	3	sich ausruhen	
4	sich streiten	-3	-2	-1	0	1	2	3	sich entschuldigen	
5	sich stark fühlen	-3	-2	-1	0	1	2	3	sich schwach fühlen	
6	sich modisch anziehen	-3	-2	-1	0	1	2	3	sich langweilig anziehen	
7	sich duschen	-3	-2	-1	0	1	2	3	sich baden	

sich ärgern

sich freuen

b Vergleiche deine Tabelle mit deiner Partnerin / deinem Partner. Was habt ihr gemeinsam?

> Ich denke, du ärgerst dich oft.

> Nein, ganz falsch. Ich ärgere mich fast nie.

20 C

LESEN | HÖREN | SPRECHEN | SCHREIBEN | WORTSCHATZ | GRAMMATIK

C1 Sie lassen mich nicht fahren ... AB 10–14

a Hör den Dialog. Was dürfen Jule und Timo? Was dürfen sie nicht? 🔊 3/13

Jule darf ...

> Die Erwachsenen **lassen** die Jungen alleine in den Wald **gehen** ...

b Lies jetzt das Gespräch. Schreib Sätze.

Weißt du's noch? S.142
Modalverben

Jule: Ich möchte am Wochenende zum Fußballspiel nach Hamburg fahren, aber meine Eltern lassen mich nicht fahren. Sie sagen, Fußball ist nichts für Mädchen, und außerdem bin ich noch zu jung.

Timo: Das kenne ich. Ich möchte nächste Woche zum Jazzfestival nach Frankfurt ... meine Eltern lassen mich auch nicht fahren.

Jule: Normalerweise lassen mich meine Eltern schon weg, sie lassen mich in den Club gehen oder zu Partys, aber nach Hamburg lassen sie mich nicht fahren.

Timo: Da geht es dir besser als mir. Meine Eltern lassen mich gar nichts machen. In der Schule darf ich mehr machen als zu Hause.

> Jule darf ... Ihre Eltern ...
> Timo darf ... Seine Eltern ...

> Meine Eltern **lassen** mich nicht **fahren**. ≈
> Meine Eltern sagen, ich darf nicht fahren.

c Was lassen euch eure Eltern/Geschwister / eure Lehrerin / euer Lehrer / eure Freundin / euer Freund machen?

| am Wochenende lange schlafen ★ die Haare färben ★ lange aufbleiben und fernsehen ★ mit dem Moped fahren ★ rauchen ★ Alkohol trinken ★ zu Partys gehen ★ zu einem Sportverein gehen ★ Markenkleidung kaufen ★ (mein) Geld für ... ausgeben ★ laut Musik hören ★ zu Hause eine Party geben ★ Auto fahren ★ ... |

◆ Lassen dich deine Eltern ...? ○ Nein, ich darf nicht ...
◆ Lässt du deinen Bruder ...? ○ ...

C2 Das habe ich gleich gewusst! Gute (?) Ratschläge AB 15–16

a Hör zu und notiere Tante Olgas Ratschläge. Welche Probleme haben Marie und David wirklich? 🔊 3/14

> An diesem Tag **sollten** die Mädchen ein traditionelles japanisches Kleid, den Kimono, **tragen**.

| Bett ★ Club ★ Kino ★ Sport ★ lernen ★ einkaufen gehen |

Ratschläge für David:
Du solltest nicht so spät ins Bett gehen.
Du ...

Ratschläge für Marie:
Du solltest ...

Konjunktiv II von sollen	**zum Vergleich:**
ich soll**te**	soll
du soll**test**	sollst
er, es, sie, man soll**te**	soll
wir soll**ten**	sollen
ihr soll**tet**	sollt
sie, Sie soll**ten**	sollen

b Eine Person notiert ein Problem. Die anderen geben Ratschläge und erraten so das Problem. S.132

| früher ins Bett gehen ★ mehr lernen/arbeiten/trainieren ★ nicht so viel Geld ausgeben ★ mit ... sprechen ★ nicht mit ... streiten ★ öfter ins/zum/zur ... gehen ★ weniger chatten / Videos ansehen ... ★ ... |

> Du solltest mehr Hausaufgaben machen.

> Die Schule ist nicht mein Problem.

AB 17–19

LESEN | HÖREN | SPRECHEN | SCHREIBEN | WORTSCHATZ | GRAMMATIK   ALLTAGSSPRACHE D 20

D1 Ich wette, dass ...

a Was habt ihr schon einmal einer Person geliehen, was habt ihr von ihr/ihm ausgeliehen? Schreibt drei Dinge auf. Stellt Fragen und erzählt.

Wem hast du ... geliehen?
Hast du ... zurückbekommen?
Von wem hast du ... ausgeliehen?
Wie lange ...?
Warum ...?

jemandem etwas leihen ≈ einer Person für eine bestimmte Zeit etwas geben

von jemandem etwas ausleihen ≈ von einer Person etwas für eine bestimmte Zeit bekommen

b Was ist die Wette? Was ist der Wetteinsatz? Hör zu und ergänze. 🔊 3/15

- ◆ Ich wette mit dir, dass (?).
- ○ Gut, was ist der Wetteinsatz?
- ◆ Wenn ich gewinne, darf ich (?).
  Wenn ich verliere, darfst du (?).
- ○ Gut, einverstanden.

wetten ≈ (z.B. für Geld) eine Meinung gegen eine andere Meinung stellen

c Erfindet Wetten. Macht Dialoge wie in **b**.

das Wetter ★ unsere Fußballmannschaft ★ unser/e Mathematiklehrer/-in ★ ...

Ich wette mit dir, dass ...

D2 Die Mutprobe AB 20–22

a Sieh das Foto an. Was meinst du?

Wo sind Mia und Lilli? Was ist die Mutprobe?

b Hör den Dialog. Was ist richtig? 🔊 3/16

1. Was machen die Mädchen im Schwimmbad?
   a (?) Sie liegen in der Sonne und hören Musik.
   b (?) Mia springt vom 10-Meter-Turm.

2. Was denken Mia und Lilli über Ben?
   a (?) Sie denken, dass Ben ein Angsthase ist.
   b (?) Sie denken, dass Ben vom Sieben-Meter-Turm springt.

3. Was macht Ben auf dem 10-Meter-Turm?
   a (?) Er diskutiert mit Lukas und schaut hinunter.
   b (?) Er geht ganz nach vorne und springt.

4. Was sehen die Mädchen?
   a (?) Ben springt von der Sieben-Meter-Plattform.
   b (?) Ben klettert die Leiter hinunter und springt nicht.

c Was wetten Mia und Lilli? Was ist der Wetteinsatz? Hör noch einmal und schreib Sätze. 🔊 3/16

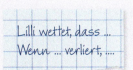
Lilli wettet, dass ...
Wenn ... verliert, ...

d Wer lügt? Warum?

- ◆ Habt ihr meinen Sprung gesehen?
- ○ Nein, wir haben Musik gehört, leider.
- ▼ Du bist gesprungen?
- ◆ Ja, vom 10-Meter-Turm.
- ○ Tatsächlich?

tatsächlich ≈ wirklich

dreiundachtzig 83

20 E

LESEN | HÖREN | SPRECHEN | SCHREIBEN | WORTSCHATZ | GRAMMATIK

E1 Mutproben AB 23–25

a Ergänze die Sätze mit *jemand*.

Da oben steht **jemand**, ist das nicht Ben?

1 ʷᵉʳ? Jemand wechselte auf der Autobahn das Auto.
2 Die Polizei sucht ʷᵉⁿ? jemanden, sie hat noch ʷᵉⁿ? niemanden gefunden.
3 Man hat ʷᵉⁿ? (?) schwer verletzt ins Krankenhaus gebracht.
4 Die Hunde haben ʷᵉⁿ? (?) attackiert.
5 ʷᵉʳ? (?) fuhr mit einem Auto zu ʷᵉᵐ? (?).
6 ʷᵉʳ? (?) hatte einen tödlichen Unfall.

	jemand = eine Person	**niemand** = keine Person
wer? (Nominativ)	jemand	niemand
wen? (Akkusativ)	jemand(**en**)	niemand(**en**)
wem? (Dativ)	jemand**em**	niemand**em**

im Wörterbuch: jmd., jmdn., jmdm., z. B. jmdm. helfen (= jemandem helfen)

b Wer ist *jemand*? Ordne die Sätze in **a** den Internetmeldungen zum Thema Mutproben zu. Finde für *jemand* die richtige Person.

ein tödlicher Unfall ≈ jemand ist bei dem Unfall gestorben

1 (C): jemand = Philip S.   2 (?): (?)

A — Jugendlicher tödlich verunglückt
In der U-Bahn kam es gestern zu einem tödlichen Unfall. Zwei Jugendliche kletterten auf einen Wagen und fuhren auf dem Dach mit. Für Karl M. (17) endete das U-Bahn-Surfen tödlich. Die Polizei sucht den zweiten Jugendlichen.

C — Autobahnpolizei gegen Carsurfer
Bei 130 km/h wollte Philip S. auf der Autobahn das Auto wechseln. Er öffnete die Wagentür und sprang auf den Pickup-Truck neben ihm. Was Philip S. nicht sah: 200 Meter hinter ihm fuhr die Autobahnpolizei.

B — VON ROTTWEILERN FAST TOTGEBISSEN
Drei Jugendliche kletterten um 23 Uhr von einem Baum in den Garten der Villa Goldberg. Drei Rottweiler attackierten die Jugendlichen. Einen Jugendlichen musste man danach schwer verletzt ins Krankenhaus bringen. Die Polizei glaubt an eine Mutprobe als Motiv.

D — IM FEUERWEHRAUTO ZUR GEBURTSTAGSPARTY
Mit einem Feuerwehrauto kam Mario L. zur Geburtstagsparty seiner Freundin. Dort konnte er nicht sehr lange bleiben. Eine Stunde später holte ihn die Polizei ab. Mario L. ist 17 Jahre alt und hat keinen Führerschein.
• Feuerwehrauto

E2 Nach der Wette ... AB 26–28

a Hör die vier Gespräche und schreib drei Minidialoge. 🔊 3/17–20

♦ Wenn ich verliere, darfst du meinen neuen Rucksack ausleihen.
○ Das ist super, **meiner** ist nämlich gerade kaputt.

1 ♦ Hat jemand meinen E-Scooter gesehen?
  ○ Da liegt einer. Ist das deiner?
2 ♦ Hat jemand (?) gesehen?
  ○ Dort drüben liegt (?). Ist das (?)?
3 ♦ Hat jemand (?)
4 (?)

Indefinitpronomen
♦ Wo ist mein • E-Scooter ○ Da liegt • ein**er** (= ein E-Scooter).

Nominativ	Akkusativ
• ein**er**, mein**er**, dein**er** ...	• ein**en**, mein**en**, dein**en** ...
• ein**es**, mein**es**, dein**es** ...	• ein**es**, mein**es**, dein**es** ...
• eine, meine, deine ...	• eine, meine, deine ...
• welche, meine ...	• welche, meine ...

b Macht Dialoge wie in **a**. Nehmt auch eure Ideen aus **D1a**.

Rucksack ★ Schreibblock ★ Decke ★ Handy ★ Kleider ★ ...

• Schreibblock   • Decke

LESEN | HÖREN | SPRECHEN | SCHREIBEN | WORTSCHATZ | GRAMMATIK

PLUS 20

1 Transformationen

a Amelie und Paul transformieren Sätze.
Ihre Sätze werden immer länger ...
Hör zu und schreib die neuen Sätze. 3/21

Dann stand *er* oben, schaute hinunter und wollte am liebsten jemand anders sein.

> Dann stand der Junge aus Pentecoste oben ...

Das sind die Regeln:
- Nimm **ein** Wort oder **zwei** Wörter aus dem Satz.
- Setze genau dort **zwei, drei** oder **mehr** Wörter in den Satz ein.
- Lies den neuen Satz laut vor.
- Die Grammatik soll richtig sein und der Satz soll eine Bedeutung haben.
- Wie viele Transformationen sind für euch möglich?

b Transformiert die Sätze. Wer kann die längsten Sätze bilden? Lest die neuen Sätze vor und vergleicht.

Weißt du's noch? S.143
Pronomen

1 Jemand sagte ihr dort, dass sie dort drüben einen ausleihen kann.
2 Er sollte morgen eines dorthin mitnehmen.
3 Wenn sie mich heute nicht weggehen lassen, dann rufe ich einfach jemanden an und lade ihn zu mir ein.
4 Gestern hatte sie noch einen, aber Sebastian hat ihn ausgeliehen und nicht hierher mitgebracht.
5 Einer fuhr unten noch vorne mit, aber oben fuhren alle dann hinten.

2 Die Party

a Lies die Nachrichten. Warum kann Lisa nicht zu Antons Party kommen?

Anton:
Hallo Lisa, ich habe lange nichts von dir gehört. Wie geht es dir? Was gibt es Neues? Ich feiere am Wochenende meinen 15. Geburtstag und mache eine große Party. Ich möchte dich gern einladen. Kannst du kommen? Anton

Lisa:
Hallo Anton, was gibt es Neues bei mir? Ich habe jemanden kennengelernt. Der Jemand heißt Lenny und ist wirklich nett. 😉 Und morgen fahre ich nach Italien. Wir machen dort ein paar Tage Urlaub. Wir fahren an den Gardasee. Auf dem Bild siehst du unser Hotel. Vorne ist der See und rechts hinten ein altes Schloss. Ich freue mich schon so. Wir haben den Urlaub schon lange geplant. Deshalb kann ich leider nicht zu deiner Party kommen. Herzliche Grüße, alles Gute zum Geburtstag und viel Spaß am Wochenende! Lisa

b Anton hat auch dich eingeladen. Du kannst leider auch nicht kommen. Schreib eine Nachricht. Erzähle auch Neuigkeiten und schick ein Foto mit.

> Hallo Anton, ich freue mich. Herzlichen Glückwunsch! Was gibt es Neues bei mir? Ich ...
> Auf dem Foto siehst du ...
> Ich kann leider nicht ..., weil ...

AB 29–32

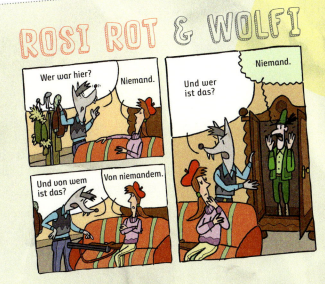

fünfundachtzig 85

LÄNDER & LEUTE 19+20 — Namen für Straßen und Plätze

LL1 Fakten und Beispiele

a Idole und Vorbilder – Straßen und Plätze. Lies die drei Geschichten 1–3 und ordne die richtigen Straßennamen A–C zu.

A Gertrud-Kurz-Strasse (Oerlikon, Schweiz)

B Romy-Schneider-Platz (München, Deutschland)

C Max-Planck-Straße (Köln, Deutschland)

1 Der französische Schauspieler Alain Delon wartete am Flughafen mit Rosen auf Romy Schneider. Er war als Schauspieler damals noch nicht bekannt, aber er war Romys großer Fan. Alle kannten damals Romys „Sissi"-Filme. Romy spielte in diesen Filmen die österreichische Kaiserin Elisabeth. Alain und Romy aßen gemeinsam zu Abend. Liebe auf den ersten Blick war es nicht. Erst später wurden sie zu einem Traumpaar, heirateten und lebten gemeinsam in Paris.

2 Es war spät in der Nacht. Gertrud Kurz hörte ihr Telefon läuten. Ein junger Polizist war am Apparat: „Frau Kurz, hier sind zwei Familien aus Deutschland. Sie wollen in die Schweiz. Was soll ich tun? Darf ich sie zu Ihnen bringen?" „Natürlich!", antwortete die Schweizer „Flüchtlingsmutter" sofort, „bringen Sie sie zu mir!"
Es war das Jahr 1938. Deutschland war eine Diktatur, und viele Menschen mussten das Land verlassen. Nicht überall war man freundlich zu ihnen. Manche schafften es in die Schweiz, und Gertrud Kurz kümmerte sich um sie.

3 Nach dem Nobelpreis bekam Max Planck viele Einladungen. An vielen Universitäten wollte man den Wissenschaftler hören. Auch Max Plancks Chauffeur interessierte sich für Physik. Er hörte Max Planck immer wieder zu, und bald konnte auch er Plancks Theorien erklären. Deshalb machten sich die beiden einen Spaß: An der Universität München sollte der Chauffeur zu den Zuhörern sprechen, Max Planck wollte nur zuhören. Doch dann stellte ein Physikprofessor eine Frage. Plancks Chauffeur reagierte schnell und antwortete: „Das ist eine einfache Frage, die kann sogar mein Chauffeur beantworten." Das stimmte natürlich. Max Planck gab dem Physikprofessor die richtige Antwort.

b Hör die Kurzbiografien von Max Planck, Romy Schneider und Gertrud Kurz und notiere die Jahreszahlen. 🔊 3/22

1 Max Planck: [?] geboren   [?] Professor in Berlin   [?] Nobelpreis für Physik   [?] Tod
2 Romy Schneider: [?] geboren   [?] „Sissi"-Filme   [?] letzter Film   [?] Tod
3 Gertrud Kurz: [?] geboren   [?] Familie in Bern   [?] Flüchtlinge aus Deutschland   [?] Tod

c „Wer …?" Stellt Fragen und antwortet.

> Wer bekam Blumen von Alain Delon?
> Romy Schneider.
> Wer …?

LL2 Und jetzt du!

a Welche Straßen und Plätze in eurem Heimatland tragen die Namen von Vorbildern und Idolen? Sammelt Informationen zu den Personen und schreibt eine Kurzbiografie.

b Präsentiert eure Informationen in einer anderen Gruppe.

> Fernando Alonso wurde 1981 in Oviedo geboren. …

> Fernando Alonso: 1981 geboren …

CALLE FERNANDO ALONSO DÍAZ (Oviedo, Spanien)

Eine Sportart präsentieren

PROJEKT 19+20

P1 Bereitet eine digitale Präsentation vor.

a Wählt eine Sportart aus oder erfindet eine neue „Sportart".

A Sportarten

B Ideen für neue „Sportarten"

> Büchertürme bauen ★ Rückwärts gehen ★
> Löcher graben ★ Einrad-Polo spielen ★
> Auf einem Bein laufen ★ …

b Bereitet Folien für eine digitale Präsentation vor. Die folgenden Beispiele helfen euch.

1	Name der Sportart	Name + Piktogramm, Zeichnung oder Foto
2	Wo kann man die Sportart ausüben?	Foto oder Zeichnung und Beschreibung
3	Was braucht man, wenn man die Sportart ausüben will?	Fotos oder Zeichnungen (Kleidungsstücke, Sportgeräte wie zum Beispiel Bälle usw.)
4	Übt man den Sport allein oder als Team aus? Was muss man bei dieser Sportart tun?	Zeichnung(en), Foto(s) und Beschreibung(en)
5	Welche Regeln gibt es bei einem Wettkampf? Wie gewinnt man bei dieser Sportart?	Regeln (1-…) beschreiben
6	Wie trainiert man für diese Sportart?	Wie oft trainiert man? Was trainiert man?
7	Kann man sich bei diesem Sport verletzen?	Beschreibungen
8	Warum ist diese Sportart interessant?	Das macht die Sportart für den Sportler oder die Sportlerin interessant: … Das macht die Sportart für den Zuschauer oder die Zuschauerin interessant: …
9	Was sind die besten Momente, wenn man diesen Sport betreibt?	Am schönsten ist es, wenn …

P2 Präsentiert eure Folien.

a Übt die Präsentation. Jede Person in der Gruppe soll etwas sagen.

Wir möchten euch heute die Sportart „…" vorstellen. / eine tolle Sportart vorstellen. Sie heißt …
Man kann diese Sportart überall / am besten auf dem Sportplatz / drinnen/draußen … ausüben.
Wenn man die Sportart ausüben will, braucht man …
Hier seht ihr …
Die Sportart übt man im Team / allein aus.
Das sind die Regeln: Zuerst muss man …, dann …
Man gewinnt, wenn man …

Im Training muss man …
Die Sportart ist (nicht) gefährlich.
Wenn man …, dann kann man sich verletzen.
Die Sportart ist sehr interessant für …
Die Zuschauer finden die Sportart …
Es ist wunderbar/schön/toll …, wenn man …

FILM
Schau den Film **Wie fühlst du dich?** an und lös die Aufgaben auf Seite 138.

b Haltet nun eure Präsentation.

GRAMMATIK 19+20

FINDE DIE **Sprechblasen-Sätze** IN DEN LEKTIONEN 19 UND 20.

G1 Verb

a *lassen* + Infinitiv

	lassen		lassen
ich	lasse	wir	lassen
du	**lässt**	ihr	lasst
er, es, sie, man	**lässt**	sie, Sie	lassen

Meine Eltern **lassen** mich gar nichts **machen**.

○ Ach Bello, **lass** mich **schlafen**.

 S. 82

b Reflexive Verben

sich gut fühlen		
ich	fühle	**mich** gut
du	fühlst	**dich** gut
er, es, sie, man	fühlt	**!** **sich** gut
wir	fühlen	**uns** gut
ihr	fühlt	**euch** gut
sie, Sie	fühlen	**!** **sich** gut

ebenso: sich ärgern, sich freuen, sich konzentrieren, sich entspannen, sich bewegen, sich ausruhen, sich streiten, sich anziehen, sich duschen, sich baden, sich interessieren, sich vorbereiten, sich verletzen …

Ich ärgere **mich** fast nie.

 S. 81

c Konjunktiv II: Ratschläge geben

ich	soll**te**	wir	soll**ten**
du	soll**test**	ihr	soll**tet**
er, es, sie, man	soll**te**	sie, Sie	soll**ten**

○ Du **solltest** besser nicht **springen**, Linus.

Du **solltest** nicht so spät ins Bett **gehen**.

 S. 82

d Präteritum mit *-t-*

Infinitiv	Präteritum	
trainieren	trainier**te**	(Konjugation wie Präteritum von Modalverben)

Besondere Verben	
sein	ich w**a**r
haben	ich ha**tt**e
fahren	ich f**u**hr
laufen	ich l**ie**f
sehen	ich s**a**h
sprechen	ich spr**a**ch
kommen	ich k**a**m
verlieren	ich verl**o**r
geben	ich g**a**b
…	

Sie **trainierten** für ein **Abfahrtsrennen**.

Alles **lief** gut, doch kurz vor dem Ziel **verlor** Veronika die Kontrolle über ihre Ski und **stürzte**.

ich, er, es, sie, man: – (keine Endung)

 S. 73

GRAMMATIK

G2 Nomen und Pronomen

a Allgemeine Pronomen

wer? (Nominativ) jemand – niemand
wen? (Akkusativ) jemand**en** – niemand**en**
wem? (Dativ) jemand**em** – niemand**em**

> Da oben steht **jemand**, ist das nicht Ben?

> Die Polizei sucht **jemanden**.

> jemand = eine Person
> niemand = keine Person

 S. 84

b Indefinitpronomen

• ein Pullover	ein**er**	*auch:* mein**er**, dein**er** … !
• ein T-Shirt	ein**es**	*auch:* mein**es**, dein**es** … !
• eine Jacke	ein**e**	*auch:* mein**e**, dein**e** …
• Pullover T-Shirts Jacken	**welche**	*auch:* mein**e**, dein**e** …

> Da liegt **einer**. Ist das **deiner**?

○ Wo ist mein • T-Shirt?
♦ Da liegt • **eines**. Ist das **deines**?

 S. 84

G3 Satz

Nebensatz mit *obwohl* und *trotzdem*

Obwohl sie viel gearbeitet hat , hatte sie immer Zeit für ihre Familie.

Sie hat viel gearbeitet, **trotzdem** hatte sie immer Zeit für ihre Familie.

> Ich möchte Ärztin werden, **obwohl** das Studium sehr lange **dauert**.

> Sie war erst 14 Jahre alt. Trotzdem musste sie für ihre Geschwister sorgen.

 S. 76

19+20 REDEMITTEL

von einem Unfall erzählen [L19, S. 72]

Dann bin ich gestürzt.
Ich habe mir das Bein gebrochen.

über Vorbilder und Idole sprechen [L19, S. 75]

○ Meine Großmutter ist mein Vorbild.
♦ Mahatma Gandhi ist mein Idol.
■ So etwas habe ich nicht.

Begriffe umschreiben [L19, S. 75]

♦ Wer ist das?
○ Ich habe den Namen vergessen. Das ist doch diese Tennisspielerin, sie hat 22 Grand-Slam-Turniere gewonnen.
♦ Meinst du Steffi Graf?
○ Ja, genau.

über Sportarten sprechen [L20, S. 80]

♦ Fußball ist eine Teamsportart.

über Verbote sprechen [L20, S. 82]

♦ Meine Eltern lassen mich nicht …
○ Nein, ich darf nicht laut Musik hören.

Ratschläge geben [L20, S. 82]

○ Du solltest mehr Hausaufgaben machen.

21 A — Ein toller Film, eine tolle Serie!

Wie ein Filmstar leben, berühmt sein, viel Geld verdienen, in einem wunderschönen Haus wohnen: Das wünschen sich viele Menschen. Schauspieler oder Schauspielerin ist für sie ein Traumberuf. Aber kaum jemand sieht die Menschen hinter der Kamera. Auch ihre Arbeit ist für einen Film wichtig und kann sehr interessant und spannend sein. Es gibt mehr als vierzig Filmberufe. Einige findest du hier:

A B C D E F

A1 Filmberufe

a Wer macht was? Lies den Text und ordne zu.

1. Ein/e Kameramann/-frau (?)
2. Ein/e Regisseur/-in (?)
3. Ein/e Drehbuchautor/-in (?)
4. Ein/e Maskenbildner/-in (?)
5. Ein/e Stuntman/-woman (?)
6. Ein/e Sounddesigner/-in (?)
7. Ein/e Beleuchter/-in (?)
8. Ein/e Synchronsprecher/-in (?)

A schminkt die Schauspielerinnen und Schauspieler.
B spielt gefährliche Szenen in einem Film.
C steht hinter der Kamera und macht die Filmaufnahmen.
D erklärt den Schauspielern ihre Rollen.
E spricht im Studio für einen Film Texte in einer anderen Sprache.
F macht das richtige Licht bei den Dreharbeiten.
G schreibt die Texte für die Schauspieler.
H mischt die Musik und den Ton für den Film.

b Welche Berufe aus **a** passen zu den Fotos A–F?

> Ich denke, auf Foto A sieht man ...

- Aufnahme ≈ Bilder mit einer Kamera machen
- Dreharbeiten ≈ die Arbeiten, wenn man einen Film dreht (*hier:* drehen = machen)
- Rolle ≈ ein Schauspieler spielt einen Charakter / eine Figur

c Wer arbeitet wo und wann? Was meint ihr?

bei den Dreharbeiten ★ vor den Dreharbeiten ★ nach den Dreharbeiten ★ im Studio ★ am Set ★ ...

> Die Kamerafrau arbeitet vor und bei den Dreharbeiten. Sie muss ...

90 neunzig

LESEN | HÖREN | SPRECHEN | SCHREIBEN | WORTSCHATZ | GRAMMATIK

AM ABEND IST DIE STIMME WEG

Interviewerin: Du bist Synchronsprecher, Markus. 1 (B)

Markus: Mein Vater hatte ein Puppentheater. Ich habe schon sehr früh mitgespielt. Mit acht Jahren habe ich in einem Synchronstudio zugeschaut. Ein Junge konnte nicht zu seinem Termin kommen, da habe ich ausgeholfen.

Interviewerin: 2 (?)

Markus: Der Job ist nie langweilig. Ich spreche Rollen in Spielfilmen, Serien, Dokumentationen, Zeichentrickfilmen und Werbespots. Jeden Tag eine andere Rolle, jeden Tag eine neue Aufgabe. Das finde ich toll. Manchmal ist das natürlich auch anstrengend. Du bist von 8 bis 18 Uhr im Studio und musst oft ohne Vorbereitung vier oder fünf verschiedene Rollen sprechen.

Interviewerin: Ohne Vorbereitung? 3 (?)

Markus: Große Serienproduzenten streamen jeden Monat neue Serien. Da müssen die Studios schnell arbeiten. Du kommst ins Studio, der Regisseur erklärt dir die Situation und die Rolle, und du musst dich sofort in die Figur hineindenken und deinen Text sprechen. Wenn man eine längere Rolle in einem Spielfilm sprechen muss, dann bekommt man seinen Text aber manchmal schon vorher.

Interviewerin: 4 (?)

Markus: Japanische Zeichentrickfilme. Die sind sehr schwierig. Da muss man 180% geben. Die Figuren schreien oft pausenlos. Da hat man abends dann oft keine Stimme mehr.

Interviewerin: 5 (?)

Markus: Beides ist interessant, aber Zeichentrickfiguren spreche ich doch lieber. Da kann man oft verrückte Dinge probieren. Einmal musste ich eine Raupe sprechen, die kleine Raupe wurde dann ein schöner Schmetterling … Den Schmetterling muss man dann natürlich mit einer anderen Stimme sprechen. Das war witzig. Bei Spielfilmen und Serien muss man sich in die Situation gut einfühlen.

• Schmetterling
• Raupe

Interviewerin: Manche Synchronsprecher sprechen die Synchronstimme von berühmten Schauspielern, z. B. von Brad Pitt oder Halle Berry. 6 (?)

Markus: Am liebsten eine berühmte Zeichentrickfigur, wie z. B. Homer Simpson.

A2 Ein Synchronsprecher im Interview AB 1

a Lies zuerst die Interviewfragen A–F. Lies dann das Interview mit Markus und ordne im Interview die Fragen zu.

- (A) Welche Rollen sind besonders schwierig für dich?
- (B) ~~Wie bist du Synchronsprecher geworden?~~
- (C) Welchen Schauspieler möchtest du gern sprechen?
- (D) Bekommt ihr eure Texte nicht vor der Aufnahme?
- (E) Was machst du lieber: Zeichentrickfilme oder reale Filme?
- (F) Was gefällt dir in deinem Beruf?

schreien = sehr laut sprechen
pausenlos = ohne Pause

Weißt du's noch? S.144
Nebensätze mit *weil*

b Hör nun das Interview und vergleiche. 🔊 3/23

c Lies und hör das Interview noch einmal. Beantworte die Fragen und schreib *weil*-Sätze. 🔊 3/23

1. Warum ist Markus Synchronsprecher geworden? *Weil er als Kind schon gern Figuren gesprochen hat. …*
2. Warum mag Markus seinen Beruf? (?)
3. Warum ist der Job manchmal anstrengend? (?)
4. Warum sind japanische Zeichentrickfilme für Synchronsprecher besonders schwierig? (?)
5. Warum synchronisiert Markus lieber Zeichentrickfilme als Spielfilme? (?)

d Sprecht in der Klasse.

1. Findest du den Beruf Synchronsprecher interessant? Warum (nicht)?
2. Siehst du gern Filme oder Serien in Originalsprache? Warum (nicht)?
3. Welche anderen Filmberufe findest du interessant? Warum?

> Ich finde den Beruf interessant, weil …

einundneunzig 91

21 B

B1 Filme und Serien AB 2

a Hört die Dialoge 1–8. Zu welchen Szenen A–H passen sie? Ordnet zu. 🔊 3/24

> Ich spreche Rollen in **Spielfilmen, Serien, Dokumentationen, Zeichentrickfilmen** und **Werbespots**.

1 – G
2 – ?
3 – ?
4 – ?
5 – ?
6 – ?
7 – ?
8 – ?

b Welche Filmgenres 1–8 passen zu den Szenen in **a**? Ordnet zu. Hört dann zu und vergleicht. 🔊 3/25

1. Horrorfilm
2. Western
3. Komödie
4. Liebesfilm
5. Science-Fiction
6. Action-Film
7. Thriller
8. Kostümfilm

A – 7 …

B2 Neue Filme, neue Serien AB 3–4

a Lies die Kritiken. (Du musst nicht jedes Wort verstehen.) Zu welchem Genre in **B1b** gehören die Filme und Serien?

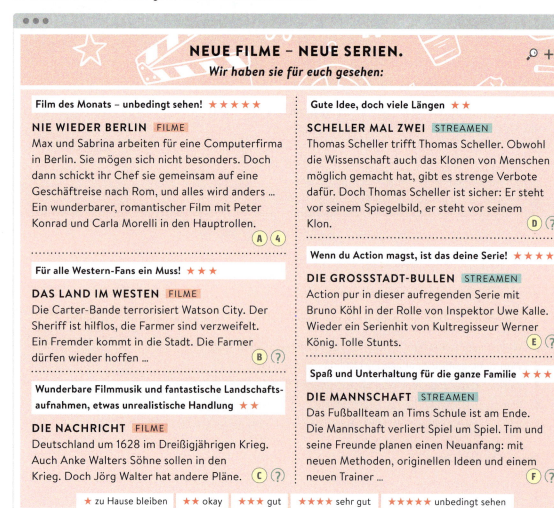

NEUE FILME – NEUE SERIEN.
Wir haben sie für euch gesehen:

Film des Monats – unbedingt sehen! ★★★★★

NIE WIEDER BERLIN FILME
Max und Sabrina arbeiten für eine Computerfirma in Berlin. Sie mögen sich nicht besonders. Doch dann schickt ihr Chef sie gemeinsam auf eine Geschäftsreise nach Rom, und alles wird anders … Ein wunderbarer, romantischer Film mit Peter Konrad und Carla Morelli in den Hauptrollen. **A 4**

Für alle Western-Fans ein Muss! ★★★

DAS LAND IM WESTEN FILME
Die Carter-Bande terrorisiert Watson City. Der Sheriff ist hilflos, die Farmer sind verzweifelt. Ein Fremder kommt in die Stadt. Die Farmer dürfen wieder hoffen … **B ?**

Wunderbare Filmmusik und fantastische Landschaftsaufnahmen, etwas unrealistische Handlung ★★

DIE NACHRICHT FILME
Deutschland um 1628 im Dreißigjährigen Krieg. Auch Anke Walters Söhne sollen in den Krieg. Doch Jörg Walter hat andere Pläne. **C ?**

Gute Idee, doch viele Längen ★★

SCHELLER MAL ZWEI STREAMEN
Thomas Scheller trifft Thomas Scheller. Obwohl die Wissenschaft auch das Klonen von Menschen möglich gemacht hat, gibt es strenge Verbote dafür. Doch Thomas Scheller ist sicher: Er steht vor seinem Spiegelbild, er steht vor seinem Klon. **D ?**

Wenn du Action magst, ist das deine Serie! ★★★★

DIE GROSSSTADT-BULLEN STREAMEN
Action pur in dieser aufregenden Serie mit Bruno Köhl in der Rolle von Inspektor Uwe Kalle. Wieder ein Serienhit von Kultregisseur Werner König. Tolle Stunts. **E ?**

Spaß und Unterhaltung für die ganze Familie ★★★

DIE MANNSCHAFT STREAMEN
Das Fußballteam an Tims Schule ist am Ende. Die Mannschaft verliert Spiel um Spiel. Tim und seine Freunde planen einen Neuanfang: mit neuen Methoden, originellen Ideen und einem neuen Trainer … **F ?**

★ zu Hause bleiben ★★ okay ★★★ gut ★★★★ sehr gut ★★★★★ unbedingt sehen

LESEN | HÖREN | SPRECHEN | SCHREIBEN | WORTSCHATZ | GRAMMATIK

b Welchen Film oder welche Serie möchtest du am liebsten sehen? Warum?

> „Die Großstadt-Bullen". Ich mag Action-Filme.

c Gute Filme – schlechte Filme. Niko und Pia haben zwei Filme aus **a** gesehen. Niko findet seinen Film schlecht, Pia findet ihren Film gut. Was meinst du, wer sagt was?

1. ~~Ich bin fast eingeschlafen.~~
2. Der Film war langweilig.
3. ~~Die Handlung war originell.~~
4. Der Film war hervorragend.
5. Einige Szenen waren peinlich.
6. Der Film war spannend.
7. Die Schauspieler waren schwach.
8. Ich war begeistert.
9. Der Film war echt komisch. Und auch der Schluss war seltsam.
10. Das Ende war ein bisschen sentimental, aber so romantisch.
11. Die Handlung war kompliziert und unlogisch.
12. Die Schauspieler waren prima.

d Hör zu und vergleiche deine Antworten in **c**. Welche Filme haben Niko und Pia gesehen? 🔊 3/26

> • Handlung ≈ was in einem Film passiert
> • Schluss ≈ • Ende
> hervorragend ≈ sehr gut
> sentimental ≈ mit viel Gefühl

B3 Lieblingsfilme, Lieblingsserien

a Sammle passende Wörter aus B1 und B2 und zeichne eine Mindmap.

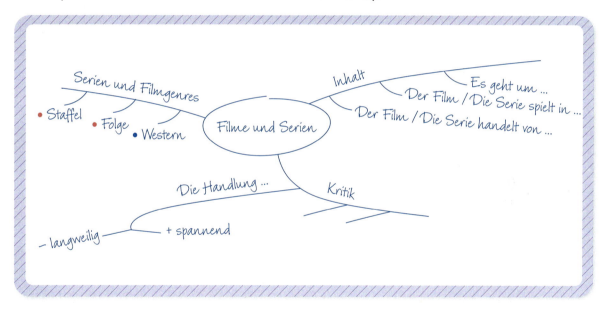

b Fragt und antwortet.

1. Gehst du gern ins Kino oder streamst du lieber Filme und Serien?
2. Wie oft gehst du ins Kino?
3. Welche Filme und Serien magst du?
4. Was ist dein Lieblingsfilm oder deine Lieblingsserie?
5. Wer ist dein Lieblingsschauspieler / deine Lieblingsschauspielerin / dein Lieblingsregisseur / deine Lieblingsregisseurin?
6. Hast du schon einmal einen berühmten Schauspieler oder eine berühmte Schauspielerin getroffen?

> Am liebsten streame ich Serien. Ich schaue oft mehrere Folgen an, manchmal sogar die ganze Staffel.

c Erzählt dann von einem Film oder einer Serie.

> Letzte Woche habe ich ... gesehen.
> Der Film / Die Serie handelt von ...
> Es geht um ...
> Die Handlung / Die Schauspieler ...

21 C

LESEN | HÖREN | SPRECHEN | SCHREIBEN | WORTSCHATZ | GRAMMATIK

C1 Das musst du sehen! AB 5–11

 Jeden Tag **eine** ander**e** Rolle, jeden Tag **eine** neu**e** Aufgabe.

a Welche Beschreibung passt zu den Filmen und Serien in **B2a**?

1 **Eine** lustig**e** • Serie für die ganze Familie _Die Mannschaft_
2 **Ein** spannend**er** • Film für **den** typisch**en** Western-Fan (?)
3 **Ein** romantisch**es** • Liebesmärchen (?)
4 **Eine** aufregend**e** Action-Serie mit **einem** unglaublich**en** Ende (?)
5 **Die** ideal**e** Serie für alle Science-Fiction-Fans (?)
6 **Eine** spannend**e** Geschichte aus **dem** Dreißigjährig**en** Krieg (?)

Adjektivendungen Singular

Hauptregel: **-en**

Singularregel 1:
nach • der, das, die, eine → **-e**

Singularregel 2:
nach ein → • **-er** oder • **-es**

> Das kalte Herz ist ein ...

b Finde die Filmtitel im Internet und ergänze die Adjektivendungen. Welches Genre ist das wohl?

1 Das kalt(?) Herz
2 Hachiko – eine wunderbar(?) Freundschaft
3 Der groß(?) Blonde mit dem schwarz(?) Schuh
4 Der weiß(?) Hai
5 Alien – Das unheimlich(?) Wesen aus einer fremd(?) Welt
6 Book Club – Ein neu(?) Kapitel

c Welcher Film / Welche Serie in **B2a** passt am besten?

Miriam: „Ich mag gut**e** Geschichten, am liebsten sehe ich historisch**e** Filme. Ich mag **keine** dumm**en** Komödien." _Die Nachricht_
Serkan: „Ich mag lustig**e** Komödien, aber **keine** romantisch**en** Liebesgeschichten." (?)
Silvia: „Filme von gut**en** Regisseuren sehe ich gerne. Spannend**e** Action-Filme mag ich am liebsten." (?)

Adjektivendungen Plural

Hauptregel: **-en**

Pluralregel 1:
ohne Artikelwort im Nominativ und Akkusativ → **-e**

d Was siehst du gern? Schreib Sätze und erzähl in der Klasse.

| intelligent ★ spannend ★ interessant ★ gut ★ aufregend ★ sentimental ★ ... | Thriller ★ Komödien ★ Science-Fiction-Serien ★ Western ★ Action-Filme ★ Liebesfilme ★ ... |

> Ich sehe gern spannende Thriller, aber ich mag keine langweiligen Western.

> Ich sehe gern ...

C2 Ich sehe ... AB 12

a Lies die Texte und ergänze die Adjektivendungen.

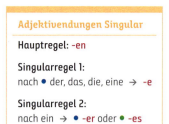
• Tafel

Es gibt
ein rot(?) Auto, eine elegant(?) Dame mit einem klein(?) Hund, einen dick(?) Bankdirektor und einen clever(?) Inspektor, in meinem Lieblingskrimi.

Ich sehe
eine grün(?) Tafel, braun(?) Tische, rot(?) Stühle, bunt(?) Schulrucksäcke, und eine freundlich(?) Lehrerin, in meinem Klassenzimmer.

b Schreibt Texte wie in **a**. Schreibt zuerst das Ende für euren Text. Sammelt dann Nomen und Adjektive zu diesem Ende, zum Beispiel aus dem Lernwortschatz im Arbeitsbuch. S. 132

> ... wenn ich das Wort ... höre.
> ... in meinem Lieblingsfilm.
> ... in meinem Klassenzimmer.
> ... wenn ich ... sitze / bin / stehe.
> ... wenn ich an ... denke.
> ...

c Lest die Texte vor und hängt sie im Klassenzimmer auf.

AB 13–14

LESEN | HÖREN | SPRECHEN | SCHREIBEN | WORTSCHATZ | GRAMMATIK   ALLTAGSSPRACHE D 21

D1 Der Schulball AB 15–16

a Lies die Einladung und beantworte die Fragen.

1. Wann und wo findet der Ball statt?
2. Was sind Programmpunkte auf dem Ball?
3. Wie organisiert ihr Schulbälle oder Schulfeste in eurem Heimatland?

EINLADUNG zum Schulball

Festsaal des Gymnasiums in Kleinfeld

Klasse 12a und 12b
10. Juni

Beginn: 19:00 Uhr
Polonaise: 20:00 Uhr
Mitternachtsshow: 24:00 Uhr
Tombola, Showtanz und Video
Ende: 02:00 Uhr
Liveband: Die Tornados

b Lies die Dialogteile und bring sie in die richtige Reihenfolge. Was kommt zuerst, was danach? Was meinst du?

A (?)
Marie: Schließlich kommt Kommissarin Schlauberger und stellt ihre Fragen.
Elias: Wärst du gern die Kommissarin? … Ich glaube, du solltest die Kommissarin spielen. … Auf jeden Fall muss es am Ende einen Showdown in der Sporthalle geben, mit viel Action.

B (?)
Marie: Wir haben an einen Krimi gedacht. …
Elias: Ich würde lieber einen Horrorfilm drehen.
Marie: Warum denn das?
Elias: Wenn ich an meine Noten in Mathematik denke, passt ein Horrorfilm am besten. …

C (?)
Marie: Wir hätten so gern ein Video von dir. …
Elias: Ich habe schon ein paar Videos gemacht … mit meinem Handy.
Marie: Ja, genau, und die sind sehr gut geworden, das sagen alle. …

c Hör zu und vergleiche. 🔊 3/27

d Hör noch einmal. Was ist richtig? 🔊 3/27

1. (?) Elias möchte auf dem Ball mit Marie tanzen.
2. (?) Marie möchte das Drehbuch für einen Krimi schreiben.
3. (?) Elias ist gut in Mathematik.
4. (?) Im Video soll es einen Feueralarm an der Schule geben.
5. (?) Elias will den Kommissar spielen.
6. (?) Elias sagt Marie, dass er den Film machen will.

Elias   Marie

e Wie macht man ein Video? Finde die richtige Reihenfolge und schreib Sätze.

(?) die Szenen drehen ★ (?) die Drehtage ausmachen
(?) die Requisiten und Kostüme vorbereiten ★ (?) die Beleuchtung organisieren
(?) das Drehbuch schreiben ★ (?) das Video schneiden und vertonen
(?) die Schauspieler und Schauspielerinnen finden ★ (?) das Genre wählen

Zuerst muss man …

f Plant ein Video für euren Schulball / euer Schulfest. Sammelt Ideen und macht Notizen für euer Drehbuch. Berichtet dann in der Klasse.

ℹ vertonen ≈ z. B. Musik einspielen

Drehen wir doch einen Liebesfilm!

Nein, ich möchte … drehen.

fünfundneunzig 95

21 E

LESEN | HÖREN | SPRECHEN | SCHREIBEN | WORTSCHATZ | GRAMMATIK

E1 Wünsche AB 17–23

a Was denken ☐ Marie und Elias? Was wünschen ☐ sie sich? Ordne zu.

> Ich glaube, du **würdest** das Video sehr gern **machen**.

1. Wir hätten gern ein Video von dir.
2. Ich würde lieber einen Horrorfilm drehen.
3. Ich hätte gern Action-Szenen.
4. Ich wäre gern die Kommissarin.
5. Das ist eine gute Rolle.
6. Der passt zu meinen Noten in Mathe.
7. Das Video muss spannend sein.
8. Er macht gute Videos.

Elias: (?)
Marie: (?)

b Welche Wünsche haben die Personen wohl? Schreib Sätze.

neue Schuhe haben ★ mehr Zeit haben ★
am Sportplatz sein ★ älter sein ★
einen Platz ganz vorne haben

Konjunktiv II (Wünsche)

haben: Ich **hätte** gern …
sein: Ich **wäre** gern …
sehen und andere Verben: Ich **würde** gern … **sehen**.

	haben	sein	sehen	
ich	hätte	wäre	würde …	sehen
du	hättest	wär**est**/wärst	würdest …	sehen
er/es/sie/man	hätte	wäre	würde …	sehen
wir	hätten	wären	würden …	sehen
ihr	hättet	wär**et**/wärt	würdet …	sehen
sie/Sie	hätten	wären	würden …	sehen

1. In unserer Straße gibt es ein neues Schuhgeschäft.
2. Warum darf man mit 16 noch nicht Auto fahren? Das finde ich blöd.
3. Die Zeit ist vorbei, ich bin mit dem Test aber noch nicht fertig.
4. Ach schade, alle Plätze in der ersten Reihe sind besetzt.
5. Warum bin ich nicht zum Spiel mitgefahren?

1 Ich hätte gern neue Schuhe.

● Reihe

c Notiert fünf Vermutungen über eure Partnerin / euren Partner. Macht Interviews und berichtet in der Klasse.

Popstar/Sportler/Sängerin … kennenlernen ★
kochen/surfen / Schach spielen … lernen ★
Ärztin/Lehrer … werden ★
zu Hause / am Meer / in den Bergen … Urlaub machen ★
ein eigenes Zimmer / neue Schuhe / längere Ferien /
mehr Deutschstunden … haben ★
in Berlin / im Bett / im Club / im Café … sein ★ …

Ich denke, du würdest gern …
Ich denke, du würdest nicht so gern …
Ich denke, du hättest/wärst gern …

d Schreibt die Namen von fünf Freunden oder Familienmitgliedern auf. Schreibt für jede Person einen Wunsch. Lest eure Sätze in der Gruppe vor und erzählt von den Personen.

Yannick (mein Cousin): Yannick würde gern in einer Band Schlagzeug spielen.
Caroline (meine Schwester): …

> Mein Cousin Yannick spielt ein bisschen Schlagzeug. Er würde gern in einer Band spielen, aber er ist noch nicht gut genug.

LESEN | HÖREN | SPRECHEN | SCHREIBEN | WORTSCHATZ | GRAMMATIK

PLUS 21

1 Schon gesehen? – Euer Film- und Serienmagazin im Netz

a Lies Pauls Filmkritik zu „Ballon". Deine Partnerin / Dein Partner liest Sophies Filmkritik zu „Die Welle" auf Seite 145.

www.schongesehen-magazin.de/filmhits/ballon

FILMHITS/BALLON

Habt ihr „Ballon" schon gesehen? Nein? Dann holt euch den Film. Er erzählt etwas über die Geschichte Deutschlands, ist aber auch sehr spannend. Ein echter Thriller!

„Ballon" spielt im Jahr 1979 in der DDR. Es geht um die beiden Familien Wetzel und Strelzyk. Im Jahr 1979 gab es noch zwei deutsche Staaten, die Bundesrepublik Deutschland (die BRD, Westdeutschland) und die Deutsche Demokratische Republik (die DDR, Ostdeutschland). Das Leben in der DDR war schwierig, denn die Menschen waren nicht frei. Die Staatspolizei (Stasi) kontrollierte alles. Deshalb wollen auch die Strelzyks und die Wetzels über die deutsch-deutsche Grenze in die BRD fliehen. Weil die Grenze geschlossen ist, bauen sie heimlich einen Ballon. Er soll sie in die BRD bringen. Kurz vor dem ersten Startversuch entscheiden die Wetzels, dass sie doch nicht mitkommen. Die Strelzyks starten alleine, doch sie schaffen es nicht nach Westdeutschland. Kurz vor der Grenze kracht ihr Ballon in den Wald. Die Stasi weiß inzwischen von dem Plan und sucht die beiden Familien. Es wird ein Wettlauf mit der Zeit. Die Strelzyks und Wetzels möchten einen zweiten Ballon bauen. Werden sie es dieses Mal schaffen? Das erfahrt ihr, wenn ihr den Film seht. „Ballon" ist ein extrem spannender Film, auch weil die Filmmusik und die Soundeffekte so gut zur Handlung passen. Man ist als Zuschauer natürlich auf der Seite der Strelzyks und der Wetzels. Doch der Film zeigt auch, wie die Stasi arbeitet. So lernt man einiges über das Leben in einem autoritären Staat. Der Film erzählt übrigens eine wahre Geschichte.

b Macht Interviews, fragt und antwortet.

Fragen zu „Die Welle"
1 Wo spielt der Film „Die Welle"?
2 Was können Rainer Wengers Schüler nicht verstehen?
3 Wie ändert Rainer Wenger seinen Unterricht?
4 Welche Probleme gibt es bald danach?
5 Welche Frage ist für Sophie nach dem Film wichtig?
6 Was findet sie nicht so gut?

- Grenze = dort geht man in das Nachbarland
- fliehen = heimlich weggehen, obwohl es nicht erlaubt ist
- dringend ≈ etwas muss sofort passieren
- autoritärer • Staat = • Diktatur
- gar nicht gut ≈ überhaupt nicht gut

2 Film- und Serientipps im Forum

Gib einen Film- oder Serientipp im Internetforum. Beschreibe auch Details.

Carlo

Hallo, möchte einen Film oder eine Serie streamen. Hat jemand Filmtipps für mich?

Hallo Carlo,
… ist ein toller Film / eine tolle Serie. Die Hauptrollen spielen … Der Regisseur / Die Regisseurin ist …
In dem Film / der Serie geht es um … / Der Film / Die Serie handelt von … / erzählt die Geschichte von …
Mir hat … gefallen. Ich finde die Handlung / die Schauspieler …
… ist ein wunderbarer/fantastischer/interessanter … Film / eine wunderbare … Serie.
Du solltest … unbedingt sehen.

AB 24–26

22 A — Intelligenz und Gedächtnis

Wann ist jemand intelligent? Wenn er/sie gut rechnen und schreiben kann? Ja, vielleicht. Doch der amerikanische Psychologe Howard Gardner meint, dass im 21. Jahrhundert das Wort „intelligent" mehr bedeuten muss: Wenn die Welt immer kleiner und unser Leben immer schneller wird, wenn wir auf der ganzen Welt zu Hause sind, wenn wir uns in dieser schnellen, globalen Welt wohlfühlen wollen, und wenn wir diese Welt auch noch vor einer Klimakatastrophe retten sollen, dann brauchen wir mehr als nur die sprachliche und die mathematische Intelligenz. Howard Gardner meint, dass es nicht eine Intelligenz, sondern mehrere Intelligenzen gibt, er nennt mindestens sieben.

Ich denke, ein Schriftsteller braucht auf jeden Fall sprachliche Intelligenz.

1 körperliche Intelligenz

2 personale Intelligenz(en)

3 sprachliche Intelligenz

A Bankkauffrau

B Schriftsteller

C Architektin

4 räumliche Intelligenz

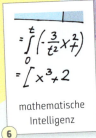
5 musikalische Intelligenz

6 mathematische Intelligenz

D Artist/Artistin

E Politikerin

F Musiker

A1 Du hast nicht nur eine Intelligenz!

a Lies den Text über Howard Gardner. Warum bedeutet „intelligent sein" heute etwas anderes als früher?

b Für welchen Beruf ist welche Intelligenz besonders wichtig? Was meinst du? Ordne die Berufe den Intelligenzen zu.

c Was bedeuten die Wörter? Was meinst du?

1 Inselbegabte
  - (?) sind Genies auf ihrem Gebiet.
  - (?) wohnen auf einer Insel.

2 Ein Beweis
  - (?) zeigt, dass etwas richtig ist.
  - (?) ist eine Meinung.

3 Ein Autist
  - (?) kann sich viele Dinge merken, kann aber schlecht kommunizieren.
  - (?) liebt schnelle Autos.

> retten ≈ helfen
> mindestens sieben = sieben oder mehr

> auf ihrem Gebiet ≈ in ihrem Fach
> sich etwas merken ≈ etwas nicht vergessen

LESEN | HÖREN | SPRECHEN | SCHREIBEN | WORTSCHATZ | GRAMMATIK

··· WUNDERKINDER ···

Wir alle können lesen, singen und zeichnen. Doch einige Menschen können das alles viel besser als wir.

Nadia war schon als Kind eine kleine Künstlerin. Mit drei Jahren konnte sie so gut Tiere zeichnen wie ein erwachsener Künstler. Doch beim Spielen mit anderen Kindern hatte Nadia Probleme. Sie konnte nämlich nicht mit Kindern in ihrem Alter kommunizieren.

Der Jazzpianist Matt Savage lernte mit sechs Jahren über Nacht Klavier spielen. „Genial, einfach fantastisch", meinte die Jazzlegende Chick Corea, als er dem siebenjährigen Matt beim Klavierspielen zuhörte. Matt ist Autist.

Christopher kann vierzehn Sprachen sprechen, schon als Kind liebte er Sprachrätsel und Sprachspiele und merkte sich in kürzester Zeit schwierige Wörter aus anderen Sprachen. Doch im Alter von 20 Jahren zeichnete er noch wie ein Sechsjähriger.

Nadia, Matt und Christopher sind sogenannte Inselbegabte. Sie sind Genies auf ihrem Gebiet. Bei normalen Intelligenztests erreichen sie aber oft nur sehr wenige Punkte.

Sind Inselbegabte deshalb weniger intelligent? Der amerikanische Psychologe Howard Gardner sagt: „Nein, natürlich sind diese Menschen sehr intelligent. Sie sind Genies. Aber nur in ‚ihrer' Intelligenz."

Für Howard Gardner sind Inselbegabte ein Beweis für seine Theorie: Es gibt nämlich nicht nur eine Intelligenz, sondern viele verschiedene Intelligenzen. Matt hat große musikalische Intelligenz, Christopher sprachliche Intelligenz und Nadia hat ein wunderbares Gefühl für den Raum und für Formen: Ihre räumliche Intelligenz ist sehr hoch.

Howard Gardner findet viele weitere Beispiele für seine Theorie: Die großen Mathematiker Aristoteles, Euklid, Pascal und Leibniz waren Menschen mit hoher mathematischer Intelligenz. Dichter und Schriftsteller wie Shakespeare oder Johann Wolfgang von Goethe hatten hohe sprachliche Intelligenz.

Schauspielerinnen wie z.B. Emilia Clarke und Sportler wie der Fußballer Kylian Mbappé sind Menschen mit hoher körperlicher Intelligenz. Manche Menschen, wie z.B. Politiker, Lehrerinnen, Krankenpflegekräfte usw. können gut mit anderen Menschen kommunizieren, und manche Menschen können ihre Gefühle und ihre Innenwelt sehr gut analysieren und kontrollieren. Gardner nennt diese beiden Intelligenzen personale Intelligenzen. Der Friedensnobelpreisträger Barack Obama und der Religionsgründer Buddha sind Beispiele für Menschen mit hoher personaler Intelligenz.

Alle diese Menschen waren und sind sehr intelligent. Aber waren sie auch gut in der Schule?

A2 Sind das Genies? AB 1–2

a Lies und hör den Text. Sind deine Vermutungen in A1c richtig?
In welchen Intelligenzen sind Nadia, Matt und Christopher sehr stark?
In welchen Intelligenzen sind sie nicht so gut? 🔊 3/28

> erreichen ≈ bekommen

b Manche Menschen sind in bestimmten Intelligenzen sehr stark. Welche Beispiele findest du im Text?

① Goethe,   ② ?   ③ ?   ④ ?   ⑤ Nadia   ⑥ ?

c Welche Intelligenzen braucht ihr bei diesen Tätigkeiten?

tanzen ★ ein Referat halten ★ lesen ★ fotografieren ★ rechnen ★ …

○ Wenn ich tanze, brauche ich … / Beim Tanzen braucht man …
◆ Nein, ich glaube, da braucht man … / Ja, das glaube ich auch.

> Ich kann gut … Das ist wahrscheinlich … Intelligenz.

d Was sind eure starken Intelligenzen? Was meint ihr?

> Ich bin gut in … Das ist sprachliche … Intelligenz, glaube ich.

B

B1 Intelligenzen haben eine Geschichte. AB 3–9

Er lernte **mit sechs Jahren** Klavier spielen.

a Lies die Sätze. Welche Situation 1–3 passt zu welcher Person A–C? Welche Intelligenzen passen?

1. *Wann?* Mit fünf Jahren verkleidet er sich *Wann?* jeden Abend als Straßenjunge und spielt diese Rolle in einem Londoner Theater.
2. Sie kommt aus Afghanistan. Dort will man sie töten. Sie überlebt knapp. *Wann?* Danach trifft sie Menschen auf der ganzen Welt. Sie will, dass jedes Kind in eine Schule gehen kann. *Wann?* Im Jahr 2014 bekommt sie den Friedensnobelpreis.
3. *Wann?* Abends nimmt er sein Tagebuch und schreibt und schreibt und schreibt. Er vergisst *Wann?* dann alles um sich herum und kann ganz er selbst sein.

Jean-Paul Sartre (Schriftsteller) **A** (?) Intelligenz

Malala Yousafzai **B** (?) Intelligenz

Charlie Chaplin (Schauspieler) **C** (?) Intelligenz

sich verkleiden ≈ man zieht andere Kleider an, weil man anders aussehen möchte, z.B. im Karneval

b Sortiert die unterstrichenen Zeitangaben in **a** und die Zeitangaben im Kasten. Sammelt weitere Zeitangaben und sortiert sie.

MUSIK

> letzten Sommer ★ zuerst ★
> zu Ostern ★ am Ende ★
> im Mai ★ um zehn (Uhr) ★
> von Montag bis Freitag ★
> übermorgen (= in zwei Tagen) ★
> abends ★ zu Weihnachten ★
> vorgestern (= vor zwei Tagen)

Zeitangaben		
mit Präposition	mit Akkusativ	als Einzelwort (Adverb)
am Montag (= nächsten Montag)	**jeden** Montag, **nächsten** Montag	**montags** (= jeden Montag) *auch:* sonntags, samstags, morgens ...
(?)	(?)	(?)

B2 Intelligenzen im Alltag AB 10–11

a Hör zu. Über welche Intelligenzen sprechen Jonas und Emilia indirekt? 🔊 3/29

Jonas (?) Emilia (?)

b Hör noch einmal. Ordne zu und erzähle. 🔊 3/29

Jonas
1. seit meinem dritten Lebensjahr **B**
2. mit drei Jahren (?)
3. zu meinem vierten Geburtstag (?)
4. am selben Tag (?)

A Buch mit Rechenaufgaben bekommen
B Zahlen lieben
C alle Aufgaben lösen
D bis 100 zählen können

Seit seinem dritten Lebensjahr liebt Jonas Zahlen. ...

Emilia
1. letztes Wochenende (?)
2. dann (?)
3. plötzlich (?)
4. schließlich (?)

A Freundin besuchen
B nicht wissen, wo man ist
C Freundin anrufen
D in die falsche Richtung gehen

• Wassergymnastik

c Macht Notizen und erzählt eine Geschichte. Die Geschichte soll zu einer Intelligenz passen. Deine Partnerin / Dein Partner errät die Intelligenz.

Letzten Sommer ...   Vor einem Jahr ...   Schließlich ...
Im Juli ...   Dann ...   Zuletzt ...

Urlaub in Kroatien
surfen
tauchen, schwimmen
Volleyball spielen
Wassergymnastik machen
im Club tanzen

Letzten Sommer war ich im Urlaub in Kroatien ...

AB 12–13

LESEN | HÖREN | SPRECHEN | SCHREIBEN | WORTSCHATZ | GRAMMATIK

C1 Gedächtnistipps

a Lies den Test. Welche Tipps gibt Frau Dr. Vogt für das Vokabellernen? Was meinst du?

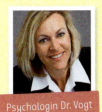
Psychologin Dr. Vogt

Du denkst, du hast kein gutes Gedächtnis? Falsch. Dein Gedächtnis kann mehr Informationen aufnehmen als die meisten Computer. Das Problem ist: Oft finden wir die Informationen in unserem Gedächtnis nicht mehr, weil wir sie „vergessen" haben. Es gibt aber gute Strategien gegen das Vergessen.

> Gedächtnis ≈ alle Informationen in unserem Kopf

NEUE WÖRTER LERNEN

1 Wenn man neue Wörter lernt,
- A soll man sie zu Hause lernen.
- B soll man sie ins Wortschatzheft schreiben.
- C soll man sie sofort in einer Situation benutzen.

2 Wenn man neue Wörter lernen muss,
- A soll man sich immer ein Bild oder eine Situation zu den Wörtern vorstellen.
- B soll man die Wörter in einem Text im Kursbuch suchen.
- C soll man eine Liste mit den neuen Wörtern schreiben.

3 Wenn man sich zehn neue Wörter merken soll,
- A soll man jedes Wort fünfmal laut lesen.
- B soll man mit den Wörtern eine Geschichte machen und sich die Geschichte merken.
- C soll man die Liste viermal abschreiben.

4 Wenn man Wörter wiederholt,
- A soll man sie lesen und laut sprechen.
- B soll man die Wörter auf Deutsch lesen und sie in die Muttersprache übersetzen.
- C soll man die Wörter in der Muttersprache lesen und sie ins Deutsche übersetzen.

5 Wenn man Wörter wiederholt,
- A soll man zuerst alle Wörter wiederholen. Dann markiert man „Problemwörter" und wiederholt diese noch einmal.
- B soll man immer alle Wörter wiederholen.
- C soll man nur die neuen Wörter wiederholen.

6 Wie oft muss man Wörter wiederholen, bis sie im Gedächtnis bleiben?
- A dreimal kurz vor einem Test
- B einmal in der Woche eine Stunde lang
- C jeden Tag

7 Die beste Zeit für das Wiederholen ist
- A kurz vor der Klassenarbeit.
- B vor dem Einschlafen.
- C beim Essen.

b Hör das Interview mit Frau Dr. Vogt und vergleiche. 🔊 3/30

c Welche Strategien kennt ihr noch? Sammelt Ideen (z. B. auch die Lerntipps im Arbeitsbuch). Welche Strategien funktionieren gut für euch? Erzählt und vergleicht.

C2 Strategien im Test AB 14–18

a Sieh die Wörter zwei Minuten lang an und lerne sie.

 klingeln
 Puzzle

schädlich ≈ ungesund, z. B. Rauchen

 Ausweis
 Bikini
 Flöte
 Insekt
 Quark
 Zucker

streiken ≈ man arbeitet nicht und protestiert

 Balkon
 Burg
 Gedicht
 Kirche
 Teppich
 Motorroller

einhunderteins 101

b Wie viele Wörter aus **a** weißt du noch? Notiere alle Wörter.

Teppich, ...

c Vergleicht eure Listen. Was bedeuten die Wörter in eurer Sprache? Hört dann alle Wörter und ergänzt eure Listen. 🔊 3/31

d Schreibt zu fünf schwierigen Wörtern aus **a** drei Assoziationen. Vergleicht mit eurer Partnerin / eurem Partner und erklärt eure Assoziationen.

streiken: *mehr Geld, nicht arbeiten, Plakat*
Insekt: *klein,* ⟨?⟩

e Schreibt zu fünf Wörtern einen wahren, persönlichen Satz. Lest euch eure Sätze vor.

Ich habe in der Grundschule Flöte gespielt. Meine/Mein ...

f Mach dein Buch zu und schreib noch einmal alle Wörter aus dem Gedächtnis auf.

C3 Wörter und Situationen

> Doch **beim Spielen** mit anderen Kindern hatte Nadia Probleme.

a Sammelt Wörter. Schreibt zu jedem Begriff drei Verben. Sucht auch Wörter im Wörterbuch.

| rechnen ★ einkaufen ★ Fahrrad fahren ★ E-Mails schreiben ★ Sporttasche auspacken ★ duschen ★ tanzen ★ fernsehen ★ ... |

1 am Morgen: *aufstehen,* ⟨?⟩   3 am Mittag: ⟨?⟩   5 am Abend: ⟨?⟩
2 am Vormittag: ⟨?⟩   4 am Nachmittag: ⟨?⟩   6 in der Nacht: ⟨?⟩

b Ergänze die Texte. Hör zu und vergleiche. 🔊 3/32

> Beim Aufstehen denke ich ans Zähneputzen,
> beim Zähneputzen denke ich ans Duschen,
> beim **1** ⟨?⟩ denke ich ans Anziehen,
> beim **2** ⟨?⟩ denke ich ans Frühstück.
> Warum bin ich immer meiner Zeit voraus?

> Nach dem Essen vergisst sie das Händewaschen,
> nach dem **5** ⟨?⟩ vergisst sie das Bettenmachen,
> nach dem **6** ⟨?⟩ vergisst sie das Abwaschen,
> nach dem Joggen vergisst sie das Duschen,
> lange bleibe ich nicht mehr ihr Freund.

> Vor dem Fernsehen sucht er seine Brille,
> vor dem **3** ⟨?⟩ sucht er seine Fußballschuhe,
> vor dem **4** ⟨?⟩ sucht er sein Buch,
> er macht mich noch ganz verrückt!

> ℹ️ Aus Verben kann man ganz leicht Nomen machen:
> aufstehen → **das** Aufstehen
> → **beim** Aufstehen ≈ wenn ich aufstehe
> (= zur gleichen Zeit)

c Schreibt kurze Texte wie in **b**. Sucht einen guten Schlusssatz.

*Beim Einkaufen ... denke ich ans ...
Nach dem Tanzen ... vergesse ich ...
Vor dem Lernen ... suche ich ...
Beim Chatten ...
...*

*Warum lebe ich immer nur in der Vergangenheit?
Warum denke ich immer nur an die Schule / an ...?
Stimmt etwas nicht mit mir?
Einmal möchte ich an nichts denken müssen.
...*

LESEN | HÖREN | SPRECHEN | SCHREIBEN | WORTSCHATZ | GRAMMATIK   ALLTAGSSPRACHE D 22

D1 Bauchgefühl AB 19–20

a Lies die Anleitung auf dem Farbeimer. Wie viel Farbe brauchst du für 50 Quadratmeter?

Polarweiß
- 1x streichen
- Verbrauch 200 ml pro m²
- umweltfreundlich
- Mischen Sie Polarweiß mit unseren Abtönfarben!

• Eimer

streichen (gestrichen)

b Lies die Sätze aus dem Dialog. Welche Sätze passen zu Bild A, welche passen zu Bild B?

1. (?) Amelie: Nehmen wir einfach den 15-Liter-Eimer, der reicht dann sicher.
2. (?) David: Wie kommen wir zurück zu deiner Wohnung? Mein Bauchgefühl sagt mir, hier nach links, oder?
3. (?) David: Es wird ja nur dein Zimmer gestrichen. ... Rechnen wir mal.
4. (?) David: Die Länge und die Breite werden mit der Höhe multipliziert und dann mal zwei genommen.
5. (?) David: Ohne Navi geht gar nichts, da bin ich verloren.
6. (?) David: Brauchst du auch noch ein bisschen Grün zum Mischen?
7. (?) Amelie: Auf dem Radweg 500 Meter geradeaus.
8. (?) Amelie: Grün habe ich noch. Zahlen wir und fahren wir los. Dann können wir das Zimmer weiterstreichen.

> reichen = genug sein

c Hör den Dialog und vergleiche. 🔊 3/33

d Hör noch einmal. Was ist richtig? 🔊 3/33

1. (?) Amelie und David streichen gemeinsam Amelies Zimmer.
2. (?) Sie hatten genug Farbe für das Zimmer.
3. (?) David rechnet aus, wie groß Amelies Zimmer ist.
4. (?) Sie brauchen für das Zimmer noch 15 Liter Farbe.
5. (?) Das Zimmer wird grün gestrichen.
6. (?) David weiß, wie er zu Amelies Wohnung kommt.

e Multiple Intelligenzen. Löst die folgenden Aufgaben:

1. Hör noch einmal Amelies Wegbeschreibung und notiere sie. 🔊 3/34
2. Beschreibt den Weg von eurer Wohnung zum nächsten Baumarkt.
3. Ihr wollt euer Zimmer streichen. Wie viel Farbe braucht ihr?
4. Welche Intelligenzen braucht man, wenn man ein Zimmer streichen möchte?

Auf dem Radweg ...

Weißt du's noch? S. 144
Präpositionen

22 E

LESEN | HÖREN | SPRECHEN | SCHREIBEN | WORTSCHATZ | GRAMMATIK

E1 Bei Amelie wird gestrichen. AB 21–24

Dein Zimmer **wird** **gestrichen**.

a Wer macht was? Schreib Sätze.

1 Die Möbel werden ausgeräumt. — *Amelie und David räumen* (?)
2 Die Fenster und der Boden werden abgeklebt. David (?)
3 Die Farbe wird gemischt. Amelie (?)
4 Das Zimmer wird gestrichen. *Amelie und David* (?)

> **Passiv:** werden + Partizip II
> Die Farbe **wird gemischt**.
> **Aktiv**
> Amelie **mischt** die Farbe.

b Wie geht das? Ordne zu und beschreibe dann die Tätigkeiten.

1 Tee kochen   2 Vokabeln lernen   3 In den Urlaub fahren
C (?) ...   (?) ...   (?) ...

> *Zuerst wird Wasser heiß gemacht. Dann werden Teeblätter ...*

A Tee trinken (getrunken)
B Wörter wiederholen (wiederholt)
C ~~Wasser heiß machen (gemacht)~~
D zum Bahnhof fahren (gefahren)
E Wörter lesen (gelesen), hören (gehört) und verstehen (verstanden)
F Tee in eine Tasse geben (gegeben)
G in den Zug steigen (gestiegen)
H Teeblätter hineingeben (hineingegeben)
I Fahrkarte kontrollieren (kontrolliert)
J Zucker und Milch hineingeben (hineingegeben)
K Wörter benutzen (benutzt)
L Sitzplatz suchen (gesucht)

Teeblätter
(● Teeblatt)

c Was wird an den Orten nicht gemacht? Findet die falschen Verben. Macht dann ähnliche Übungen für eure Partnerin / euren Partner.

Supermarkt ★ Schule ★ Küche ★ Badezimmer ★
Schwimmbad ★ Club ★ Wohnzimmer ★ Video-Chat ★ ...

> In einer Fußgängerzone wird eingekauft und spazieren gegangen. Aber normalerweise wird dort nicht Moped gefahren. Das ist verboten.

Fußgängerzone:
· einkaufen (eingekauft)
· spazieren gehen (gegangen)
· Musik machen (gemacht)
· ~~Moped fahren (gefahren)~~

Krankenhaus:
· kranke Verwandte besuchen (besucht)
· tauchen (getaucht)
· Patienten operieren (operiert)
· Tabletten nehmen (genommen)

● Tablette

Online-Shop:
· Produkte aussuchen (ausgesucht)
· Produkte in den Warenkorb legen (gelegt)
· Produkte anprobieren (anprobiert)
· Produkte bestellen (bestellt)

Flohmarkt:
· alte Bücher verkaufen (verkauft)
· fernsehen (ferngesehen)
· alte Lampen kaufen (gekauft)
· nach dem Preis fragen (gefragt)

● Flohmarkt

d Was machst du gern selbst? Was wird für dich gemacht? Warum? Schreib fünf Sätze mit den Wörtern im Kasten. S. 133

Fahrrad reparieren ★ Wäsche waschen ★ lesen/vorlesen ★
Betten machen ★ Kleider/Bücher/Lebensmittel ... kaufen
Musik machen ★ das Zimmer aufräumen ★ Zimmer streichen
Computerprogramme installieren

> *Ich koche gern selbst, wenn ... / weil ...*
> *Ich mag es, wenn für mich gekocht wird, weil ...*
> *Meistens kocht bei uns ...*

e Lest eure Sätze vor. Findet Gemeinsamkeiten.

> Wir mögen es, wenn wir selbst kochen, weil es dann unser Lieblingsessen gibt.

LESEN | HÖREN | SPRECHEN | SCHREIBEN | WORTSCHATZ | GRAMMATIK

PLUS 22

1 Alles vergessen?

a Was vergisst du schnell? Was vergisst du nicht so schnell?

> Namen ★ Filmtitel ★ Geburtstage ★
> Termine ★ Hausaufgaben ★
> peinliche Situationen ★ …

Das vergesse ich schnell 😟 : (?)
Das vergesse ich nicht so schnell 🙂 : (?)

b Lies das Lied und ergänze.
Hör dann und vergleiche. 🔊 3/35

2 Geschichten über das Vergessen

a Lies die Anzeige und Leonies Text.

Wettbewerb

Wir suchen die besten Geschichten zum Thema „Vergessen".
Schreib 50 bis 100 Wörter und gewinne einen Preis.
Auf diese Fragen solltest du in deinem Text antworten:

1 Was hast du oder jemand anders vergessen?
2 Welche Probleme hat es gegeben?
3 Wie hast du und wie haben andere Personen reagiert?
4 Welche Lösungen habt ihr gefunden?

> Meine Tante hat ein wunderschönes Haus an einem herrlichen Badesee. Letzten Sommer durften meine Freundin und ich in den Ferien eine Woche in ihrem Haus wohnen. Nach fünf Stunden Bahn-
> 5 fahrt waren wir endlich da. Doch wir hatten keinen Schlüssel. Der Schlüssel war zu Hause auf meinem Schreibtisch. Zum Glück ist meine Freundin ein ruhiger Typ, und zum Glück hatten wir beide unsere Schlafsäcke dabei. Wir haben eine Nacht auf
> 10 der Terrasse geschlafen. Den Schlüssel haben wir am nächsten Tag mit dem Express-Service von meinen Eltern bekommen.

b Wo stehen die Antworten zu den Fragen in der Anzeige?

Frage 1: Zeile 5–6   Frage 2: (?) …

c Schreib selbst einen Text für den Wettbewerb.
AB 25–29

ALLES VERGESSEN!

1 Wird man _gefragt_ oder wird man gefragen?
Wird man getragt oder wird man (?)?
Sagt man ‚ein neuer Kleid' oder ‚(?)'?
Heißt es ‚(?)' oder ‚ein altes Streit'?

//: OH … wir haben **alles vergessen**.
Unser Kopf ist leer, die Grammatik ist weg. ://

Bitte helft uns!
~~gefragt~~ ★ ein neues Kleid ★
ein alter Streit ★ getragen

2 Marie, Marie, du bist … äh … _wunderbar_
Marie, ich liebe dein … ähm (?) tja
Kein Mädchen ist so (?) h-h-hm
Und deshalb … ähm, also … öh (?)

//: OH … Hans-Peter hat **alles vergessen**.
Sein Kopf ist leer und alle Wörter sind weg. ://

Bitte helft Hans-Peter!
~~wunderbar~~ ★ möchte ich mit dir gehen ★
wunderschön ★ goldenes Haar

3 Hör mal, du wolltest dein Zimmer aufräumen
Hey! Du solltest nicht immer nur träumen!
Sag mal, hast du heute schon Mathe gelernt?
Und hast du aus dem T-Shirt alle Flecken entfernt?

//: HA … Ich habe **alles vergessen**.
Vergessen ist wichtig, das ist mir jetzt klar. ://

**Nein, ich habe keine Lust!
Bitte helft mir beim Vergessen!**

LÄNDER & LEUTE 21+22 — Schauplätze für Filme und Serien

LL1 Fakten und Beispiele

a Seht die Karte an und beschreibt die Landschaften. Benutzt die Wörter im Kasten.

- Insel (-n) ★ Meer (-e) ★
- Fluss (¨e) ★ Wald (¨er) ★
- See (-n) ★ Gebirge (-) ★
- Berg (-e) ★ Feld (-er) ★
- Wiese (-n) ★ Stadt (¨e) ★
- Hafen (¨en) ★ Strand (¨e) ★
- Dorf (¨er)

Im Norden Deutschlands gibt es ... Im Süden der Schweiz ...

b Findet die Stadt, die Flüsse, Seen und Gebirge (1–11) auf der Karte. Hört dann zu und vergleicht. 🔊 3/36

Donau ? Rhein ? Spessart ? Schwarzwald ?
Rügen ? Nordsee ? Ostsee ? Bodensee ?
Genfer See ? Neusiedler See ? Hamburg ?

c Macht ein Quiz mit den deutschsprachigen Ländern und auch mit eurem Heimatland. Fragt und antwortet.

Wie heißt das Meer im Nordosten von Deutschland?
Wie heißt die große Stadt im Osten von Österreich?
Wie heißt die Hauptstadt von der Schweiz?
Wie ...?

d Reisen für Film- und Serienfans. Lies die Anzeigen. Welche Reise interessiert dich? Was würdest du gern machen?

Ich würde gern nach ... fahren.
Ich würde gern ... sehen.

••• Wo spielt dein Lieblingsfilm? •••

DEUTSCHLAND 🇩🇪

Elbphilharmonie

Die Hafenstadt Hamburg ist auch als Filmschauplatz attraktiv. So spielt der Actionfilm „Drei Engel für Charlie" in der Stadt an der Elbe. Wir führen Sie zu wichtigen Schauplätzen wie zum Beispiel zur Elbphilharmonie, einem wunderschönen Konzerthaus direkt am Fluss. `mehr`

ÖSTERREICH 🇦🇹

Bregenzer Festspiele

In Bregenz finden jedes Jahr Festspiele statt. Direkt am Bodensee werden große Opern gespielt. Auch James Bond war hier Gast. Im Film „Ein Quantum Trost" kann 007 seine Oper nicht fertig hören – er muss fliehen. Wir bieten Ihnen aber einen sicheren und entspannten Opernabend. `mehr`

SCHWEIZ 🇨🇭

Grindelwald, Bachalpsee

Wissen Sie, wo Prinzessin Leia aus der Saga „Star Wars" groß wurde? Es war nicht der Planet Alderaan. Das schöne Grindelwald in der Schweiz ist Prinzessin Leias Heimat. Die Raumschiffe hat der Computer eingesetzt. Machen Sie doch Urlaub in dieser wunderbaren Alpenlandschaft. `mehr`

LL2 Und jetzt du!

Film- und Serienschauplätze in eurem Heimatland. Beantwortet die Fragen und berichtet in der Klasse.

1 Gibt es in eurem Heimatland bekannte Film- und Serienschauplätze? Was hat man dort gedreht?
2 Warst du einmal an einem bekannten Film- oder Serienschauplatz? Was hat man dort gedreht?
3 Denk an deine Lieblingsfilme oder -serien. Wo spielen sie? Beschreibe wichtige Schauplätze.
4 Beschreibe Landschaften in deinem Heimatland. Welche Filme oder Serien könnte man dort drehen?

Eine Fotogeschichte erzählen — 21+22 PROJEKT

P1 Erfindet eine Fotogeschichte.

a Lest die Erklärungen und sammelt Ideen für eure Geschichte.

Die Geschichte ...
soll kurz sein (8–12 Fotos) und könnte erzählen, ...
- dass Personen sich streiten / sich verlieben, zusammen lernen/ kochen/spielen / ein Problem lösen ... (Probleme in der Schule / mit dem Geld / mit Haustieren / mit der Gesundheit ...)
- dass ein Unfall / etwas Lustiges / etwas Fantastisches (wie im Märchen) ... passiert.
- ...

Die Fotos ...
sollen wichtige Szenen aus der Geschichte zeigen. Ihr könnt auch Sprechblasen und Textkästen verwenden. So können eure Leser und Leserinnen eure Geschichte besser verstehen.

Die Personen
Eure Geschichte ist kurz. Deshalb solltet ihr nicht zu viele Hauptpersonen zeigen.

Karin: Maja Sommer
Luka: Dennis Obermeier
Emma: Zoe Frank
Fotos: Liam Sokolov
Regie: Mia Hansen

Der Schauplatz ...
kann realistisch (eure Schule, die Bushaltestelle, eure Wohnung ...) oder fantastisch (der Mond, die Zukunft ...) sein.

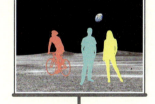

b Plant eure Fotos. Diese Fragen helfen euch:
1. Welche Szenen wollt ihr zeigen?
2. Welche Personen sieht man auf den Fotos?
3. Wer sind die Personen auf den Fotos?
4. Was tun die Personen?
5. Wer in der Gruppe fotografiert?

Luka und Emma vor dem Kino   Karins Fahrradunfall auf dem Mond   Mann im Mond hilft Karin

c Schreibt die Fotogeschichte.
1. Macht Fotos.   2. Bringt sie in die richtige Reihenfolge.   3. Schreibt Sprechblasen und Textkästen.

P2 Präsentiert eure Fotogeschichten.

a Übt eure Präsentation. Jede Person in der Gruppe soll etwas sagen.

Wir möchten euch heute unsere Geschichte „..."
  vorstellen. / Unsere Geschichte heißt „...".
Hier seht ihr die Hauptperson/en in unserer Geschichte.
Sie heißt/heißen ...
... ist/sind gerade an der Bushaltestelle ...

... fragt: „...?"
... antwortet / sagt: „ ..."
Dann/Danach/Später/Jetzt ...
Plötzlich ...
Am Ende / Schließlich ...

FILM
Schau den Film **Meine Freundin an der Elbe ...** an und lös die Aufgaben auf Seite 139.

b Erzählt eure Fotogeschichte in der Klasse.

GRAMMATIK 21+22

FINDE DIE **Sprechblasen-Sätze** IN DEN LEKTIONEN 21 UND 22.

G1 Verb

a Konjunktiv II: Wünsche

	haben	sein	andere Verben	
ich	hätte	wäre	würde …	sehen
du	hättest	wär**e**st / wärst	würdest …	sehen
er, es, sie, man	hätte	wäre	würde …	sehen
wir	hätten	wären	würden …	sehen
ihr	hättet	wär**e**t / wärt	würdet …	sehen
sie, Sie	hätten	wären	würden …	sehen

Ich **würde** so **gern mitspielen**.

Wir **hätten gern** ein Video von dir.

Ich **wäre gern** die Kommissarin.

 S. 96

b Passiv Präsens

	werden + Partizip II	
ich	werde …	abgeholt
du	wirst …	abgeholt
er, es, sie, man	wird …	abgeholt
wir	werden …	abgeholt
ihr	werdet …	abgeholt
sie, Sie	werden …	abgeholt

Der Koffer **wird gepackt**.

Peter **packt** den Koffer.

! werden + Partizip II

 S. 104

c Verben als Nomen

Aus Verben kann man Nomen machen:
lesen → das **Lesen**   **Beim Lesen** = wenn ich lese
aufstehen → das **Aufstehen**   **Beim Aufstehen** = wenn ich aufstehe
Zähne putzen → das **Zähneputzen**   **Beim Zähneputzen** = wenn ich Zähne putze

Beim Aufstehen denke ich **ans Zähneputzen**, beim Zähneputzen …

S. 102

G2 Artikel, Nomen und Präpositionen, Adverbien

Zeitangaben		
mit Präposition	mit Akkusativ	als Einzelwort (Adverb)
am Montag	**jeden** Montag	**montags** (= jeden Montag),
im März	**nächstes** Wochenende	**dienstags** …
um sechs Uhr	**letzte** Woche	**morgens, abends** …
		dann, danach, schließlich …

Im Jahr 2014 bekommt Malala den Friedensnobelpreis.

 S. 100

108 einhundertacht

GRAMMATIK

G3 Adjektiv

a Adjektivendungen Singular

Der neu**e** James Bond: **ein** fantastisch**es** Filmabenteuer!

> **Adjektivendungen Singular**
>
> **Hauptregel:** -en
>
> **Singularregel 1:**
> nach • der, das, die, eine → -e
>
> **Singularregel 2:**
> nach ein → • -er
> oder • -es

b Adjektivendungen Plural

James Bond? Nein, danke. Ich mag **keine** wild**en** Actionfilme, ich sehe lieber romantisch**e** Liebesfilme.

> **Adjektivendungen Plural**
>
> **Hauptregel:** -en
>
> **Pluralregel 1:**
> ohne Artikelwort im Nominativ und Akkusativ → -e

Ich sehe braun**e** Tische, rot**e** Stühle ...

21+22 REDEMITTEL

über Filme und Serien sprechen L21, S. 94

- Ich mag Actionfilme.
  Der Film spielt in der DDR im Jahr 1979.
  Es geht um die beiden Familien Wetzel und Strelzyk.
  Die Handlung war extrem spannend.
  Ich war begeistert.

- Ich mag Thrillerserien.
  Die Serie handelt von zwei Angestellten auf einer Plattform im Meer.
  Die Stuntaufnahmen haben mir sehr gut gefallen.
  Einige Szenen waren romantisch.
  Die Schauspieler waren prima.

Wünsche äußern L21, S. 96

- Wir hätten gern ein Video von dir.
- Ich wäre gern die Kommissarin.
- ich würde lieber einen Horrorfilm drehen.

über Wünsche anderer sprechen L21, S. 96

- Ich denke, du würdest gern mit deinen Freunden in den Urlaub fahren.
- Ja, ich schon, aber meine Eltern würden in den Ferien gern mit mir an den Bodensee fahren.

erzählen mit Zeitangaben L22, S. 100

- Seit meinem dritten Lebensjahr liebe ich Zahlen.
  Mit drei Jahren konnte ich bis 100 zählen.
  Zu meinem vierten Geburtstag habe ich ein Buch mit Rechenaufgaben bekommen.
  Am selben Tag habe ich alle Aufgaben gelöst.

- Letztes Wochenende wollte ich eine Freundin besuchen, sie hat mir den Weg zu ihrer Wohnung ganz genau erklärt.
  Aber dann bin ich in die falsche Richtung gegangen.
  Plötzlich wusste ich nicht mehr, wo ich war.
  Schließlich musste ich sie anrufen und nach ihrer Adresse fragen.

Abläufe beschreiben L22, S. 104

- Zuerst wird Wasser heiß gemacht.
  Dann werden Teeblätter hineingegeben.
  Schließlich wird der Tee getrunken.

einhundertneun **109**

23 A — Weißt du, wer das erfunden hat?

Ratten nagen auch Holz und Beton an.
1

Die Lotusblume: immer wunderschön
2

Der Haifisch: Seine Haut macht ihn im Wasser besonders schnell.
3

Ein Elefantenrüssel ist ein wunderbares Werkzeug.
4

Moderne Kleidung kann man leichter reinigen.
A

Roboterarme bauen Elektroautos zusammen.
B

Spezielle Schwimmanzüge machen neue Weltrekorde möglich.
C

Ein Messer, das nie stumpf wird.
D

A1 Original und Kopie

Welche Fotos 1–4 und A–D passen zusammen? Was meinst du?

> kopieren ≈ etwas 1:1 nachmachen
> erfinden ≈ eine Idee für etwas Neues haben
> • Trick ≈ mit einer guten Idee etwas einfacher machen
> senden ≈ schicken
> teilen ≈ Teile aus etwas machen

A2 Bionik AB 1

a Lies und hör den Text. Vergleiche die Informationen im Text mit deinen Vermutungen in a. ◀) 4/01

b Was ist Bionik? Wer war der erste Bioniker?

> Bionik ist …

LESEN | HÖREN | SPRECHEN | SCHREIBEN | WORTSCHATZ | GRAMMATIK

··· KOPIEREN ERLAUBT ···

Messer, die nie stumpf werden. Schwimmanzüge, die neue Schwimmrekorde möglich machen. Autos, die auch unter Wasser fahren ...
  Immer wieder stehen Technikerinnen und Techniker vor neuen Aufgaben. Auf manche Fragen hat aber die Natur schon originelle Antworten gefunden. Wir müssen diese Lösungen nur kopieren. An den Universitäten teilen sich die Fächer Biologie und Technik diese Arbeit. Die Biologen und Biologinnen forschen in der Tier- und Pflanzenwelt, die Technikerinnen und Techniker erfinden und bauen die neuen Materialien und Maschinen. Dieses neue Forschungsgebiet nennt sich Bionik, ein Mischwort aus **Bio**logie und Tech**nik**.
  Die Ergebnisse der Bionik sind fantastisch. Hier sind einige davon:
  Die Blätter der Lotusblume bleiben immer schön, kein Schmutz bleibt an ihnen hängen. Die Bionik hat den Trick der Lotusblume entdeckt. So können wir heute Kleider kaufen, die man besser sauber machen kann und die auch länger sauber bleiben.
  Wie kommunizieren Delfine unter Wasser? Die Kommunikation unter Wasser ist für Menschen sehr schwierig. Forscher und Forscherinnen haben entdeckt, dass Delfine einmal hohe Signale senden, dann tiefe. So funktioniert die Kommunikation unter Wasser besser. Inzwischen gibt es einen Computer, der die Kommunikationstechnik der Delfine benutzt. Ratten können Holz oder sogar Beton annagen. Ihre Zähne werden nie stumpf. Die Forscher wissen heute, wie die Tiere das machen. Sie haben ein Messer erfunden, das wie ein Rattenzahn funktioniert: ein Messer, das nie stumpf wird.
  Was kann man von den Fischen über das Schwimmen lernen? Auch diese Frage interessierte die Bionik. So hat man Schwimmanzüge erfunden, die wie die Haut des Haifisches funktionieren. Mit diesen Anzügen kann man viel schneller schwimmen. Bei Schwimmmeisterschaften sind sie aber verboten.
  Ein Elefantenrüssel ist ein wunderbares Werkzeug. Die Tiere können damit Wasser aufnehmen, aber auch Äste in großer Höhe erreichen. Sie können damit Bäume tragen und auch gegen ihre Feinde kämpfen. Die Bionik hat Roboterarme gebaut, die wie ein Elefantenrüssel funktionieren.
  Leonardo da Vinci (1452–1519) war vor fünfhundert Jahren wohl der erste Bioniker: Er wollte das Fliegen von den Vögeln lernen. Er selbst hat es nicht ganz geschafft. Doch heute fliegen wir in Flugzeugen um die Welt. Unsere Informationen über das Fliegen kommen aus der Natur.
  Und die Forscherinnen und Forscher sind sicher: Da sind noch viel mehr interessante Lösungen in der Natur, die wir kopieren können.

• Werkzeug

• Ast

Zeichnung, ca. 1505

c Ergänze die Sätze mit Informationen aus dem Text.

• stumpf

(A) Rattenzahn ★ (B) ~~Lotusblume~~ ★ (C) Rüssel ★ (D) Delfine ★ (E) Schwimmanzug
(F) ~~sauber~~ ★ (G) stumpf ★ (H) funktionieren ★ (I) schneller ★ (J) kommunizieren

• Anzug

Die Bionik hat entdeckt, ...
1 dass unsere Kleidungsstücke länger (F) bleiben, wenn wir für unsere Kleider den Trick der (B) benutzen.
2 dass man mit Computern unter Wasser besser (?) kann, wenn man dabei wie die (?) einmal hohe und einmal tiefe Signale benutzt.
3 dass Messer nie (?) werden, wenn sie wie ein (?) gebaut sind.
4 dass man (?) schwimmt, wenn der (?) wie eine Haifischhaut funktioniert.
5 dass Roboterarme besser (?), wenn sie wie die (?) von Elefanten gebaut sind.

A3 Vorbilder in der Natur

Was war wohl das Vorbild in der Natur für diese Erfindungen? Was meinst du? Sprich auch in deiner Muttersprache.

• Klettverschluss

• Salzstreuer

• Stacheldraht

> Ich denke, das Modell für den Klettverschluss war ein Tier, vielleicht ...

Lösung: S. 147

einhundertelf 111

23 B

B1 Erfindungen AB 2–6

a Ergebnisse der Bionik. Ordne zu.

1 Ein Schwimmanzug, (?)
2 Ein Messer, (?)
3 Eine Jacke, (?)
4 Autos, (?)

A die auch unter Wasser fahren.
B die man leicht reinigen kann.
C der neue Rekorde möglich macht.
D das nie stumpf wird.

Ein Messer, **das** nie stumpf wird.

Relativsatz

Ein Schwimmanzug.
Was für ein Schwimmanzug? Der Schwimmanzug macht neue Rekorde möglich.
Ein • Schwimmanzug, **der** neue Rekorde möglich **macht**.
Ein • Messer, • das …
Eine • Jacke, • die …
• Autos, • die …

b Finde die zehn Relativsätze im Text in **A2a**.

c Welche Erfindungen gibt es? Was meint ihr? Schreibt Relativsätze und ordnet zu.

Streichholz (nicht brennen) ★ Spielzeug (sich selbst aufräumen) ★
Feuerlöscher (unter Wasser funktionieren) ★
Kleiderschrank (Kleider für seinen Besitzer aussuchen) ★
Bleistifte (Radiergummi an beiden Enden haben) ★
Kugelschreiber (Texte übersetzen können) ★ Bild (Farbe wechseln) ★
Einkaufstüte (nach drei Monaten Wasser werden) ★
virtuelle Freundin (im Internet „leben")

Die Erfindung gibt es:
Ein Computer, der die menschliche Stimme versteht.

Die Erfindung gibt es nicht:
…

Lösung: S. 147

• Feuerlöscher • Einkaufstüte

nützlich ≈ man kann es gut brauchen

d Welche Erfindungen sind nützlich? Was meint ihr?

Ein Streichholz, das nicht brennt. Findest du so etwas nützlich?

Ich weiß nicht …

e Lies die Texte. Ergänze die fehlenden Relativsätze und ordne die passende Erfindung A–G zu.

A • Kaugummi
B • Klettverschluss
C • Kugelschreiber
D • Kaffeefilter
E • Klebstoff
F • Kaffeemaschine
G • Schreibmaschine

1 B
Schweiz, 1941: Georges de Mestral wandert in den wunderschönen Wäldern (?). Ihm gefällt sein Ausflug. Nur die Kletten (?), stören ihn. Doch dann wird er neugierig. Wie funktionieren Kletten eigentlich?

Wunderschöne Wälder liegen in der Nähe von Lausanne.
…, die in der Nähe von Lausanne liegen.

Die Kletten sind überall auf seinen Kleidern.
…, die überall auf seinen Kleidern sind

neugierig ≈ man möchte etwas unbedingt wissen

2 (?)
Ungarn 1938: Eine Zeitung wird gedruckt: Der Journalist Lázló Bíró sieht die großen Rollen (?). „Braucht man wirklich so große Maschinen?", denkt er sich und hat eine Idee …

Große Rollen bringen die schwarze Farbe auf das Papier. (?)

• Rolle

112 einhundertzwölf

LESEN | HÖREN | SPRECHEN | SCHREIBEN | WORTSCHATZ | GRAMMATIK

3 (?)
New York, 1869: Der Amerikaner Thomas Adams ist nicht zufrieden mit seinen Gummistiefeln. Das Material ist zu hart, die Schuhe sind unbequem. Er produziert einen Gummi (?). Doch die neuen Stiefel sind bald kaputt. Da steckt er ein bisschen Gummi in den Mund …

Der Gummi ist viel weicher. (?)

hart — weich

• Gummistiefel

4 (?)
Dresden 1908: Der Kaffee ist ja ganz gut. Aber das Kaffeepulver (?), stört die Hausfrau Melitta Benz. Sie hat eine Idee. Ihre Kinder haben doch diese praktischen Löschblätter (?) …

Das Kaffeepulver bleibt am Ende in der Tasse. (?)

Die Löschblätter helfen bei Tintenflecken. (?)

• Tasse
• Tintenfleck
• Löschblatt

B2 Fortschritt AB 7–12

a Was war das Vorbild in der Natur für diese Erfindungen? Ordne zu.

1 Schwimmanzug (?)
2 Kleidung (?)
3 Messer (?)
4 Kommunikation unter Wasser (?)

A der Trick des Lotusblumenblatts
B die Kommunikation der Delfine
C die Haut des Haifischs
D die Zähne der Ratte

Die Ergebnisse **der Bionik** sind fantastisch.

Genitiv

die Erfindung   Welche Erfindung?

des • Kaugummi**s**
des • Flugzeug**s**
der • Kamera
der • Streichhölzer

b Finde die fünf Genitive im Text in **A2a**.

c Welche Erfindung ist gemeint?

• Kontaktlinsen (Heinrich Wöhlk, Deutschland, 1940) ★
• Mountainbike (Gary Fisher, USA, 1973)
• Helikopter (Igor Iwanowitsch Sikorski, Russland, 1939) ★
• Geschirrspülmaschine (Josephine Cochrane, USA, 1886) ★
• Fallschirm (Faust Vrančić, Kroatien, 1597) ★
• Rolltreppe (Jesse Reno, USA, 1892)

• Kontaktlinse • Rolltreppe

1 Man kann mit dem Fahrrad steile Berge hinauf und hinunter fahren. (?)
2 Man steht still und bewegt sich doch nach oben. (?)
3 Teller und Gläser muss man nicht mehr mit der Hand abwaschen. (?)
4 Man muss keine Brille tragen und sieht doch gut. (?)
5 Man kann von sehr hoch oben auf die Erde springen. (?)
6 Das Fluggerät kann in der Luft stillstehen. (?)

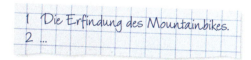

1 Die Erfindung des Mountainbikes.
2 …

PHYSIK

einhundertdreizehn 113

23 C

LESEN | HÖREN | SPRECHEN | SCHREIBEN | WORTSCHATZ | GRAMMATIK

C1 Die Erfindung des Computers AB 13–15

a Sieh das Bild an und ordne zu. Hör zu und vergleiche. 🔊 4/02

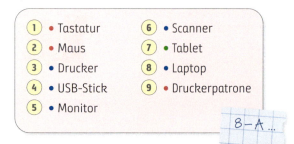

8 – A …

b Machen Handys und Computer zu viel Stress? Lies die Umfrage im Forum. Was meinen Pablo und Jelena?

Pablo meint, dass …

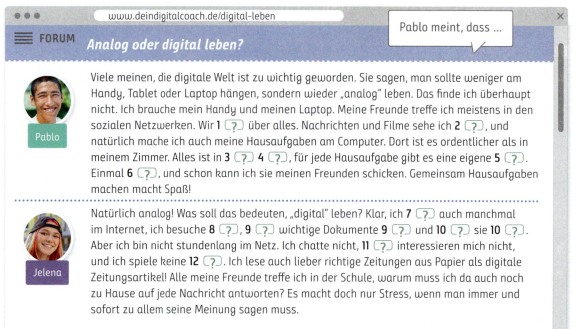

FORUM — Analog oder digital leben?

Pablo: Viele meinen, die digitale Welt ist zu wichtig geworden. Sie sagen, man sollte weniger am Handy, Tablet oder Laptop hängen, sondern wieder „analog" leben. Das finde ich überhaupt nicht. Ich brauche mein Handy und meinen Laptop. Meine Freunde treffe ich meistens in den sozialen Netzwerken. Wir 1 [?] über alles. Nachrichten und Filme sehe ich 2 [?], und natürlich mache ich auch meine Hausaufgaben am Computer. Dort ist es ordentlicher als in meinem Zimmer. Alles ist in 3 [?] 4 [?], für jede Hausaufgabe gibt es eine eigene 5 [?]. Einmal 6 [?], und schon kann ich sie meinen Freunden schicken. Gemeinsam Hausaufgaben machen macht Spaß!

Jelena: Natürlich analog! Was soll das bedeuten, „digital" leben? Klar, ich 7 [?] auch manchmal im Internet, ich besuche 8 [?], 9 [?] wichtige Dokumente 9 [?] und 10 [?] sie 10 [?]. Aber ich bin nicht stundenlang im Netz. Ich chatte nicht, 11 [?] interessieren mich nicht, und ich spiele keine 12 [?]. Ich lese auch lieber richtige Zeitungen aus Papier als digitale Zeitungsartikel! Alle meine Freunde treffe ich in der Schule, warum muss ich da auch noch zu Hause auf jede Nachricht antworten? Es macht doch nur Stress, wenn man immer und sofort zu allem seine Meinung sagen muss.

c Lies die Texte noch einmal und ergänze die Wörter. Hör dann die Texte und vergleiche. 🔊 4/03

Pablo: Ordner · speichern · online · anklicken · Datei · chatten

Jelena: soziale Netzwerke · Internetseite · surfen · ausdrucken · herunterladen · Computerspiele

d Sprecht über die Fragen und berichtet in der Klasse.

1 Lest ihr digitale Nachrichten immer sofort? Warum (nicht)?
2 Mehrere Tage ohne Handy und Computer leben, wie findet ihr das?
3 Wie viele Stunden sollte man täglich am Computer, Laptop oder Handy sein?
4 Welche Computerwörter auf dieser Seite kennt ihr schon? Wie merkt ihr euch die neuen Wörter?

LESEN | HÖREN | SPRECHEN | SCHREIBEN | WORTSCHATZ | GRAMMATIK   ALLTAGSSPRACHE **D 23**

D1 Im Kaufhaus. Wo bekommt man was? Macht Partnerdialoge.

- Shampoo
- USB-Stick
- Puppe
- Anzug
- Tennisbälle
- Drucker
- Staubsauger
- ...

Wo bekomme ich einen/ein/eine ...?

Im Erdgeschoss / ersten Stock ...

KAUFHAUS

3. Stock:	Spielzeug, Kinderkleidung
2. Stock:	Herrenbekleidung, Schreibwaren, Eingang Sporthaus
1. Stock:	Damenbekleidung, Kosmetik und Toilettenartikel, Ausgang Parkhaus
Erdgeschoss:	Elektronik, Computer
Untergeschoss:	Haushaltsgeräte, Geschirr

D2 Das Hochzeitsgeschenk AB 16–17

a Sieh die Fotos an. Wo sind Niklas und Mia? Was kauft Niklas?

b Hör den Dialog. In welcher Reihenfolge kommen die Gesprächsthemen im Dialog vor? 🔊 4/04

- A ? Felix' Charakter
- B ? Felix' Fragen
- C 1 Kundin an der Kasse
- D ? auf der Party
- E ? Bionik
- F ? Hochzeitsgeschenk
- G ? Mias Computer
- H ? Felix' Handynummer
- I ? Felix' und Mias Interessen

c Hör noch einmal. Wer sagt was? Welcher Satz passt zu welchem Thema in **b**? 🔊 4/04

Verkäuferin ★ Mia ★ Niklas

Person	Satz	Thema
?	Ein Geschenk, das wirklich nützlich ist. Ein Ergebnis der Bionik.	?
Verkäuferin	Zahlen Sie bar oder mit Kreditkarte?	C
?	Er tut sich mit Mädchen manchmal schwer, ... vor allem, wenn er sie mag.	?
?	Er meint, dass ihr euch für dieselben Sachen interessiert.	?
?	Er war echt nett, aber wir haben nur kurz geredet.	?
?	Ich brauche dringend ein Hochzeitsgeschenk für meine Schwester.	?
?	Er könnte den Computer schneller machen, wenn du das möchtest.	?
?	Ich rufe ihn an. Gib mir doch seine Nummer.	?
?	Warum hat er mich nicht selbst gefragt?	?

• bar
• Kreditkarte

d Warum will Mia Felix' Handynummer? Was meinst du?

Ich denke, Mia will, dass ...
Sie möchte vielleicht ...

einhundertfünfzehn 115

E1 Mia, Niklas und Felix AB 18–19

a Hör noch einmal das Gespräch von Mia und Niklas. Ergänze. 🔊 4/04

> Felix wollte wissen, …
> 1 _wie lange_ Niklas und Mia sich kennen.
> 2 (?) Mia wohnt.
> 3 (?) Mias Geschwister heißen.
> 4 (?) Mia gern hört.
> 5 (?) Mia einen festen Freund hat.
> 6 (?) Mia mit ihrem Computer zufrieden ist.

> Er hat gefragt, **ob** du mit deinem Computer zufrieden **bist**.

Weißt du's noch? S.144
Fragesätze

Indirekte Fragesätze

„**Ist** der Salzstreuer teuer?"

Niklas will wissen, **ob** der Salzstreuer teuer **ist**.

„**Wie viel kostet** der Salzstreuer?"

Niklas fragt, **wie viel** der Salzstreuer **kostet**.

b Was hat Felix gefragt? Schreib die Sätze in **a** in direkter Rede.

Felix:
1 „Wie lange … ?" …

E2 Monas Freund AB 20

a Was wollte Christine von Ruth wissen? Schreib indirekte Fragesätze.

1	Christine wollte wissen,	Monas neuen Freund – habe – ob – gesehen – ich – schon.
2	Christine hat mich gefragt,	Monas Freund – ist – wie alt.
3	Sie hat gefragt,	geht – auch in unsere Schule – ob – er.
4	Sie wollte wissen,	er – wie – aussieht.
5	Sie hat gefragt,	ob – hat – er – blonde Haare.
6	Sie wollte wissen,	heißt – wie – er – und – wie – ist – sein Familienname.

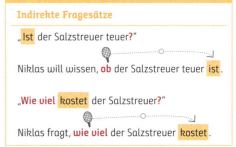

Ruth

Christine

1 Christine wollte wissen, ob ich Monas neuen Freund schon gesehen habe.
2 Christine hat mich gefragt, …

b Hör jetzt das Telefongespräch zwischen Christine und Ruth und notiere die Antworten. Wer ist Monas Freund? 🔊 4/05

E3 Gespräche im Klassenzimmer. Macht Partnerinterviews. S. 133

Partnerin/Partner **A** liest die Fragen auf dieser Seite, **B** liest die Fragen auf Seite 145. Fragt und antwortet. Ihr dürft die Antworten aber nicht aufschreiben. Ihr müsst sie euch merken. Sucht dann eine andere Partnerin / einen anderen Partner in der Klasse und erzählt, was ihr über eure erste Partnerin / euren ersten Partner wisst.

1 Hast du ein eigenes Zimmer?
2 Was hast du heute zum Frühstück gegessen?
3 Was hast du letzten Samstag gemacht?
4 Warst du schon einmal in Österreich oder in der Schweiz?
5 Kannst du dich an deinen ersten Schultag erinnern?

Ich habe Pedro gefragt, ob er …

Er hat gesagt, dass …

sich erinnern ≈ an etwas denken, das früher war

AB 21–22

LESEN | HÖREN | SPRECHEN | SCHREIBEN | WORTSCHATZ | GRAMMATIK

PLUS 23

1 Evolution in Natur und Technik

a Seht die Bilder an und lest die Fragen.

1 Warum haben die Fledermaus, der Pinguin und der Mensch gleich viele Handknochen?

• Fledermausflügel   • Pinguinflosse   • Handknochen

2 Wer ist der gemeinsame Verwandte unserer Autos?

• Pferdekutsche

3 Warum gibt es heute so viele Automarken?

b Lies und hör den Text. Beantworte dann die Fragen in **a**. 4/06

> Die Fledermaus und der Pinguin haben einen gemeinsamen Verwandten. Deshalb …

Hand in Hand mit Fledermaus und Pinguin

Was haben der Flügel der Fledermaus, die Flosse des Pinguins und die Hand des Menschen gemeinsam? Kaum zu glauben: Der Fledermausflügel, die Pinguinflosse und die Menschenhand haben genau gleich viele Knochen.
5 Wie kann man das erklären?

Fledermaus, Pinguin und Mensch haben wohl alle einen gemeinsamen Verwandten, der vor Millionen Jahren gelebt hat. Seine Nachkommen mussten im Wasser, an Land und in der Luft überleben. Sie sahen alle ähnlich aus, trotzdem
10 gab es schon von Geburt an kleine Unterschiede zwischen ihnen. Die Biologen nennen diese natürlichen Veränderungen zwischen den Generationen Mutationen. Manche Mutationen waren gut für das Überleben, manche waren weniger gut. Die Biologen nennen diesen Prozess Evolution.
15 Evolution gibt es aber nicht nur in der Natur, sondern auch in der Technik. So wie Pinguin und Mensch haben beispielsweise auch unsere Autos einen gemeinsamen Verwandten: die Pferdekutsche. Mit der Zeit haben die Techniker unsere Autos immer wieder verändert. Einige
20 Veränderungen waren für die Autofahrer nicht so toll. Diese Autos konnten auf dem Automarkt nicht überleben, die Autofirmen konnten sie nicht verkaufen. Viele andere Veränderungen waren für die Käufer aber positiv. Deshalb gibt es heute auch Elektro-
25 autos. Sie sehen fast genauso aus wie Autos, die wir alle schon lange kennen. Aber sie sind viel besser für unsere Umwelt.

• Umwelt = die Welt, in der wir leben

2 Tagebücher

a Lies Timos Tagebucheintrag. Was ist Timos Problem?

> *Freitag*
> Mona hat mich gefragt, ob wir am Samstag in den Club gehen.
> In der Pause habe ich Julian gesehen. Er wollte wissen, ob wir im Feriencamp in einem Zelt mit Kevin und Mario schlafen.
> Kevin ist okay, aber Mario!? Ich habe Julian gefragt, was er am Samstag macht. Er hat sofort gesagt, dass er keine Zeit hat. Er will Mona fragen, ob sie mit ihm in den Club geht. Ich glaube, das gibt ein Problem …

b Schreib einen Tagebucheintrag für dich oder für Mia, Niklas oder Felix.

> *Donnerstag*
> … hat mich gefragt, ob/wann/warum/…
> … wollte wissen, wie/wo/…
> Ich habe … gefragt, was/…
> … hat gesagt, dass ….

ROSI ROT & WOLFI

einhundertsiebzehn **117**

24 A — Wo liegt Atlantis?

Homer war ein griechischer Dichter. Er lebte um ca. 800 vor Christus. In seiner weltberühmten „Ilias" erzählt er von einem langen, schrecklichen Krieg um die Stadt Troja. Homer hat Troja nie gesehen, denn der Trojanische Krieg war 500 Jahre vor seiner Zeit. Bis heute fragen sich die Forscher: Hat es den Krieg um Troja wirklich gegeben?

WIE ES ZUM KRIEG UM TROJA KAM …

Helena, die schönste Frau der Antike, ist mit dem griechischen König Menelaos verheiratet. Auf einem Fest lernt sie Paris kennen. Er ist der Sohn von Priamos, und Priamos ist der König von Troja. Bald entdecken Paris und Helena, dass sie sich lieben. Gemeinsam wollen sie in Troja ein neues Leben beginnen. Menelaos ist wütend. Mit Hunderten Schiffen segeln die Griechen nach Troja und wollen Helena zurückholen …

A1 Der Krieg um Troja

Was wisst ihr über den Trojanischen Krieg?
Lest die beiden Texte und beantwortet dann die Fragen.

- A Paris
- B ~~Achilles~~
- C Priamos
- D Menelaos
- E Odysseus
- F Helena
- G Homer

Antike ≈ Zeit zwischen 3000 v. Chr. und 400 n. Chr. im Mittelmeerraum
klug ≈ intelligent
zerstören ≈ kaputt machen

1 Wie heißt der Dichter, der vor fast 3000 Jahren die Geschichte von Troja schrieb?
2 Wie heißt die schönste Frau der Antike?
3 Wie heißt der Königssohn, der Helena nach Troja gebracht hat?
4 Wie heißt der König der Trojaner?
5 Wie heißt der griechische König, der seine Ehefrau aus Troja zurückholen wollte?
6 Wie heißt der größte Held der Griechen? — B
7 Wie heißt der kluge griechische Held, der den Trojanischen Krieg entschieden hat?

GAB ES TROJA WIRKLICH?

1

Am Strand steht ein riesiges Pferd aus Holz. Die griechischen Schiffe sind fort. Der Krieg ist zu Ende. Das denken zumindest die Menschen in Troja. Sie bringen das Pferd in die Stadt und feiern ein großes Fest. Doch in dem riesigen Holzpferd sind griechische Soldaten versteckt. Schließlich schlafen alle Trojaner. Da klettern die Griechen aus dem Pferd, öffnen die Stadttore und lassen ihre Kameraden in die Stadt. Fast alle Trojaner werden getötet, Troja wird zerstört. So erzählt der griechische Dichter Homer im Jahr 730 vor Christus das Ende der Stadt Troja.

2

Wer kennt Homers Helden nicht: Odysseus, die schöne Helena, Paris …? Die Geschichte vom Ende Trojas fasziniert auch heute noch die Menschen. Viele Filme erzählen die Geschichte auch für jugendliche Zuschauer und Zuschauerinnen. Doch hat es Troja wirklich gegeben? Hat der Trojanische Krieg wirklich stattgefunden? Und wenn ja: Wo war diese wunderbare Stadt?

3

Heinrich Schliemann ist ein deutscher Kaufmann. Er macht gute Geschäfte in den USA und in Russland und verdient sehr viel Geld. Doch die Wissenschaft interessiert ihn viel mehr. Mit fünfundvierzig Jahren fängt Schliemann an, in Paris Sprachen und Philosophie zu studieren. Er liest Homers Geschichten in der Originalsprache, und er beschließt, Troja zu finden. Heinrich Schliemann fährt in die Türkei und beginnt, nach der antiken Stadt zu suchen. Und Schliemann hat Glück. In Hisarlik findet er einen hohen Hügel. Er beginnt dort zu graben und bald ist klar: Homers Troja ist nicht erfunden. Schliemann entdeckt die Stadtmauern und später auch die Schatzkammer des trojanischen Königs Priamos. Die Beschreibungen in Homers Erzählung passen genau zu seinen Entdeckungen.

4

Auch heute noch, 150 Jahre später, arbeiten Archäologen in Troja. Natürlich suchen sie nicht das Pferd des Odysseus. Sie möchten wissen, wie die Menschen damals gelebt haben. Ob es den Trojanischen Krieg wirklich gegeben hat, das wissen die Forscher aber auch heute noch nicht ganz genau.

A2 Troja damals und heute   AB 1

a Welches Foto passt? Ordne zu.

1. Heinrich Schliemann (1822–1890)
2. Troja wird im Trojanischen Krieg zerstört.
3. Helena und Paris im Film „Troja"
4. Ausgrabungen in Hisarlik: Auch heute noch haben die Archäologen viele Fragen.

graben

b Lies und hör den Text. Welches Foto passt zu welchem Textabschnitt? 4/07

c Lies den Text noch einmal und beantworte die Fragen.

1. Wie konnten die Griechen den Krieg um Troja gewinnen?
2. Was war Heinrich Schliemann von Beruf? Welche Ausbildung hat er gemacht?
3. Wo hat Schliemann die Stadt Troja gesucht?
4. Was hat Schliemann dort gefunden?
5. Warum sind heute noch Archäologen in Hisarlik?
6. Was weiß man heute über den Trojanischen Krieg?

d Alles nur erfunden – oder vielleicht wirklich passiert? Sprecht auch in eurer Muttersprache.

- Romeo und Julia
- James Bond
- Titanic
- Harry Potter
- Kleopatra
- Alice im Wunderland
- Rotkäppchen
- Aladin und die Wunderlampe
- Pippi Langstrumpf
- King Kong
- Das Monster von Loch Ness
- …

Ich glaube, die Geschichte von Romeo und Julia ist wirklich passiert.

Nein, das ist erfunden.

Ja, das glaube ich auch.

einhundertneunzehn

24 B

B1 Wörter durch den Kontext verstehen AB 2

a Lies die Sätze. Welche Wortart ist das unterstrichene Wort? Ordne zu.

 Am Strand steht ein **riesiges** Pferd aus Holz.

1 Schließlich <u>schlafen</u> (?) alle Trojaner. Da klettern die Griechen aus dem Pferd.
2 Am <u>Strand</u> (?) steht ein riesiges Pferd aus Holz.
3 Er liest Homers Geschichten <u>in</u> (?) der Originalsprache.
4 Heinrich Schliemann ist ein <u>deutscher</u> (?) Kaufmann.
5 Er beginnt dort <u>dort</u> (D) zu graben.

A Nomen B Verb
C Adjektiv D ~~Adverb~~
E Präposition

b Such die Wörter im Text in **A2b** und finde die Wortarten. Kannst du die Bedeutung der Wörter erraten? Übersetze die Wörter in deine Muttersprache.

Wenn du ein Wort aus dem Kontext verstehen willst, solltest du zuerst die **Wortart** erkennen.

	1	2	3	4	5	6	7	8
	riesiges	zumindest	Soldaten	Kameraden	fasziniert	stattgefunden	beschließt	Hügel
Wortart	(?)	Adverb	(?)	(?)	(?)	(?)	(?)	(?)
Übersetzung	(?)	(?)	(?)	(?)	(?)	(?)	(?)	(?)

B2 Wörter durch Wortbildung verstehen

a Nomen mit *-er, -in* und *-ung*. Finde im Text in **A2b** Nomen, die die folgende Bedeutung haben:

Nomen mit **-er** oder **-in** = Person
Nomen mit **-ung** = Sache

1 ein Mann, der zuschaut: *Zuschauer*
2 eine Frau, die zuschaut: (?)
3 ein Text, der etwas beschreibt: (?)
4 etwas, das erzählt wird: (?)
5 etwas, das entdeckt wird: (?)
6 eine Person, die nach wissenschaftlichen Informationen forscht: (?), (?)

b Bilde Nomen mit *-er, -in* oder *-ung*.

1 fahren (Person): *der Fahrer, die Fahrerin*
2 Musik (Person): (?), (?)
3 anfangen (Person)! a → ä: (?), (?)
4 ausgraben (Sache): (?)
5 erfahren (Sache): (?)
6 sammeln (Sache und Person)! e → ¢: (?), (?), (?)
7 prüfen (Sache und Person): (?), (?), (?)
8 zerstören (Sache): (?)

c Lies die Sätze und ergänze Nomen aus **b**.

1 Nach der *Zerstörung* Trojas beginnt die lange Fahrt des Odysseus.
2 An der Pariser Universität muss Schliemann (?) in Latein und Griechisch schaffen.
3 Schliemanns (?) in Hisarlik sind eine Sensation.
4 Die (?) in der Türkei helfen Schliemann auch bei anderen Projekten.
5 Das Museum in Berlin hat eine große (?) mit Gegenständen aus Hisarlik.

d Zusammengesetzte Wörter. Finde folgende Wörter im Text in **A2b**.

1 ein Pferd aus Holz: *Holzpferd*
2 die Tore der Stadt: (?)
3 die Sprache des originalen Textes: (?)
4 die Mauern der Stadt: (?)
5 eine Kammer mit einem Schatz : (?)

120 einhundertzwanzig

B3 „Atlantis" und „El Dorado" AB 3–7

a Lies die beiden Texte schnell und ignoriere die hell markierten (= unbekannten) Wörter. Beantworte dann die Fragen.

1. Was war Atlantis? Wo war Atlantis? Hat es Atlantis wirklich gegeben?
2. Wer war El Dorado? Wer war Francisco de Orellana? Hat es El Dorado und sein Land wirklich gegeben?
3. Was haben die Geschichten von Troja, Atlantis und El Dorado gemeinsam?

Ist Santorin das versunkene „Atlantis"?

PLATOS ATLANTIS

Im vierten Jahrhundert vor Christus beschreibt Plato, ein griechischer Philosoph, die Stadt Atlantis. Atlantis, so Plato, war eine ringförmig angelegte Stadt mit breiten Wasserwegen. In der Nähe der Stadt weideten Elefanten. Im Jahr 9000 vor Christus wurde die Stadt laut Plato bei einer Katastrophe zerstört. Platos detailgenaue Beschreibung hat viele Wissenschaftlerinnen und Wissenschaftler dazu gebracht, Atlantis zu suchen. Einige vermuten die Stadt am Meeresgrund in der Nähe von Malta. Einige Forscher glauben, dass die griechische Insel Santorin das versunkene Atlantis ist. Sogar vor den Bahamas und vor Kuba wird Atlantis vermutet. Doch Beweise fehlen. Bis heute ist die Suche nach Platos idealer Stadt erfolglos. Vielleicht war sie auch nur eine Erfindung Platos.

A

Archäologen entdecken „Terra Preta"

EIN KÖNIG GANZ IN GOLD

Hat es El Dorado wirklich gegeben? Viele Jahrzehnte lang suchten spanische Eroberer das Land des „goldenen Königs" in Südamerika. Im Jahr 1540 glaubte der Konquistador Francisco de Orellana, dass er El Dorado gefunden hat. In seinem Tagebuch hat er reiche, wunderbare Städte im Amazonasgebiet beschrieben. Spanische Schiffe, die einige Jahre später El Dorado besuchen wollten, konnten dort allerdings keine Städte und Straßen finden, sondern nur Urwald. Waren Orellanas Geschichten falsch, war er ein Lügner? Heute, fast 500 Jahre später, suchen Archäologinnen und Archäologen im Amazonasgebiet nach Orellanas El Dorado, und sie haben Erfolg: Sie finden die Überreste von Straßen, Städten und Dörfern. Sie finden kein Gold, aber etwas viel Wertvolleres: Terra Preta. Diese fruchtbare „schwarze Erde" des Amazonas war für sie wertvoller als Gold. Und die Wissenschaftler meinen, sie könnte auch heute noch helfen, den Regenwald zu retten.

B

b Lies noch einmal Text **A**, deine Partnerin / dein Partner liest Text **B**.
Welche hell markierten Wörter könnt ihr verstehen? Versucht, einige hell markierte Wörter aus dem Kontext oder durch Wortbildung zu verstehen.
Erklärt eurer Partnerin / eurem Partner die Wörter.

> Ich glaube, „ringförmig" bedeutet „so wie ein Ring", also wie ein Kreis.

> Ich glaube, ein Eroberer ist ein Konquistador.

C1 Entdecker und Entdeckerinnen aus Europa AB 8–12

a Was stimmt? Ordne die Satzhälften zu.

1 Heinrich Schliemann hat keine Lust, (?)
2 Deshalb ist es für ihn einfach, (?)
3 Mit fünfundvierzig Jahren beginnt er, (?)
4 Heinrich Schliemann versucht, (?)

A in der Türkei die antike Stadt Troja zu finden.
B sein ganzes Leben Kaufmann zu sein.
C seinen Beruf als Kaufmann aufzugeben.
D in Paris Sprachen und Philosophie zu studieren.

Er **beschließt**, Troja **zu finden**.

b Was haben die Entdecker vorgehabt, versprochen, versucht …?
Ordne zu und finde die Expeditionen auf der Karte.

1 Der Italiener Christoph Kolumbus verspricht dem spanischen König, (?)
2 Der Portugiese Ferdinand Magellan hat vor, (?)
3 Im Jahr 1769 beginnt der Brite James Cook, (?)
4 Im Jahr 1896 beschließt Mary Henrietta Kingsley, (?)
5 Im Jahr 1911 schafft es der Norweger Roald Amundsen als Erster, (?)

Infinitivsätze

Er **versucht**, die Stadt ^Aktion^ **zu** finden.

Es ist wichtig, die Arbeit in Hisarlik ^Aktion^ fort**zu**setzen.

! fort**zu**setzen, auf**zu**geben, vor**zu**bereiten …

---
vorhaben ≈ planen
versprechen ≈ sagen, dass man etwas sicher macht
versuchen ≈ ausprobieren

A eine Expedition in den Pazifik vorzubereiten. Ein Jahr später entdeckt er Australien und Neuseeland.
B den Südpol zu erreichen.
C eine Durchfahrt vom Atlantik zum Pazifik zu finden. 1520 entdeckt er die Magellanstraße.
D eine Seestraße nach Indien zu finden. 1492 entdeckt er Amerika.
E ein Buch über ihre Reisen nach Westafrika zu schreiben. Das Buch wird ein großer Erfolg.

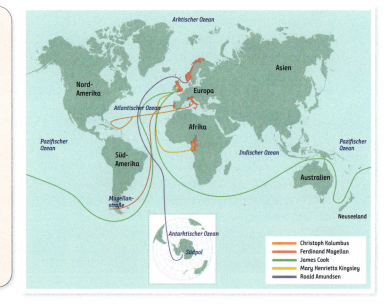

c Lies die Satzteile links und rechts im Kasten.
Schreib fünf Sätze, die zu dir passen.

Es macht Spaß, …
Ich habe Lust, …
Es muss wunderbar/langweilig … sein, …
Ich habe vor, …
Es ist schön/schrecklich/unmöglich/wichtig …, …
Ich habe beschlossen, …

Aktion

zum Mond fliegen
zu Fuß zum Nordpol gehen
als Archäologe arbeiten
den Amazonas erforschen
an einem Marathon teilnehmen
ein ganzes Jahr alleine wegfahren …

Ich habe beschlossen, an einem Marathon teilzunehmen.

d Lest eure Sätze vor und sucht Gemeinsamkeiten.
Berichtet in der Klasse.

LESEN | HÖREN | SPRECHEN | SCHREIBEN | WORTSCHATZ | GRAMMATIK   ALLTAGSSPRACHE D 24

D1 Die schöne Helena AB 13–14

a Lies den Text in **A1** auf Seite 118 „Wie es zum Krieg um Troja kam …" noch einmal. Ergänze dann die Zusammenfassung.

Paris (3 x) ★ Menelaos (3 x) ★ Helena (2 x) ★ Odysseus

Die schöne (?) ist mit (?) verheiratet. Doch sie verliebt sich in (?).
(?) ist der Sohn des Königs von Troja. (?) bringt (?) nach Troja. (?) ist wütend.
(?) hilft (?). So beginnt der Trojanische Krieg.

b Hör den Text und ordne den Fotos A–D die richtigen Namen zu. 🔊 4/08

① Ella ★ ② Finn ★ ③ Eros ★ ④ Leon

Sonnenschirm

A   B   C   D

c Wer ist in der Geschichte vielleicht Helena, Paris, Menelaos und Odysseus?

> Leon ist vielleicht Menelaos. Er …

d Hör noch einmal. Welcher Satz 1–6 passt zu welcher Aussage A–F aus dem Text? 🔊 4/08

1 Ella kennt die Geschichte von Odysseus nicht. (?)
2 Ella mag Eros. (?)
3 Ella gefällt Finns Meinung nicht. (?)
4 Finn will Leon helfen. (?)
5 Eros findet Ella schön. (?)
6 Ella will Leon wiedersehen. (?)

A Ella: Er bringt mir jeden Tag Weintrauben … sogar an den Strand.
B Finn: … Das ist der mit dem Pferd.
C Ella: Ich schreib' ihm dann eine Nachricht.
D Ella: Was fängt so an? … Du bist blöd, Bruderherz.
E Finn: Leon fragt mich jeden Tag, wie's dir geht.
F Finn: Wie nennt er dich? … Er nennt dich Helena?

e Welches Diagramm (A oder B) passt zur Situation von Ella, Eros, Leon und Finn? Warum? Erkläre.

A   B

> Ich finde, das Diagramm … passt.
> Finn …
> In Diagramm … Das stimmt nicht.

f Drei Wochen später und ein Jahr später: Zeichnet zwei Beziehungsdiagramme mit Ella, Eros, Leon und Finn. Erklärt eure Diagramme in der Klasse.

Hier sieht man, dass …
Zuerst …, zwei Wochen später …
Nach einem Jahr …
Zuerst …, dann …, schließlich

In der Zwischenzeit …
Leider / Zum Glück …
… hat gesagt, dass … Deshalb …
Vielleicht …

einhundertdreiundzwanzig 123

24 E

LESEN | HÖREN | SPRECHEN | SCHREIBEN | WORTSCHATZ | GRAMMATIK

E1 Geben, nehmen und sagen ... AB 15–20

a Ella, Finn, Eros oder Leon? Ergänze die Namen und schreib Sätze wie im Beispiel.

1 (?) bringt (?) Weintrauben
2 (?) holt (?) einen Sonnenschirm.
3 (?) will (?) seine Heimatinsel zeigen.
4 (?) schreibt (?) eine Nachricht.

Er **bringt sie mir** sogar an den Strand.

Verben mit Dativ und Akkusativ

Eros bringt Ella einen Sonnenschirm.
Er bringt Wem? Person = Dativ ihr Was? Sache = Akkusativ einen Sonnenschirm.
Er bringt ihn Ella. ! Pronomen vor Nomen
Er bringt ihn ihr. ! Akkusativpronomen vor Dativpronomen

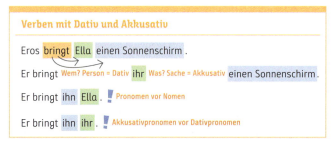
1 Eros bringt Ella Weintrauben. Er bringt ihr Weintrauben. Er bringt sie Ella. Er bringt sie ihr.

b Hör zu. Welches Problem passt zu welcher Situation? 🔊 4/09

A Die Druckerpatronen sind aus.
B Wer holt die Cola?
C Jemand hat Grippe.
D Die Milch ist sauer und der Zucker ist in der Küche.

Situation 1 (?)
Situation 2 (?)
Situation 3 (?)
Situation 4 (?)

Grippe ≈ Krankheit mit Fieber und Kopfschmerzen
sauer ≠ süß, *hier:* schlecht

c Hör noch einmal, ergänze die Nomen aus dem Kasten und finde die passenden Pronomen. 🔊 4/09

~~Cola~~ ★ Tablette ★ Zucker ★ Druckerpatronen

Situation 1
○ Dort drüben steht meine Cola. Gib sie (?), bitte.
◆ Hol (?) (?) doch selbst.

Situation 2
○ Lena ist krank. Hier ist eine (?). Bring (?) (?) bitte.
◆ Natürlich, ich bringe (?) (?) sofort.

Situation 3
○ Der (?) ist noch in der Küche. Ich bringe (?) (?) sofort.
◆ Danke, ich kann (?) (?) selbst holen.

Situation 4
○ Ich brauche dringend (?). Hol (?) (?) bitte.
◆ Maya soll (?) (?) holen.

d Schreibt möglichst viele Zettel mit persönlichen Situationen wie im Beispiel. Tauscht die Zettel. Eure Partnerin / Euer Partner liest eure Zettel und ergänzt Punkt 4. Lest eure Vermutungen vor und erzählt, wie die Situation wirklich war. → S. 133

schenken ★ erzählen ★ kaufen ★ ausleihen ★ erklären ★ zeigen ★ wegnehmen

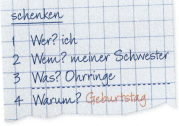
schenken
1 Wer? ich
2 Wem? meiner Schwester
3 Was? Ohrringe
4 Warum? Geburtstag

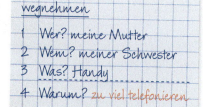
wegnehmen
1 Wer? meine Mutter
2 Wem? meiner Schwester
3 Was? Handy
4 Warum? zu viel telefonieren

Du hast deiner Schwester Ohrringe geschenkt. Ich glaube, sie hatte Geburtstag.

Nein, sie ...

 AB 21–23

124 einhundertvierundzwanzig

LESEN | HÖREN | SPRECHEN | SCHREIBEN | WORTSCHATZ | GRAMMATIK

PLUS 24

1 Fantasie und Wirklichkeit

a Lest den Text über Ida Pfeiffer. Partner/-in **A** liest den Text auf dieser Seite. Partner/-in **B** liest den Text auf Seite 146. Ergänzt die fehlenden Informationen. Fragt und antwortet euch gegenseitig.

"Wann lebte Jules Verne?"

1	im 19. Jahrhundert	7	[?]
3	[?]	9	[?]
5	[?]

b Hört den Text und vergleicht. 🔊 4/10

2 Forschen und entdecken

a Lies den Steckbrief im Schülerforum. Was wollte Thor Heyerdahl mit seiner wichtigsten Expedition zeigen?

b Sammle Informationen über eine Forscherin/Entdeckerin oder einen Forscher/Entdecker. Schreib einen Steckbrief für das Schülerforum wie in **a**.

- Ann Bancroft (Polarforscherin) ★
- Neil Armstrong (Mond) ★
- John Byron (Südsee) ★
- Heinrich Harrer (Tibet) ★
- Bertrand Piccard (Ballonreisender) ★
- Catalina de Erauso (Südamerika) ★ ...

1 Welche Expeditionen haben die Forscher in ihrem Leben gemacht?
2 Was war die wichtigste Expedition?
3 Was wollten sie zeigen oder beweisen?
4 War die Expedition erfolgreich?

AB 24–30

Ida Pfeiffer und die Bücher des Jules Verne

Jules Verne lebte 1 *Wann?*. Er schrieb fantastische Reiseerzählungen. Vielleicht kennt ihr Jules Vernes Geschichten auch aus Filmen wie „In 80 Tagen um die Welt" oder „30.000 Meilen unter dem Meer". Die Ideen dafür holte er sich aber 3 *Von wem?*. Fast alle von ihnen waren Männer. Doch es gab auch eine Frau: die Österreicherin Ida Pfeiffer.
Mit 44 Jahren begann sie, fremde Länder zu erforschen. Sie reiste nach Palästina, Ägypten, Amerika und Madagaskar. Sie unternahm 5 *Was?*. Dabei erforschte sie Vulkane auf Island und den Dschungel Borneos. Sie traf Könige, sah Sklavenmärkte und ging in Indien auf Tigerjagd. 7 *Wo?* besuchte sie das Volk der Batak, die man damals für Menschenfresser hielt. In dreizehn Büchern erzählte Ida Pfeiffer später von ihren Reisen. Auch Jules Verne kannte ihre Berichte und schrieb gern von ihr ab. Es durfte aber damals wohl niemand wissen, dass der berühmte Jules Verne von einer Frau abschrieb. Denn Jules Verne selbst sprach immer nur von männlichen Entdeckern und Weltreisenden, die für seine Bücher wichtig waren. 9 *Wen oder was?* nannte er nie.

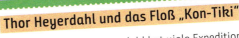

Thor Heyerdahl und das Floß „Kon-Tiki"

* 1914 Norwegen
† 2002 Italien

Expeditionen: Thor Heyerdahl hat viele Expeditionen gemacht, zum Beispiel nach Polynesien, zu den Galapagos-Inseln und auf die Osterinseln.

Wichtigste Expedition: Die berühmteste Expedition war die Kon-Tiki-Expedition im Jahr 1947. Heyerdahl wollte mit fünf anderen Forschern zeigen, dass man mit einem ganz einfachen Floß (12 Meter lang und 5 Meter breit) von Südamerika nach Polynesien segeln kann. So konnte er beweisen, dass die Menschen in Polynesien vor vielen Jahren aus Südamerika kamen. Nach 101 Tagen und fast 7000 Kilometern erreichten Heyerdahl und fünf andere Forscher Polynesien.

Bücher und Filme: Das Buch „Kon-Tiki" ist ein Bestseller. Der Film über die Expedition hat im Jahr 1951 einen Oscar gewonnen.

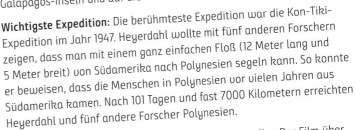

ROSI ROT & WOLFI

"Was machst du da, Wolfi?" — "Ich versuche, Aladins Schatzkammer zu finden."
"Aber das ist doch nur ein Märchen." — "Warum? Ich bin ja auch echt, oder?"

LÄNDER & LEUTE 23+24 — Fantasie und Realität

LL1 Fakten und Beispiele

a Die Loreley. Lies die Texte und die Aussagen. Was ist richtig?

Warum gibt es Märchen und Sagen?

Manches in der Welt und im Leben können wir nur schwer erklären. Wir fragen uns, warum Landschaften ein bestimmtes Aussehen haben. Wir wollen wissen, warum Katastrophen passieren. Wir können nicht verstehen, warum Menschen sterben müssen. Oft erfinden wir dann Geschichten. Diese Sagen oder Märchen sind nicht wahr, aber fantasievoll und interessant. •••

Die Sage: Die Loreley

Die Loreley ist eine wunderschöne Frau. Sie sitzt auf einem Hügel, direkt am Rhein. Der Hügel heißt Loreley-Felsen. Dort singt sie ein wunderschönes Lied und kämmt ihr blondes Haar. Auf dem Rhein fahren Schiffe. Die Männer auf den Schiffen sehen die Frau auf dem Felsen und hören ihr Lied. Sie können sich deshalb nicht mehr auf ihre Arbeit konzentrieren. Das Schiff fährt gegen den Loreley-Felsen, und die Männer verlieren ihr Leben. So erzählt ein Gedicht von Heinrich Heine die Geschichte der Loreley. •••

Die Realität: Der Loreley-Felsen

Den Loreley-Felsen gibt es wirklich. Er liegt bei Sankt Goarshausen direkt am Rhein. Der Fluss ist dort sehr eng, und es ist für die Schiffe schwierig, ohne Probleme um den Felsen zu fahren. Auch heute noch müssen dort Lichtsignale den Schiffsverkehr regeln. Früher verloren viele Schiffer im Rhein bei Sankt Goarshausen ihr Leben. Auch kann man ein starkes Echo hören, wenn man vom Fluss in Richtung Loreley-Felsen ruft. Doch eine schöne Frau mit dem Namen Loreley hat es nie gegeben.

• Echo

1. Die Loreley ist (?) ein Felsen. (?) eine Frau. (?) ein Schiff.
2. Die Loreley (?) tanzt. (?) fährt in einem Schiff. (?) singt ein Lied.
3. Der Loreley-Felsen ist (?) erfunden. (?) eine gefährliche Stelle am Rhein. (?) ein Echo.
4. Die schöne Frau auf dem Loreley-Felsen (?) hat es gegeben. (?) hat es nicht gegeben. (?) gibt es noch heute.

b Hör zwei weitere Sagen aus Österreich und der Schweiz. Welche Aussagen sind richtig? 🔊 4/11–12

Der liebe Augustin
1. Der liebe Augustin ist (?) ein Gast. (?) ein Musiker. (?) krank.
2. Tausende Menschen (?) sterben, (?) feiern, (?) singen, weil es in Wien die Pest gibt.
3. Augustin schläft (?) zwischen toten Menschen (?) im Gasthaus (?) auf der Straße ein.
4. Augustin lebt nach der bösen Nacht (?) nicht mehr. (?) noch eine kurze Zeit. (?) noch sechs Jahre.

Der Riese Gargantua
5. Die Sage erzählt, wie das Matterhorn seine (?) Form (?) Höhe (?) Gefährlichkeit bekam.
6. Gargantua lebte in (?) Italien. (?) der Schweiz. (?) Frankreich.
7. Gargantua zerstörte (?) Städte. (?) eine Gebirgswand. (?) einen Berg.
8. (?) Ein Rathaus (?) Ein Bahnhof (?) Eine Schweizer Schokolade sieht wie das Matterhorn aus.

c Macht ein Quiz. Stellt Fragen mit „Wer ...?" Antwortet mit *Loreley, Augustin* oder *Gargantua*.

> Wer lebte in Italien?

> Gargantua. Wer ...?

LL2 Und jetzt du!

Beantwortet die Fragen. Macht Notizen und erzählt die Sagen oder Märchen.

1. Welche Märchen und Sagen gibt es in eurem Heimatland?
2. Was erklären oder beschreiben sie?

Erfindungen präsentieren — 23+24 PROJEKT

P1 Sammelt Ideen und Informationen.

a Wählt ein Thema und sammelt weitere Erfindungen zu eurem Thema.

> **Essen und Trinken:** Herd, Mikrowelle …
> **Verkehr:** Rad, Fahrrad, Auto, Flugzeug …
> **Gesundheit:** Brille, Fieberthermometer …
> **Freizeit und Sport:** Fernseher, Smartphone, Mountainbike …

> **Kleidung und Kosmetik:** Waschmaschine, Bügeleisen …
> **Schule und Büro:** Kugelschreiber, Schere …
> …

b Wählt eine Erfindung aus **a** aus. Lest die drei Fragen und sammelt Argumente wie im Beispiel. Sammelt auch Bilder, die zu den Argumenten passen.

1 Warum ist eure Erfindung wichtig und nützlich?

> Mit dem Flugzeug kann man schnell und weit reisen. Flugzeuge sind wichtig für die Wissenschaft. Man kann die Erde und die Atmosphäre erforschen. Flugzeuge können schnell Hilfe bringen. Sie sind wichtig für den Tourismus.

2 Warum ist sie nützlicher als andere Erfindungen?

> Fliegen ist bequem. Man kann im Flugzeug schlafen, lesen oder essen. Das Flugzeug ist sicherer als andere Verkehrsmittel. Solarflugzeuge sind auch umweltfreundlich.

3 Was konnte man vor eurer Erfindung noch nicht tun?

> Vor der Erfindung des Flugzeugs musste man mit dem Schiff von Europa in die USA reisen. Die Fahrt hat zehn Tage gedauert. Mit dem Flugzeug dauert die Reise nur acht Stunden.

Leonardo da Vinci wollte das Fliegen von den Vögeln lernen, ca. 1505

c Sammelt Informationen und Bilder zu den folgenden Fragen.

1 Wer war der Erfinder oder die Erfinderin?
2 Wann hat er/sie die Erfindung gemacht?
3 Hat es vorher schon ähnliche Ideen gegeben?
4 War die Erfindung sofort erfolgreich?

d Stellt ein Poster oder eine digitale Präsentation mit allen Bildern und Erklärungen zusammen.

1927 flog Charles Lindbergh mit der „Spirit of St. Louis" von den USA über den Atlantik nach Europa.

P2 Präsentiert eure Ergebnisse.

a Übt die Präsentation. Jede Person in der Gruppe soll etwas sagen.

> Wir zeigen ganz kurz den Teil eines Fotos. Ratet doch einmal, was unsere Erfindung ist.
> Hier seht ihr den Erfinder / die Erfinderin.
> Sein/Ihr Name ist …
> Er/Sie war …
> Im Jahr … hat er/sie …
> Wir haben gute Geschichten und Argumente, die zeigen, dass unsere Erfindung sehr nützlich ist: …

> Sie ist nützlicher als andere Erfindungen, weil …
> Vor unserer Erfindung konnte man nicht … / musste man …
> Ich bin froh, dass es die Erfindung gibt, weil …
> Ich benutze die Erfindung, wenn ich …

b Haltet nun eure Präsentation in der Klasse.

> **FILM**
> Schau den Film **Ein Kundenbesuch** an und lös die Aufgaben auf Seite 140.

einhundertsiebenundzwanzig **127**

GRAMMATIK

> FINDE DIE Sprechblasen-Sätze IN DEN LEKTIONEN 23 UND 24.

G1 Verb

Verben mit Dativ und Akkusativ

Lea schenkt ihrem Bruder Carlo einen Schal.

Sie schenkt ^{Wem? Person = Dativ} ihm einen Schal.
Sie schenkt ihn ihrem Bruder Carlo. ❗ Pronomen vor Nomen
Sie schenkt ihn ihm. ❗ Akkusativpronomen vor Dativpronomen

Ich brauche dringend Druckerpatronen. Hol **sie mir** bitte.

Dativ **und** Akkusativ nach:
1. schenken, leihen, schicken … = Verben mit der Bedeutung „geben" bzw. „nehmen"
2. erzählen, zeigen, erklären … = Verben mit der Bedeutung „sagen"

 S. 124

G2 Nomen

Genitiv

Nomen		Genitiv	
		definiter Artikel	indefiniter Artikel
die Erfindung	welche Erfindung?	des • Kaugummis	eines • Künstlers
		des • Flugzeugs	eines • Genies
		der • Kamera	einer • Künstlerin
		der • Streichhölzer	meiner • Freunde

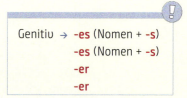

Genitiv → -es (Nomen + -s)
-es (Nomen + -s)
-er
-er

die Erfindung **der** Kamera

 S. 113

G3 Satz

a Relativsatz

Ein Kugelschreiber. Der Kugelschreiber übersetzt Texte.

Ein • Kugelschreiber, ^{Was für ein Kugelschreiber?} • der Texte übersetzt.

Ein • Messer, • das nie stumpf wird.

Eine • Einkaufstüte, • die nach drei Monaten zu Wasser wird.

• Autos, • die unter Wasser fahren.

Ein Bleistift, **der** an beiden Enden eine Radiergummi **hat**.

 S. 112

b Indirekter Fragesatz

Mark fragt, **wann** die Party ist.

Er will wissen, **ob** Sarah auch kommt.

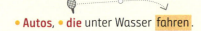

Wann ist die Party? Kommt Sarah auch?

Christine hat mich gefragt, **wie alt** Monas Freund **ist**.

 S. 116

GRAMMATIK

c Infinitivsatz

Es ist wichtig, sich auf den Test gut ^(Aktion) vor**zu**bereiten.

Doch ich habe keine Lust, noch einmal alles ^(Aktion) **zu** wiederholen.

❗ fort**zu**setzen, auf**zu**geben, vor**zu**bereiten …

zu + Infinitiv nach:
beginnen, Lust haben, versuchen, anfangen, helfen … → Aktion
es ist einfach / wichtig / schwierig / lustig … → Aktion

> **Es muss wunderbar sein**, ein ganzes Jahr alleine weg**zu**fahren.

 S. 122

23+24 REDEMITTEL

über Erfindungen sprechen L23, S. 112

○ Ein Streichholz, das nicht brennt. Findest du so etwas nützlich?
◆ Ich weiß nicht, das funktioniert doch nicht.
▫ Die Erfindung des Computer war eine Sensation. Es gibt sogar Computer, die die menschliche Stimme verstehen.
▼ Eine Einkaufstüte, die nach drei Monaten Wasser wird. Ich glaube nicht, dass es diese Erfindung gibt. Was meinst du?
▫ Doch, ich glaube schon, dass es diese Einkaufstüte gibt.

über Vor- und Nachteile der digitalen Medien sprechen L23, S. 114

◆ Ich finde die digitalen Medien sehr wichtig, weil ich in den sozialen Netzwerken meine Freunde treffe.
○ Ich lese lieber richtige Zeitungen aus Papier als digitale Zeitungsartikel.
▫ Ich lese digitale Nachrichten immer sofort, weil ich meinen Freunden schnell antworten möchte. Oft haben sie Fragen oder sie wollen sich treffen.

über andere Personen sprechen L23, S. 116

○ Christine wollte wissen, ob Monas Freund blonde Haare hat.
◆ Ich habe Marvin gefragt, wann Pedro im Kino war.
▫ Er hat gesagt, dass Pedro letzten Samstag im Kino war.
▼ Lena hat gesagt, dass sie kein eigenes Zimmer hat, sondern mit ihrer Schwester in einem Zimmer schläft.

Vorhaben bewerten L24, S. 122

◆ Es ist für Heinrich Schliemann einfach, seinen Beruf als Kaufmann aufzugeben.
○ Heinrich Schliemann hat versucht, Troja zu finden. Was für eine verrückte Idee!
▫ Ja, viele haben sicher gedacht, dass es unmöglich ist, diese Stadt auszugraben.
▼ Es ist wichtig, die Arbeit in Hisarlik fortzusetzen.

über Wünsche und Pläne sprechen L24, S. 122

◆ Ich habe Lust, ein Jahr alleine wegzufahren.
○ Ich habe beschlossen, an einem Marathon teilzunehmen.
▫ Es macht sicher Spaß, den Amazonas zu erforschen.

über Geschenke sprechen L24, S. 124

○ Hast du deiner Schwester die tollen Ohrringe geschenkt?
◆ Ja, ich habe sie ihr zum Geburtstag geschenkt.
▫ Nein, ich habe sie ihr nicht geschenkt, ich habe sie ihr nur geliehen.

einhundertneunundzwanzig **129**

AUSWAHLAUFGABEN

C3 Vergleiche — 13

a Welche Aussagen stimmen für dich? Markiere ✓ oder ✗. Korrigiere dann die Sätze mit ✗.

1. Fahrräder sind so schnell wie Flugzeuge. ✗
2. Busse und U-Bahnen sind in der Stadt praktischer als Autos. (?)
3. Pommes frites sind gesünder als Karotten. (?)
4. Fisch ist genau so süß wie Kuchen. (?)
5. Salat schmeckt besser als Eis. (?)
6. Reiten ist schwieriger als Karten spielen. (?)
7. Tauchen ist genau so langweilig wie Fußball spielen. (?)
8. Lesen ist cooler als tanzen. (?)

1 ✗ Fahrräder sind langsamer als …

b Schreibt richtige und falsche Sätze. Findet die falschen Sätze.

B2 Reisewetter — 14

b Wer mag welches Wetter? Ordne zu.

~~Regen~~ ★ Hitze ★ Wolken ★ Kälte ★ Sonne ★ Wind ★ Nebel ★ Schnee

1. Ich mag keinen _Regen_. Da kann ich nicht mit dem Fahrrad fahren.
2. Lena mag die (?). Da ist sie jeden Tag im Schwimmbad.
3. Leon mag keinen (?). Da bekommt er Ohrenschmerzen.
4. Emily mag den (?) im Winter. Sie fährt gern Ski.
5. Felix mag die (?). Für ihn sehen sie wie Tiere und Pflanzen aus einer Fantasiewelt aus.
6. Hannah hat kein Problem mit dem (?) im Herbst. Da bleibt sie zu Hause und liest ein Buch.
7. Eislaufen ist Finns Lieblingssport. Deshalb liebt er die (?) im Winter.
8. Herr Berger mag die (?) im Sommer nicht. Er hat Herzprobleme.

C1 Inions und Uxilios Elfenfest — 15

d Du verstehst nicht, wer gemeint ist. Finde die richtige Person.

1. ○ Wen haben Inion und Uxilio eingeladen? ◆ _Sie beide, Rimal und Kimama._
2. ○ Wem passt das rosa Kleid nicht? ◆ (?).
3. ○ Wem gefällt das rosa Kleid nicht? ◆ (?).
4. ○ Wen haben Inion und Uxilio gefragt? ◆ (?).
5. ○ Wem hat Rinal geholfen? ◆ (?).
6. ○ Wem gratuliert Kimama? ◆ (?).
7. ○ Wem schmeckt der Elfencocktail? ◆ (?).

AUSWAHLAUFGABEN

C2 Favoriten — 16

b Ordne die drei Dialoge und schreib sie richtig. Ergänze die passenden Adjektive.

> praktischsten ★ lieber ★ praktischsten ★ interessantesten ★ ~~interessanter~~ ★
> bequemer ★ liebsten ★ praktischsten

- ○ Magst du Fußball, Felix?
- ○ Was ist dein Lieblingsfach?
- ◆ Ja, aber ich finde Basketball i_interessanter_.
- ○ Ich weiß nicht. Ich finde den Bus b?. Für mich ist der Bus am p?.
- ◆ Mein Fahrrad, das ist sicher am p?.
- ○ Welches Verkehrsmittel findest du am p?, Clara?
- ◆ Hmm, ich weiß nicht. Ich mag Biologie l? als Mathematik. Aber mein Lieblingsfach ist vielleicht Deutsch.
- ○ Genau, Deutsch mag ich auch am l?.
- ○ Ich finde Basketball auch am i?.

Dialog 1
○ Magst du Fußball, Felix?
◆ Ja, aber ich finde Basketball …

E2 Es stört mich, wenn … — 17

b Ergänze die Sätze. Welche Aussagen passen für dich? Markiere ✓.

> ~~immer in Eile sein~~ ★ immer schimpfen ★ immer zu spät kommen ★
> immer Lügengeschichten erzählen ★ die Haare nicht waschen ★ neben mir rauchen

1 Es stört mich, wenn jemand _immer in Eile ist_. Das macht mich nervös. (?)
2 Es stört mich, wenn jemand (?). Ich brauche frische Luft. ✓
3 Es stört mich, wenn jemand (?). Das sieht wirklich nicht schön aus. (?)
4 Es stört mich, wenn jemand (?). Warum müssen die anderen warten? (?)
5 Es stört mich, wenn jemand (?). Da fühlen sich dann alle schlecht. (?)
6 Es stört mich, wenn jemand (?). Was soll man da dann glauben? (?)

c Macht Partnerinterviews. Was habt ihr gemeinsam?

> Stört es dich, wenn jemand neben dir raucht?

> Ja, das stört mich sehr.

B1 Ein Arbeitstag im Schwarzwaldhaus – ein Arbeitstag in Berlin — 18

d Alinas Alltag. Ergänze den Text mit den Informationen aus dem Diagramm. Schreib dann einen eigenen Text. Wie ist dein Leben?

FORUM Wie ist dein Leben?

Ich finde, dass mein Alltag nicht einfach ist. Ich schlafe **a** _acht_ Stunden am Tag. (Das muss sein!) Dann bleiben mir aber nur noch **b** (?) Stunden. Ich muss jeden Tag **c** (?) Stunden lang in der Schule sein, manchmal sogar länger. Außerdem sitze ich jeden Tag **d** (?) Stunden im Autobus. Ich muss zur Schule fahren und von der Schule nach Hause kommen. Dann sind da die Hausaufgaben, und wenn wir einen Test haben, muss ich für den Test lernen. Das dauert **e** (?) Stunden. Ich muss natürlich frühstücken, zu Mittag und zu Abend essen ((?) Stunden), und ich muss im Haushalt helfen (**f** (?) Stunde). Eigentlich bleiben dann nur noch **g** (?) Stunden für mich und meine Freunde. Das ist ziemlich wenig, findet ihr nicht? Zum Glück gibt es das Wochenende und die Ferien.   *Alina, 15*

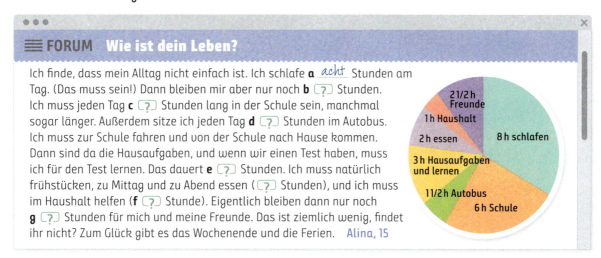
2½ h Freunde · 1 h Haushalt · 2 h essen · 8 h schlafen · 3 h Hausaufgaben und lernen · 1½ h Autobus · 6 h Schule

einhunderteinunddreißig **131**

AUSWAHLAUFGABEN

E2 Probleme? Mach es trotzdem! — **19**

c Welcher Wunsch 1–8 passt zu welchem Problem a–h? Ordne zu.

Wünsche
Ich würde gern …
1 ~~Rad fahren.~~
2 ein Computerspiel spielen.
3 in einer Fernsehserie mitspielen.
4 John Lennon von den Beatles treffen.
5 Geld verdienen.
6 Heuschrecken essen.
7 Die größte Pizza der Welt backen.
8 Eine Schlange als Haustier haben.

Probleme
a Du hast Angst vor meiner Katze.
b Du bist kein/e Schauspieler/-in.
c ~~Es regnet.~~
d Du gehst noch in die Schule.
e Die schmecken sicher schrecklich.
f Dein Herd ist nicht groß genug.
g Er ist schon tot.
h Wir haben kein W-LAN.

1 – c

d Macht Dialoge.

○ Ich würde gern Rad fahren.
◆ Aber es regnet.
○ Trotzdem möchte ich Rad fahren. Ich ziehe meine Regenjacke an.

C2 Das habe ich gleich gewusst! Gute (?) Ratschläge — **20**

b Ordnet die Ratschläge zu und macht Dialoge.

A deine Oma öfter besuchen ★ B einen Fahrradhelm tragen ★ C umziehen ★
D früher ins Bett gehen ★ E ~~im Homeoffice arbeiten~~ ★ F Sport treiben

1 Mein Vater ist fast nie zu Hause. **E**
2 Mein Bruder und ich müssen zusammen in einem Zimmer wohnen. (?)
3 Ich bin am Morgen immer so müde. (?)
4 Meine Schwester hatte einen Fahrradunfall. (?)
5 Mein Onkel ist nicht sehr fit. (?)
6 Meine Oma ist oft alleine. (?)

Mein Vater ist fast nie zu Hause.

Ich finde, er sollte im Homeoffice arbeiten.

C2 Ich sehe … — **21**

b Ergänze die Adjektivendungen. Ergänze dann den Text. Achtung: Drei Ausdrücke passen nicht.

klein(?) und groß(?) Vögel ★ einen braun(?) Schrank ★ ein traurig(?) Lied ★
ein blau(?) Boot ★ eine zufrieden(?) Familie auf einer bunt(?) Picknick-Decke ★
ein schwarz(?) Klavier ★ und auf der alt(?) Brücke sehe ich klein(?) Kinder

Ich sehe
(?), (?), (?) (?), wenn ich am Fluss in der Wiese liege.

AUSWAHLAUFGABEN

E1 Bei Amelie wird gestrichen. — 22
d Ergänze die Verben in der richtigen Form.

| aufräumen ★ reparieren ★ kochen ★ Wäsche waschen ★ ausleihen |

Wenn ich mit meiner Schwester alleine zu Hause bin, (?) wir gern selbst. Wir kochen Hamburger, weil unsere Eltern keine Hamburger mögen. Wir kennen uns bei der Waschmaschine nicht gut aus, deshalb wird die (?) für uns (?). Unsere Fahrräder (?) ich meist selbst, weil die Werkstatt zu teuer ist. Wenn meine Schwester meine Kopfhörer (?) will, dann geht es mir gut. Denn unser Zimmer wird dann natürlich von ihr und nicht von mir (?). 😊

E3 Gespräche im Klassenzimmer. Macht Partnerinterviews. — 23

Lies das Interview. Schreib dann indirekte Fragesätze und *dass*-Sätze.

Maria: Hast du ein eigenes Zimmer Pedro?
Pedro: Nein, mein Bruder und ich haben ein gemeinsames Zimmer.
Maria: Was hast du heute zum Frühstück gegessen?
Pedro: Nichts. Ich bin zu spät aufgestanden.
Maria: Und was hast du letzten Samstag gemacht?
Pedro: Ich hatte ein Fußballspiel.
Maria: Warst du schon einmal in der Schweiz?
Pedro: Nein, noch nie, aber ich war schon einmal in Deutschland.

> Maria fragt, ob Pedro ...
> Pedro antwortet, dass sein Bruder und er ...

E1 Geben, nehmen und sagen ... — 24
d Lies die Zettel und schreib Texte zu den Situationen.

1
erklären
Wer?   Tims Bruder
Wem?   Tim
Was?   die Mathematik-
       hausaufgabe
Warum? sehr schwierig

2
leihen
Wer?   Lisa
Wem?   ihrer Mutter
Was?   ihr Fahrrad
Warum? ihre Mutter hat
       kein Fahrrad

3
zeigen
Wer?   Julian und Max
Wem?   Marcel
Was?   ihre Heimatstadt
Warum? ihr Cousin Marcel
       besucht sie, er kommt
       aus Frankreich

> 1 Tims Bruder erklärt Tim ....

FILM START — Willkommen in Deutschland!

1 Lisa und Alex.
Sieh Teil 1 des Films an.
Was ist richtig? ▶ Teil 1

Lisa und Alex …

1	sind	(?) ledig.	(?) verheiratet.	(?) geschieden.
2	leben	(?) in Österreich.	(?) in Deutschland.	(?) in der Schweiz.
3	waren zusammen	(?) in der Schule.	(?) im Urlaub.	(?) auf der Universität.
4	haben in	(?) Österreich	(?) Lübeck	(?) Ägypten ihre Freundin Amina getroffen.

2 Amina. Sieh Teil 2 des Films an. Lies dann den Text und korrigiere vier weitere Fehler. ▶ Teil 2

Amina kommt aus Österreich. Sie hat Lisa und Alex in Deutschland getroffen. Lisa war Reiseleiterin. Schnell sind sie gute Freunde geworden. Amina hat ihnen viel in Ägypten gezeigt. In der Schule war Geschichte Aminas Lieblingsfach. Jetzt möchte sie nach Deutschland kommen, und sie hat es geschafft: Sie darf an der Universität in Berlin studieren.

falsch: Österreich, richtig: Ägypten

3a „Das ist typisch für …" Sieh Teil 3 des Films an. Ordne dann zu. ▶ Teil 3

1	In einer Woche kommt …	a	Amina eine Süßigkeit.
2	Lisa und Alex wollen …	b	Amina in Deutschland an.
3	Alex will Amina …	c	die Idee von Alex nicht so gut.
4	Lisa findet …	d	ein Buch oder Blumen schenken.
5	Lisa und Alex kaufen …	e	Amina ein Geschenk machen.

b „Was nehmen wir denn?" Sieh Teil 4 des Films an und bring den Dialog in die richtige Reihenfolge. ▶ Teil 4

- (?) ○ Das hier ist süß. Ein Marzipan-Kleeblatt.
- (?) ○ Vielleicht finden wir auch etwas Schönes für dich.
- (?) ◆ Ja, finde ich auch. Sie muss es ja nicht essen, sie kann es ja als Glücksbringer nehmen.
- (?) ○ Die ist auch gut. Schenken wir ihr beides … So und jetzt gehen wir richtig shoppen.
- (?) ◆ Aber Lisa!
- (?) ◆ Oder vielleicht diese Marzipan-Box?
- (1) ◆ Was nehmen wir denn? Es gibt Marzipan in so vielen verschiedenen Formen und Farben.

4 Findet für jeden Buchstaben im Vornamen von eurer Partnerin / eurem Partner ein Geschenk für sie/ihn. Schreibt dann einen Satz wie im Beispiel und „gebt" der Partnerin / dem Partner eure Geschenke. Sprecht über die Geschenke.

Juan, ich schenke dir eine Jacke, eine Uhr, einen Ball und ein Handy.

> Das Geschenk finde ich toll!

> Vielen Dank!

> Die Jacke gefällt mir.

Du siehst toll aus! — 13+14 FILM

1 Lisa und Alex gehen shoppen. Sieh Teil 1 des Films an und ordne zu. ▶ Teil 1

1. Das erste Kleid ist …
2. Alex findet das blaue Kleid …
3. Alex findet das rosa Kleid …
4. Lisa und Alex finden die Farbe …
5. Das grüne Hemd ist zuerst …
6. Die Hose für das perfekte Outfit ist …

a schöner als das rote Kleid.
b schwarz.
c Grün sehr schön.
d rot und schön.
e nicht so schön.
f zu eng.

2 Was ist dein Lieblingsoutfit? Fragt und antwortet.

› Hast du ein Lieblingsoutfit?
› Ja, ich ziehe sehr gern … an.
› Nein, eigentlich nicht. Ich trage …

3a Sieh die Fotos an. Wo sind Lisa, Alex und Amina? Was machen sie? Was meinst du?

› Das sind …
Sie sind am …
Sie möchten …
Sie geben …
Dann gehen sie vielleicht …

b Aminas Reise. Wie ist sie gereist? Stimmen deine Vermutungen in a? Sieh Teil 2 an und ordne zu. ▶ Teil 2

Bahnhof ★ Flugzeug ★ mit ★ ~~Wohnung~~ ★ von ★ Flughafen ★ Von ★ zum ★ Zug ★ nach

Amina reist mit dem 1 [?]. Sie fliegt 2 [?] Kairo 3 [?] Lübeck.
Lisa und Alex holen Amina am 4 [?] ab. 5 [?] dort gehen sie 6 [?] 7 [?].
Sie fahren 8 [?] dem 9 [?] zu Alex und Lisas 10 _Wohnung_.

4a Ankunft in Lübeck. Lies die Sätze und ergänze die Verben im Perfekt.

1. Amina _ist_ gut in Lübeck [?]. (ankommen)
2. Amina [?] den Abschied von Kairo schwer [?]. (finden)
3. Amina [?] ihre Freunde zum Abschied [?]. (einladen)
4. Amina [?] nichts von ihrer Schwester [?]. (erzählen)
5. Amina [?] schon einmal Marzipan [?]. (probieren)

b Sieh Teil 3 des Films an. Lies die Sätze in a noch einmal. Was ist richtig? ▶ Teil 3

5 Wie war deine letzte Reise? Wo warst du? Wie bist du gereist? Wie lange? Fragt und antwortet.

› Wie war deine letzte Reise?
› Ich bin nach/in … gereist. Ich bin mit … gefahren/geflogen. Ich bin dort … geblieben. Ich habe die Reise … gefunden.

einhundertfünfunddreißig 135

FILM 15+16 — Ich habe jemanden kennengelernt!

1 Amina und Mark. Sieh Teil 1 des Films an. Was ist richtig? ▶ Teil 1

1. Amina und Mark haben sich (?) im Internet (?) auf einer Party (?) in der Uni kennengelernt.
2. Amina findet Mark (?) intelligent und gestresst. (?) interessiert und lustig. (?) uncool und langweilig.
3. Mark kommt aus (?) Lübeck. (?) Büsum. (?) Zürich.
4. Mark hat Amina (?) an die Nordsee (?) in den Urlaub (?) zum Schwimmen eingeladen.

2a In Büsum. Ordne die Überschriften den Fotos zu.

A Mark erklärt das Wattenmeer. ★ B Amina und Mark essen am Hafen ein Eis. ★
C Amina wartet auf Mark. ★ D Amina und Mark gehen am Strand spazieren.

A – 4

1 2 3 4

b Stimmen deine Vermutungen in **a**? Sieh Teil 2 des Films an und bring die Fotos auch in die richtige Reihenfolge. ▶ Teil 2

3, …

c Sieh Teil 2 noch einmal ganz genau an. Finde das falsche Wort und korrigiere es. ▶ Teil 2

1. Aminas Haare sind blond und kurz.
2. Mark ist schlank, ruhig und unfreundlich.
3. Amina ist ein bisschen kleiner als Mark, ihre Augen sind heller.
4. Aminas Kleidung ist farbiger als Marks Kleidung. Marks Schuhe sind dunkler.
5. Mark und Amina tragen beide keine Uhr, keine Brille und keine Zahnspange.

1 falsch: blond
richtig: schwarz

3a Helgoland. Wo liegt Helgoland? Such Helgoland auf der Karte vorne im Buch. Sieh dann Teil 3 des Films an. Was ist richtig? ▶ Teil 3

1. Mark und Amina sind am Hafen von Lübeck. (?)
2. Helgoland ist eine Insel. (?)
3. Die Schifffahrt nach Helgoland dauert den ganzen Tag. (?)
4. Mark und Amina wollen für einen Tag nach Helgoland fahren. (?)
5. Amina will mit dem Zug nach Helgoland fahren. (?)

b Helgoland in Zahlen. Ergänze die Tabelle.

1	Büsum ↔ Helgoland	ungefähr 60 (?) (km)
2	Fahrtdauer mit dem Schiff:	2 ½ (?) (h)
3	(?):	ca. 24 Kilometer pro Stunde (km/h)
4	Fläche Helgoland:	1,7 (?) km²
5	Temperatur Helgoland:	8 (?) (°)

Geschwindigkeit ★ Grad ★ Kilometer ★ Quadratkilometer ★ Stunden

c Lies die Tabelle und schreib Fragen wie im Beispiel. Macht dann ein Quiz.

Wie weit ist Büsum von Helgoland entfernt?

Hoffentlich bekomme ich das Zimmer! — 17+18 FILM

1   **Amina sucht ein Zimmer. Sieh Teil 1 des Films an. Was ist richtig?** ▶ Teil 1

   1 Amina ist seit einiger Zeit in (?) Deutschland. (?) Ägypten.
   2 Amina wohnt in (?) einer eigenen (?) Lisas und Alex' Wohnung.
   3 Lisas und Alex' Wohnung ist (?) ganz anders als (?) so wie Aminas Wohnung in Kairo.
   4 Amina will (?) alleine (?) mit anderen zusammen wohnen.

2   **Amina schaut die Wohnungen an. Ergänze die Sätze. Sieh dann Teil 2 an. Welche Wohnung passt zu den Aussagen? 1, 2 oder 3?** ▶ Teil 2

   kleinsten ★ Waschmaschine ★ meisten ★ beste ★ zwischen ★ oben

   Wohnung
   1 Diese Wohnung hat die (?) Lage. Sie liegt gleich neben dem Fluss Trave.   (2)
   2 Diese Wohnung kostet am (?).   (?)
   3 Diese Wohnung ist am (?).   (?)
   4 Diese Wohnung liegt ganz (?) im Haus.   (?)
   5 Diese Wohnung liegt (?) einem Supermarkt und einem Gemüsehändler.   (?)
   6 Diese Wohnung hat eine (?) und einen Geschirrspüler.   (?)

3a **Welche Wohnung ist am besten? Was sagt Amina über die Wohnungen? Sieh Teil 3 an und ordne zu.** ▶ Teil 3

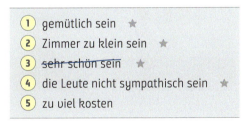

   die erste Wohnung (3) (?) (?)
   die zweite Wohnung (?)
   die dritte Wohnung (?)

   (1) gemütlich sein ★
   (2) Zimmer zu klein sein ★
   (3) ~~sehr schön sein~~ ★
   (4) die Leute nicht sympathisch sein ★
   (5) zu viel kosten

 b **Was stört Amina, was gefällt ihr? Schreib fünf Sätze mit den Angaben in a.**

   1 Es gefällt Amina, dass die Wohnung sehr schön ist.
   2 Es stört Amina, dass die Leute …

4a **Das neue Zimmer. Sieh Teil 4 an. Was stellt Amina in ihr neues Zimmer? Notiere.** ▶ Teil 4

   Sie stellt in ihr neues Zimmer einen Schreibtisch, …

 b **Wohin kommen die Möbel? Im Text gibt es sieben Fehler. Schreib den Text richtig. Sieh dann Teil 4 noch einmal an und vergleiche.** ▶ Teil 4

   Amina stellt ihren Schreibtisch unter die Lampe. Sie stellt ihren Computer auf den Schrank. Den Schrank stellt sie zwischen das Bett und die Tür. Das Regal kommt zwischen das Bett und das Sofa. Amina stellt eine Lampe in die Ecke. Das Sofa stellt sie zwischen die Pflanze und das Fenster. Sie legt den Teppich in die Mitte des Zimmers. Ihre Fotos hängt sie über das Sofa.

 c **Schaut Aminas Zimmer genau an (** ▶ Teil 4 **01:44). Ihr habt eine Minute Zeit. Schaltet dann das Bild aus und macht ein Quiz. Eine Person beginnt mit einer Frage. Die andere Person antwortet und fragt weiter. Wer macht am meisten richtig?**

   Wo ist der Schreibtisch?
   Der Schreibtisch steht unter dem Fenster. Wo liegt der Teppich?
   …

FILM 19+20 — Wie fühlst du dich?

1a Seht das Foto an. Wie fühlt sich Lisa? Was ist passiert? Was meint ihr?

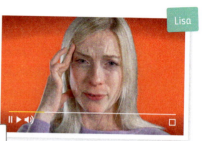

müde sein ★ sich streiten ★ einen Unfall haben ★
der Hund weglaufen ★ krank sein ★
eine schlechte Note bekommen ★ …

> Ich glaube, Lisa fühlt sich traurig. Vielleicht ist etwas Schlimmes passiert.

> Nein, ich denke Lisa …

b Seht Teil 1 des Films an. Stimmen eure Vermutungen? Was ist richtig? ▶ Teil 1

1. Lisa hat (?) Fieber. (?) Stress. (?) Kopf- und Magenschmerzen.
2. Lisa kann nicht (?) zum Arzt (?) zur Arbeit (?) zu einem Termin gehen.
3. Lisa will (?) in die Apotheke (?) zur Hausärztin (?) zu ihrer Chefin gehen.
4. Frau Doktor Schmidt soll Lisa (?) besuchen. (?) untersuchen. (?) Medikamente bringen.

2a Bei der Ärztin. Ordne die Aussagen den Fotos zu.

A ~~Was fehlt Ihnen denn?~~ ★ B Bitte atmen Sie tief ein und aus. ★
C Sie haben Grippe. ★ D Gute Besserung!

2 – A

① ② ③ ④

b Sieh Teil 2 des Films an. Wie ist die richtige Reihenfolge der Fotos in a? ▶ Teil 2

2, …

c Sieh Teil 2 des Videos noch einmal an. Welche Ratschläge gibt Frau Dr. Schmidt? Ordne zu und schreib Sätze wie im Beispiel. ▶ Teil 2

1. ein Medikament   a. zu Hause bleiben
2. bis Ende der Woche   b. aus der Apotheke holen
3. jede Stunde   c. lassen
4. sich krankschreiben   d. ein Glas Wasser trinken

Lisa sollte ein Medikament aus der Apotheke holen.

3a In der Apotheke. Sieh Teil 3 des Videos an. Was ist richtig? ▶ Teil 3

1. (?) Lisa holt ein Rezept in der Apotheke.
2. (?) Der Apotheker gibt Lisa das Medikament.
3. (?) Lisa möchte keine Tabletten nehmen.
4. (?) Lisa soll drei Tropfen am Tag nehmen.
5. (?) Die Tropfen kosten weniger als die Tabletten.

b Sieh Teil 3 noch einmal an. Was siehst du im Film? Lies die Wörter und notiere sie in der richtigen Reihenfolge. Achtung: Einige Dinge kommen im Film nicht vor. ▶ Teil 3

ein Rezept ★ ein Glas Wasser ★ Tabletten ★ eine Salbe ★ 5 Euro ★
ein Computer ★ Tropfen ★ eine Quittung ★ Münzen

4 Eine schlechte Patientin, ein schlechter Patient: Du bist krank. Deine Partnerin / Dein Partner gibt dir Ratschläge. Aber du willst trotzdem etwas anderes machen.

- Ich habe Fieber. ◆ Du solltest im Bett bleiben. ○ Ich will trotzdem in die Schule gehen.
- Ich habe Schnupfen. ◆ Du solltest Tee trinken. ○ Ich will trotzdem …

Meine Freundin an der Elbe ...  21+22 FILM

1a Welche Wörter passen zu welchem Foto? Ordnet zu und findet noch weitere Wörter zu den Fotos.

A • Stadtspaziergang ★ B • Street Art / Graffiti ★ C • Poetry Slam ★
D • Bahnhof ★ E • Text schreiben ★ F • Frauenkirche ★ ...

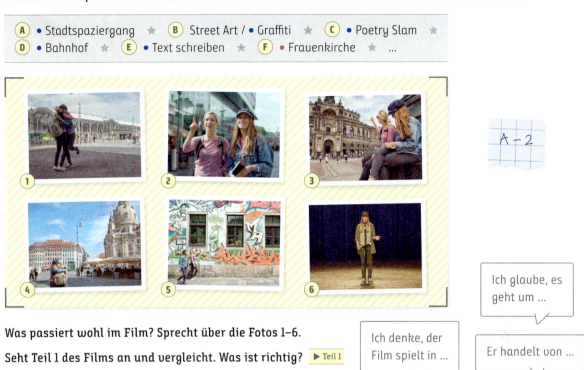

A – 2

b Was passiert wohl im Film? Sprecht über die Fotos 1–6.

Ich denke, der Film spielt in ...

Ich glaube, es geht um ...

Er handelt von ...

c Seht Teil 1 des Films an und vergleicht. Was ist richtig? ▶ Teil 1

1 Lisa reist nach (?) Lübeck. (?) Dresden. (?) Berlin.
2 Lisa möchte (?) eine Freundin besuchen. (?) bei einem Wettbewerb mitmachen. (?) die Stadt besichtigen.
3 Mona und Lisa kennen sich aus (?) der Arbeit. (?) dem Studium. (?) der Schule.
4 Mona will einen Text für (?) Lisa (?) die Universität (?) einen Poetry Slam schreiben.

2 Am Bahnhof. Sieh Teil 2 des Films an. Ergänze die Zeitangaben. Achtung: Drei passen nicht! ▶ Teil 2

bis morgen ★ nächste Woche ★ nach dem Spazierengehen ★ bis übermorgen ★ immer ★
Zuerst ★ ~~vor~~ ★ Danach ★ beim Spazierengehen ★ am nächsten Tag

Lisa ist _vor_ Mona am Bahnhof. Mona kommt nämlich (?) zu spät. (?) begrüßen sie sich. (?) erzählt Mona, dass sie (?) ihren Text schreiben muss. Denn der Poetry Slam findet schon (?) statt. Sie wollen (?) Ideen sammeln.

3a Dresden. Sieh Teil 3 des Films an. Was passt zu welcher Sehenswürdigkeit 1–4? ▶ Teil 3

1 Im Residenzschloss ...   a befindet sich im Residenzschloss.
2 Das Grüne Gewölbe ...   b interessiert Lisa besonders.
3 Die Semperoper ...   c wohnten früher Könige.
4 Street Art / Graffiti ...   d ist nach ihrem Architekten benannt.

1 – c

b Eine Stadt, die uns gefällt ... Lest die Beispiele und sprecht darüber. Berichtet dann in der Klasse.

hat   ein/eine/einen   groß(?)   Park (-s)
muss/soll/darf   kein/keine/keinen   grau(?)   Club (-s)
... haben.   ...   cool(?) ... Graffiti (-s) ...

Eine Stadt die uns gefällt, hat coole Graffitis und keine grauen Betonhäuser.

Ich finde, eine Stadt muss ... haben.

4a Poetry Slam. Sieh Teil 4 des Films an. Wie gut ist dein Gedächtnis? Notiere dann die Reihenfolge der Sehenswürdigkeiten in Monas Text. ▶ Teil 4

die Frauenkirche, das Residenzschloss, das Grüne Gewölbe, die Elbe (= Fluss), die Semperoper, Street Art / Graffiti

b Gedächtnistipps. Seht Teil 4 des Videos noch einmal in der Klasse an. Sammelt gemeinsam Wörter, die ihr lernen wollt. Lernt dann fünf Wörter mit den Strategien auf S. 101. ▶ Teil 4

einhundertneununddreißig **139**

FILM 23+24 — Ein Kundenbesuch

1a Sieh das Foto an. Zu welchem Land gehört diese Fahne? Was weißt du über das Land?

- Das ist die Fahne …
- Die Hauptstadt ist …
- Das Land liegt …
- In dem Land gibt es …
- Das Land ist berühmt für …

b Alex verreist. Sieh Teil 1 des Films an und ordne zu. ▶ Teil 1

1 Alex reist   mit Lisa   zu treffen.
2 Alex hat vor,   sich mit einem Kunden   nach Österreich.
3 Alex soll   morgen   eine App machen.
4 Danach reist Alex   für eine Bank   nach Bern.

1 Alex reist morgen …

2 Die Stadt entdecken. Sieh Teil 2 des Films an. Was sieht Alex? Ordne zu. ▶ Teil 2

 das Berner Münster — A
 die Zytglogge — B
 die Heiliggeistkirche — C
 die Aare — D
 der Käfigturm — E

Alex sieht…

1 ein Gebäude, …   a der durch die Stadt fließt.
2 eine Uhr, …   b die im 18. Jahrhundert gebaut wurde.
3 eine Kirche, …   c das fast 600 Jahre alt ist.
4 einen Fluss, …   d die bunt bemalt ist.
5 einen Turm, …   e der früher ein Stadttor war.

1 – c – A

3 Im Hotel. Sieh Teil 3 des Films an. Für wen oder was stehen die Pronomen in den Sätzen? Schreib Sätze mit den Nomen aus dem Kasten. Achtung: Zwei Nomen passen nicht! ▶ Teil 3

• Zimmernummer ★ • schönen Aufenthalt ★ • Hotel ★ • Kreditkarte ★ • Hand ★ • Zimmerschlüssel

1 Alex gibt sie ihm.   4 Der Rezeptionist gibt ihn ihm.
2 Der Rezeptionist erklärt es ihm.   5 Der Rezeptionist wünscht ihn ihm.
3 Der Rezeptionist sagt sie ihm.

1 Alex gibt dem Rezeptionisten …
2 Der Rezeptionist …

4a Die Bank-App. Alex und sein Kunde planen eine App. Was soll man mit der App machen können? Ordne zu.

herunterladen ★ überweisen ★ aufnehmen ★ schicken ★ chatten

Mit der Bank-App kann man …
1 Geld *überweisen*.   3 mit Freunden (?)   5 Dateien (?)
2 (?) E-Mails (?)   4 (?) Kredite (?)

b Sieh Teil 4 des Films an. Lies die Sätze in **a** noch einmal. Was ist richtig? ▶ Teil 4

5 Welche Apps benutzt du? Was kann man mit den Apps machen? Wie oft benutzt du sie? Wie wichtig sind die Apps für dein Leben? Fragt und antwortet. Berichtet dann in der Klasse.

Ich habe eine App für Sport/Sprachen/Fotos/Musik …
Ich habe eine App, die meine Schritte zählt / die Wörter übersetzt …
Mit der App kann ich Wörter übersetzen / Fotos verändern …
Ich verwende die App täglich/manchmal/fast nie …

Besondere Verben

Erweiterungswortschatz = kursiv gedruckt

abbiegen (er/sie biegt ab, ist abgebogen)
abschreiben (er/sie schreibt ab, hat abgeschrieben)
anbieten (er/sie bietet an, hat angeboten)
anfangen (er/sie fängt an, hat angefangen)
ankommen (er/sie kommt an, ist angekommen)
anrufen (er/sie ruft an, hat angerufen)
aufstehen (er/sie steht auf, ist aufgestanden)
aussehen (er/sie sieht aus, hat ausgesehen)
aussteigen (er/sie steigt aus, ist ausgestiegen)
backen (er/sie backt, hat gebacken)
beginnen (er/sie beginnt, hat begonnen)
beißen (er/sie beißt, hat gebissen)
bekommen (er/sie bekommt, hat bekommen)
beschließen (er/sie beschließt, hat beschlossen)
besteigen (er/sie besteigt, hat bestiegen)
beweisen (er/sie beweist, hat bewiesen)
binden (er/sie bindet, hat gebunden)
bleiben (er/sie bleibt, ist geblieben)
braten (er/sie brät, hat gebraten)
brechen (er/sie bricht, hat/ist gebrochen)
brennen (er/sie brennt, hat gebrannt)
bringen (er/sie bringt, hat gebracht)
denken (er/sie denkt, hat gedacht)
dürfen (ich **darf**, du **darfst**, er/sie **darf**, hat gedurft)
einladen (er/sie lädt ein, hat eingeladen)
einsteigen (er/sie steigt ein, ist eingestiegen)
entscheiden (er/sie entscheidet, hat entschieden)
erfinden (er/sie erfindet, hat erfunden)
essen (er/sie **i**sst, hat gegessen)
fahren (er/sie fährt, ist gefahren)
fallen (er/sie fällt, ist gefallen)
fernsehen (er/sie sieht fern, hat ferngesehen)
finden (er/sie findet, hat gefunden)
fliegen (er/sie fliegt, ist geflogen)
fressen (er/sie frisst, hat gefressen)
geben (er/sie gibt, hat gegeben)
gefallen (er/sie gefällt, hat gefallen)
gehen (er/sie geht, ist gegangen)
gelingen (er/sie gelingt, ist gelungen)
gewinnen (er/sie gewinnt, hat gewonnen)
graben (er/sie gräbt, hat gegraben)
haben (du **hast**, er/sie **hat**, hat gehabt)
halten (er/sie hält, hat gehalten)
hängen (er/sie hängt, hat gehangen)
heißen (er/sie heißt, hat geheißen)
helfen (er/sie hilft, hat geholfen)
herunterladen (er/sie lädt herunter, hat heruntergeladen)
kennen (er/sie kennt, hat gekannt)
klingen (er/sie klingt, hat geklungen)
kommen (er/sie kommt, ist gekommen)
können (ich **kann**, du **kannst**, er/sie **kann**, hat gekonnt)
lassen (er/sie lässt, hat gelassen)
laufen (er/sie läuft, ist gelaufen)
leihen (er/sie leiht, hat geliehen)
lesen (er/sie liest, hat gelesen)
liegen (er/sie liegt, hat gelegen)
los sein (es **ist** los, ist los gewesen)
lügen (er/sie lügt, hat gelogen)
melken (er/sie melkt, hat gemolken)
mitkommen (er/sie kommt mit, ist mitgekommen)
mitnehmen (er/sie nimmt mit, hat mitgenommen)
möchten (er/sie möchte, hat gemocht)
mögen (ich **mag**, du **magst**, er/sie **mag**, hat gemocht)
müssen (ich **muss**, du **musst**, er/sie **muss**, hat gemusst)
nehmen (er/sie nimmt, hat genommen)
nennen (er/sie nennt, hat genannt)
passieren (es passiert, ist passiert)
raten (er/sie rät, hat geraten)
reißen (er/sie reißt, hat/ist gerissen)
reiten (er/sie reitet, ist geritten)
rennen (er/sie rennt, ist gerannt)
rufen (er/sie ruft, hat gerufen)
scheinen (er/sie scheint, hat geschienen)
schießen (er/sie schießt, hat geschossen)
schlafen (er/sie schläft, hat geschlafen)
schlagen (er/sie schlägt, hat geschlagen)
schließen (er/sie schließt, hat geschlossen)
schneiden (er/sie schneidet, hat geschnitten)
schreiben (er/sie schreibt, hat geschrieben)
schreien (er/sie schreit, hat geschrien)
schwimmen (er/sie schwimmt, ist geschwommen)
sehen (er/sie sieht, hat gesehen)
sein (ich **bin**, du **bist**, er/sie **ist**, wir **sind**, ihr **seid**, sie **sind**, ist gewesen)
singen (er/sie singt, hat gesungen)
sollen (ich **soll**, du **sollst**, er/sie **soll**, hat gesollt)
spinnen (er/sie spinnt, hat gesponnen)
sprechen (er/sie spricht, hat gesprochen)
springen (er/sie springt, ist gesprungen)
stattfinden (er/sie findet statt, hat stattgefunden)
stehen (er/sie steht, hat gestanden)
steigen (er/sie steigt, ist gestiegen)
sterben (er/sie stirbt, ist gestorben)
streichen (er/sie streicht, hat gestrichen)
(sich) streiten (er/sie streitet, hat gestritten)
teilnehmen (er/sie nimmt teil, hat teilgenommen)
tragen (er/sie trägt, hat getragen)
(sich) treffen (er/sie trifft, hat getroffen)
trinken (er/sie trinkt, hat getrunken)
tun (er/sie tut, hat getan)
überfallen (er/sie überfällt, hat überfallen)
übersetzen (er/sie übersetzt, hat übersetzt)
verbieten (er/sie verbietet, hat verboten)
verbrennen (er/sie verbrennt, hat verbrannt)
vergessen (er/sie vergisst, hat vergessen)
verlassen (er/sie verlässt, hat verlassen)
verlieren (er/sie verliert, hat verloren)
versinken (er/sie versinkt, ist versunken)
versprechen (er/sie verspricht, hat versprochen)
verstehen (er/sie versteht, hat verstanden)
wachsen (er/sie wächst, ist gewachsen)
waschen (er/sie wäscht, hat gewaschen)
wehtun (er/sie tut weh, hat wehgetan)
werden (du **wirst**, er/sie **wird**, ist geworden)
werfen (er/sie wirft, hat geworfen)
wiegen (er/sie wiegt, hat gewogen)
wissen (ich **weiß**, du **weißt**, er/sie **weiß**, hat gewusst)
wollen (ich **will**, du **willst**, er/sie **will**, hat gewollt)
ziehen (er/sie zieht, hat gezogen)
zusammenstoßen (er/sie stößt zusammen, ist zusammengestoßen)

GRAMMATIK-WIEDERHOLUNG — Weißt du's noch?

1 Verb

a Konjugation Präsens

	bekommen
ich	bekomm**e**
du	bekomm**st**
er, es, sie, man	bekomm**t**
wir	bekomm**en**
ihr	bekomm**t**
sie, Sie	bekomm**en**

> Bekommst du Taschengeld?

Negation

nicht: Der Kugelschreiber schreibt nicht.

kein: Ich habe keine Briefmarke.

 S. 32

 S. 9

b Modalverben

	müssen	können	wollen	dürfen	mögen	sollen
ich	muss	kann	will	darf	mag	soll
du	musst	kannst	willst	darfst	magst	sollst
er, es, sie, man	muss	kann	will	darf	mag	soll
wir	müssen	können	wollen	dürfen	mögen	sollen
ihr	müsst	könnt	wollt	dürft	mögt	sollt
sie, Sie	müssen	können	wollen	dürfen	mögen	sollen

> Ich **darf** nicht zum Fußballspiel nach Hamburg **fahren**.

 S. 35, 82

c Imperativ

> **Räum** doch dein Zimmer **auf!**

Du kommst mit.   Komm mit!
Ihr kommt mit.   Kommt mit!
Sie kommen mit.   Kommen Sie mit!

 S. 16

d Präteritum von *sein*, *haben* und Modalverben

	sein	haben	können
ich	war	hatte	konnte
du	warst	hattest	konntest
er, es, sie, man	war	hatte	konnte
wir	waren	hatten	konnten
ihr	wart	hattet	konntet
sie, Sie	waren	hatten	konnten

> Diese Erfahrung **mussten** auch Elisabeth und Veronika **machen**.

ebenso:
müssen – mu**ss**te
dürfen – du**rf**te
wollen – wol**l**te
sollen – sol**l**te
mögen – **!** mo**ch**te

 S. 22, 73

e Perfekt

    haben   Partizip   sein   Partizip
Jemand **hat** Campingurlaub **gemacht**.   Der Grill **ist umgefallen**.

> Was **ist** passiert?

Perfekt mit *sein*: fahren, kommen, gehen, laufen, schwimmen, aufstehen, fallen, passieren, steigen, einsteigen, aussteigen, verreisen, umfallen …

S. 22, 72

Weißt du's noch? — GRAMMATIK-WIEDERHOLUNG

2 Artikel, Nomen und Pronomen, Präpositionen

a Nomen im Plural

Nomen (Plural)	
Lampe**n**	**-(e)n**: Jacken, Hosen …
Bleistift**e**	**-e/¨e**: Schuhe, Röcke …
Büch**er**	**-er/¨er**: Kleider, Kaufhäuser, …

Nomen (Plural)	
Fenster	**-/¨**: Pullover, Mäntel, Stiefel …
Auto**s**	**-s**: Schals, T-Shirts …

eine Hose   Hosen

 S. 12

b Nominativ

	Nomen	indefiniter Artikel	Negativartikel	definiter Artikel	Pronomen
maskulin	• Rock	**ein** Rock	**kein** Rock	**der** Rock	**er**
neutral	• Hemd	**ein** Hemd	**kein** Hemd	**das** Hemd	**es**
feminin	• Jacke	**eine** Jacke	**keine** Jacke	**die** Jacke	**sie**
Plural	• Röcke, • Hemden, • Jacken		**keine** Röcke, Hemden, Jacken	**die** Röcke, Hemden, Jacken	**sie**

c Akkusativ

S. 14, 32

Akkusativ
→ bei maskulin Singular • d**en**, kein**en**, dein**en**

Nimmst du den • Mantel?
Ich brauche (k)einen • Mantel.
Wie viel hast du für deinen • Mantel bezahlt?

Ich brauche noch **eine** Hose.

d Dativ

	Nomen	Dativ
maskulin	• Zug	**dem** Zug
neutral	• Fahrrad	**dem** Fahrrad
feminin	• U-Bahn	**der** U-Bahn
Plural	• Züge, Fahrräder, U-Bahnen	**den** Zügen, den Fahrrädern, den U-Bahnen

e Pronomen

Nominativ	Akkusativ	Dativ
ich	mich	mir
du	dich	dir
er	ihn	ihm
es	es	ihm
sie	sie	ihr
wir	uns	uns
ihr	euch	euch
sie	sie	ihnen
Sie	Sie	Ihnen

Hast du mit **ihm** telefoniert?

Ja, ich habe **ihn** zu **mir** eingeladen.

S. 34, 85

GRAMMATIK-WIEDERHOLUNG — Weißt du's noch?

f **Präpositionen mit Dativ und Akkusativ**

+ Akkusativ	+Dativ	+Akkusativ (Wohin?) + Dativ (Wo?)
durch, für, ohne, gegen, um	mit, zu, bei, aus, von, nach	in, an, auf, neben, vor, hinter, über, unter, zwischen

Präposition + dem, das, der:
bei → **beim** (bei + dem)
von → **vom** (bei + dem)
in → **im, ins** (in + dem, das)
an → **am, ans** (an + dem, das)
zu → **zum, zur** (zu + dem, der)

Wie komme ich **zum** Baumarkt?

Du musst **durch** den Park gehen.
Geh **beim** Supermarkt **nach** rechts.

S. 24, 103

3 Satz

a **Nebensatz mit *wenn***

Man ist erwachsen. Man **ist** 18 Jahre alt. Man ist erwachsen, **wenn** man 18 Jahre alt **ist**.

Man **ist** 18 Jahre alt. Man **darf** Auto fahren. **Wenn** man 18 Jahre alt **ist**, **darf** man Auto fahren.

Wann ist man erwachsen?

Ich denke, man ist erwachsen, **wenn** man eine eigene Wohnung **hat**.

S. 78

b **Nebensatz mit *weil***

Markus mag seinen Beruf, er **ist** nie langweilig. Markus mag seinen Beruf, **weil** er nie langweilig **ist**.

Markus **ist** Synchronsprecher geworden, Markus ist Synchronsprecher geworden,
er **hat** als Kind schon gern Figuren gesprochen. **weil** er als Kind schon gern Figuren gesprochen **hat**.

Warum findest du den Beruf interessant?

Weil man jeden Tag eine neue Aufgabe **hat**.

S. 91

c **Satz mit *deshalb***

◆ **Warum** war sie nach der Arbeit oft müde?
○ Sie hat viel gearbeitet. **Deshalb war** sie nach der Arbeit oft müde.

S. 76

d **Fragesatz**

Ja/Nein-Frage **Bist** du mit deinem Computer zufrieden?
W-Frage Wie viel **hat** dein Computer gekostet?

Hast du Monas neuen Freund schon **gesehen**?
Wie alt **ist er**?

S. 116

144 einhundertvierundvierzig

PARTNERÜBUNGEN

⊕1 Schon gesehen? – Euer Film- und Serienmagazin im Netz — 21

a Lies Sophies Filmkritik zu „Die Welle". Deine Partnerin / Dein Partner liest Pauls Filmkritik zu „Ballon" auf Seite 97.

www.schongesehen-magazin.de/filmhits/dieWelle

FILMHITS / DIE WELLE

Mein „Film des Monats" kommt aus Deutschland. Er heißt „Die Welle".

In dem Film geht es um ein Experiment in einer deutschen Schule. Rainer Wengers Schüler können
5 nicht verstehen, wie Adolf Hitler und die Nazi-Diktatur in Deutschland möglich waren. Da startet der Geschichtslehrer ein Projekt. Er möchte seinen Schülern zeigen, wie Diktaturen funktionieren. Er ändert seinen Unterricht: Strenge Regeln und Diszi-
10 plin sind in der Klasse plötzlich sehr wichtig. Der einzelne Schüler, die einzelne Schülerin bedeuten nichts, die Gruppe ist alles. Bald bekommt die neue „Bewegung" einen Namen: „Die Welle". Viele Schüler lieben die neue Ordnung. Wenn jemand gegen die
15 neue Ordnung ist, bekommt er Probleme. Bei einem Wasserballspiel kommt es zu einem bösen Streit. Der Lehrer möchte das Experiment beenden, doch es ist fast zu spät …
„Ist Wengers Experiment nur eine gute Filmidee
20 oder hat es ähnliche Experimente wirklich gegeben?" Das wollte ich nach dem Film wissen und habe im Internet nachgesehen. Schon im Jahr 1967 hat ein Geschichtslehrer in den USA ein ähnliches Projekt mit seinen Schülern gemacht. Und auch
25 damals wollte der Lehrer das Experiment beenden. Der Film ist spannend, und die Schauspieler sind prima. Besonders Jürgen Vogel als Rainer Wenger ist sehr gut. Manche Szenen finde ich aber ein bisschen zu hart, zu aggressiv. Das ist für mich zu viel
30 Action. Trotzdem: ein toller Film!

b Macht Interviews, fragt und antwortet.

Fragen zu „Ballon"
1 Wo leben die Strelzyks und die Wetzels?
2 Warum sind sie mit ihrem Leben nicht zufrieden?
3 Wie möchten sie ihr Leben ändern?
4 Warum wird die Situation nach der ersten Ballonfahrt noch gefährlicher?
5 Wie gefällt Paul der Film?
6 Was kann man von dem Film lernen?

E3 Gespräche im Klassenzimmer. Macht Partnerinterviews. — 23

Partnerin / Partner **B** liest die Fragen auf dieser Seite, **A** liest die Fragen auf Seite 116. Fragt und antwortet. Ihr dürft die Antworten aber nicht aufschreiben. Ihr müsst sie euch merken. Sucht dann eine andere Partnerin / einen anderen Partner in der Klasse und erzählt, was ihr über eure erste Partnerin / euren ersten Partner wisst.

6 Hast du Haustiere?
7 Was hast du gestern zu Mittag gegessen?
8 Was hast du in den letzten Sommerferien gemacht?
9 Warst du schon einmal in Deutschland?
10 Kannst du dich an die erste Prüfung in der Schule erinnern?

> Ich habe Pedro gefragt, ob er …

> Er hat gesagt, dass …

sich erinnern ≈ an etwas denken, das früher war

PARTNERÜBUNGEN

⊕ 1 Fantasie und Wirklichkeit — 24

 a Lest den Text über Ida Pfeiffer. Partnerin/Partner **B** liest den Text auf dieser Seite. Partnerin/Partner **A** liest den Text auf Seite 125. Ergänzt die fehlenden Informationen. Fragt und antwortet euch gegenseitig.

Ida Pfeiffer und die Bücher des Jules Verne

Jules Verne lebte im 19. Jahrhundert. Er schrieb **2** ^(Was?). Vielleicht kennt ihr Jules Vernes Geschichten auch aus Filmen wie „In 80 Tagen um die Welt" oder „30.000 Meilen unter dem Meer". Die Ideen dafür holte er sich aber von Menschen, die wirklich um die Welt reisten. Fast alle von ihnen waren Männer. Doch es gab auch eine Frau: die Österreicherin Ida Pfeiffer. **4** ^(Wann?) begann sie, fremde Länder zu erforschen. Sie reiste nach Palästina, Ägypten, Amerika und Madagaskar. Sie unternahm zwei Weltreisen. Dabei erforschte sie Vulkane auf Island und den Dschungel Borneos. Sie traf **6** ^(Wen?), sah Sklavenmärkte und ging in Indien auf
10 Tigerjagd. Im Urwald Sumatras besuchte sie das Volk der Batak, die man damals für Menschenfresser hielt. In dreizehn Büchern erzählte Ida Pfeiffer später von ihren Reisen. Auch Jules Verne kannte ihre Berichte und **8** ^(Was machte er?). Es durfte aber damals wohl niemand wissen, dass der berühmte Jules Verne von einer Frau abschrieb. Denn Jules Verne selbst sprach immer nur von männlichen Entdeckern und Weltreisenden, die für seine
15 Bücher wichtig waren. Den Namen Ida Pfeiffer nannte er nie.

b Hört den Text und vergleicht. 🔊 2/10

```
2  fantastische Reiseerzählungen
4  (?)
6  (?)
8  (?)
```

> Was schrieb Jules Verne?

146 einhundertsechsundvierzig

LÖSUNGEN

Seite 10, Lektion 13, A1 b
Mia muss für die Markenschuhe noch sechs Stunden babysitten.
(89 + 15) − (30 + 36 + 5) = 33
Mia bekommt 6 € pro Stunde.
Also muss sie noch sechs Stunden babysitten.

Seite 13, Lektion 13, C2 b
Sie haben nicht falsch gerechnet.
Schau die Zahlen genau an: 89 68

Seite 39, Lektion 16, A2 b
Text 5 ist falsch.

Seite 58, Lektion 18, A2
Frage 1: Du musst 300 Bürsten binden
(150 Mark : 0,50 Mark = 300).

Frage 2: Du musst 600 Stunden arbeiten. Wenn du jeden Abend 2 Stunden arbeitest und dabei eine Bürste bindest, brauchst du für 300 Bürsten 300 Abende, das ist fast ein ganzes Jahr (365 Tage)!

Frage 3: Ein Arbeiter im Jahr 1900 muss für eine Kuh 2,25 Monate arbeiten.
800 Mark : 12 Monate = 66,67 Mark/Monat;
150 Mark : 66,67 Mark/Monat = 2,25 Monate

Seite 78, Lektion 20, A1 c
In Österreich dürfen Jugendliche schon seit 2007 mit 16 Jahren wählen.
In China müssen Frauen 20 Jahre alt sein, wenn sie heiraten wollen. Männer dürfen erst mit 22 Jahren heiraten.
In den USA darf man schon mit 16 Jahren Auto fahren.

Seite 111, Lektion 23, A3

- Klettverschluss – Klette
- Salzstreuer – Mohnblume
- Stacheldraht – Hecke

Seite 112, Lektion 23, B1 c
Diese Erfindungen gibt es: Kleiderschrank, Kugelschreiber, Bild, Einkaufstüte, virtuelle Freundin

QUELLENVERZEICHNIS

Cover: Mädchen © Getty Images/Moment/Roos Koole; Junge © Getty Images/iStock/photographer | **U2:** Karte © www.landkarten-erstellung.de HF/AB | **U3:** Illustrationen: Beate Fahrnländer, Lörrach | **S.7:** Emma und Alina © Seventyfour – stock.adobe.com **S.10:** Mia © Getty Images/iStock/gbh007; Hose, Pullover, Stiefeletten © Getty Images/iStock/Olga Gillmeister; Mädchen mit Tablet © Getty Images/iStock/AntonioGuillem; Turnschuhe rot © Getty Images/iStock/artisteer; Geld: 10€, 50€ © Getty Images/iStock/thumb; 5€ © Getty Images/iStock/thodonal; 1€ © Getty Images/iStock/Drazen Mrkaljevic; ÜA2: links © Getty Images/iStock/monkeybusinessimages; rechts © Getty Images/E+/FatCamera **S.11:** Mädchen mit Tablet © Getty Images/iStock/AntonioGuillem; Logo © Getty Images/iStock/adiyatma dermawan; Porträts: 1. Spalte von oben: © Getty Images/iStock/Ridofranz; © Getty Images/E+/PeopleImages; © Getty Images/E+/ciricvelibor; 2. Spalte von oben: © Getty Images/iStock/Anna Cinaroglu; © Getty Images/E+/aldomurillo; © Getty Images/iStock/gbh007 **S.17:** Turnschuh © Getty Images/iStock/David Peperkamp; Bea © Getty Images/E+/Stígur Már Karlsson / Heimsmyndir | **S.18:** Weltkarte, Detailkarte © ii-graphics – stock.adobe.com; Eispickel © Getty Images/iStock/malerapaso; A © Getty Images/E+/AscentXmedia; D: Foto © Getty Images/PHOTOS.com/Jupiterimages; Karomuster © Getty Images/iStock/jockermax; C © Getty Images/DigitalVision/Buena Vista Images; B © Getty Images/Aurora Open/Jose Azel; Piktogramme: Auto © Getty Images/DigitalVision Vectors/bubaone; Helikopter © Getty Images/iStock/f9b65183_118; Flugzeug © Thinkstock/iStock/LueratSatichob; ÜA1: 1 © Getty Images/iStock/aimintang; 2 © Thinkstock/moodboard; 3 © Getty Images/iStock/HQuality Video | **S.19:** B © Getty Images/Aurora Open/Jose Azel; C © Getty Images/DigitalVision/Buena Vista Images; Kletterseil © Getty Images/iStock/Thomas-Soellner; Illustration Berge © Getty Images/iStock/AnnaFrajtova | **S.20:** ÜB1a: Fotos: Wetter schlecht © Getty Images/Aurora Open/Jose Azel; Wetter gut © Getty Images/DigitalVision/Buena Vista Images; Illustration Berge © Getty Images/iStock/AnnaFrajtova; ÜB1b Piktogramme © Getty Images/iStock/zelimirz | **S.21:** ÜC1: A © Thinkstock/iStock/Sylphe_7; B © ii-graphics – stock.adobe.com; Logbuch © Getty Images/iStock/daboost | **S.22:** Foto © Getty Images/PHOTOS.com/Jupiterimages; Karomuster © Getty Images/iStock/jockermax | **S.23:** ÜD1: 1. Spalte von oben: © PantherMedia/Jens Lehmberg; © Thinkstock/iStock/PaulVinten; © Thinkstock/iStock/MBPROJEKT_Maciej_Bledowski; 2. Spalte von oben: © Getty Images/iStock/gorodenkoff; © Getty Images/iStock/tamara_kulikowa; © Getty Images/E+/Henrik5000; ÜD2 © Getty Images/E+/kate_sept2004 | **S.24:** Piktogramme: Fußgänger © Getty Images/iStock/Lysenko-Alexander; Flugzeug, Auto, Fahrrad, Bus, Hubschrauber, Schiff © Getty Images/iStock/f9b65183_118; Motorrad, Ballon, Zug, Straßenbahn: Sieveking, Agentur für Kommunikation | **S.25:** Florian, Hannah © Getty Images/E+/kate_sept2004 | **S.26:** a: A © Getty Images/iStock/4FR; B © Getty Images/iStock/Igor Dashko; b © Getty Images/iStock Editorial/Spitzt-Foto; e: 1 © Sarah Marchant / Alamy Stock Foto – Der berühmte österreichische Musiker Hubert von Goisern tritt bei seinem Konzert in Salzburg, Österreich, mit dem Knopfakkordeon auf.; 2: Oktoberfest © Rawf8 – stock.adobe.com; Mann © Astrid Gast – stock.adobe.com | **S.27:** Plakat: Cornelia Krenn, Wien; Fotos © iStockphoto | **S.30:** Lara und Pascal © PantherMedia/Kati Neudert; Albert und Maria © PantherMedia/Thomas Lammeyer; Yvonne und Hannah © PantherMedia; Farn © Getty Images/iStock/spline_x; Blüten © Getty Images/iStock/hydrangea100 | **S.31:** 3D Elfen alle © Atelier Sommerland – stock.adobe.com; Hintergrund Fantasia: Elfe © Getty Images/iStock/aklionka; Dschungel © Getty Images/E+/Vizerskaya; Farn © Getty Images/iStock/spline_x; Blüten © Getty Images/iStock/hydrangea100 | **S.32:** Foto © PantherMedia | **S.34:** Foto: Cornelia Krenn, Wien | **S.38:** Foto © dpa Picture-Alliance/dpa | epa AFP West – Völlig erschöpft erreicht der Australier David Huxley (r) seinen Coach, nachdem es ihm am 15.10.1997 auf dem Flughafen von Sydney gelungen ist, eine 187 Tonnen schwere Maschine des Typs B747-400 der australischen Fluggesellschaft Qantas 91 Meter weit zu ziehen. Der bisherige Weltrekord lag bei nur 54,7 Metern. Huxley bewältigte die Strecke mit dem Jumbojet mit dem Namen Wunala Dreaming in einer Zeit von einer Minute und 20 Sekunden.; Hintergrund Piktogramme Erfolg © Getty Images/iStock/undefined | **S.39:** A © Arquivo Publiçor (fotógrafo josé António Rodrigues); C © Thinkstock/Stockbyte/Jupiterimages; D © dpa Picture-Alliance/AP Images/Than Nienh Newspaper | 19. Juni 2004: Tran Van Hay, 67, aus dem Bezirk Chau Thanh in der südlichen Provinz Kien Giang in Vietnam posiert für ein Foto, das seine über 6,2 Meter langen Haare zeigt. Er hat einen Eintrag im Guinness-Buch von Vietnam und es wird erwartet, dass sein Name bald in das Guinness-Rekordbuch der Welt eingetragen wird. Hay hat sich seit 31 Jahren nicht die Haare schneiden lassen.; E © imago/Steffen Schellhorn; F © Getty Images/iStock/brazzo; Hintergrund Piktogramme Erfolg © Getty Images/iStock/undefined | **S.40:** Boeing 747 © Thinkstock/iStock/tony strong | **S.41:** Zähne putzen © Thinkstock/Stockbyte/Jupiterimages | **S.42:** Terra Nostra © Arquivo Publiçor (fotógrafo josé António Rodrigues) | **S.43:** 1 © PantherMedia/Radka Linkova | **S.45:** A © Thinkstock/Stockbyte/Comstock Images; B © ddp/Newscom/NATO; C © Thinkstock/iStock/g-stockstudio | **S.46:** A © Getty Images/iStock/sculpies; B: Schweiz © Getty Images/iStock/brichuas; Wolke © Getty Images/iStock/clundmu; C © Getty Images/iStock Editorial/Ilari Nackel, 14.03.21 VW Zentrale Wolfsburg, Deutschland; D © Getty Images/iStock/bluejayphoto; E © Getty Images/iStock/silverjohn; F © Getty Images/iStock/Sherry Judd | **S.50:** A © Getty Images/iStock/Nicoproductions; B © Getty Images/E+/monzenmachi; Hintergrund Muster © Getty Images/iStock/rusm; Essstäbchen © Getty Images/iStock/Bigmouse108; giftig © Thinkstock/iStock/dutch iconaA; gestorben © Getty Images/iStock/slalomp | **S.51:** Essstäbchen © Getty Images/iStock/Bigmouse108; Illustration Fische © Getty Images/iStock/Alhontess; Kugelfisch zubereitet © Getty Images/iStock/Gyro | **S.52:** Akio Fisch © Getty Images/iStock/Alhontess | **S.53:** Logo Restaurant © Getty Images/iStock/Artnivora Studio | **S.54:** ÜC1a: A © Getty Images/iStock/Mirel Kipioro; B © Thinkstock/iStock/4774344sean; C © iStock/101nights; D © Thinkstock/Stockbyte/

QUELLENVERZEICHNIS

altrendo images; E © Thinkstock/iStock/andresrimaging; F © PantherMedia/goodluz; G © Getty Images/E+/jeffbergen; ÜC1b © Thinkstock/Photodisc | **S. 58:** Berlin © Getty Images/iStock/steglitzer; Familie Boros © laif/Theodor Barth | Projekt „Schwarzwaldhaus 1902" – Familie Boro, moderne Großstadtfamilie, lebt wie vor 100 Jahren, ohne Telefon, Strom, Fernseher und fließend Wasser, als Selbstversorger, abgeschottet von der Außenwelt, unter ständiger Beobachtung eines Kamerateams. Schwarzwald-Haus, Baden-Württemberg, Deutschland, 29.09.2001; Hintergrund Notizbuch © Getty Images/iStock/daboost | **S. 59:** Hintergrund Notizbuch © Getty Images/iStock/daboost; Gräser © Getty Images/iStock/redmal; Bauernhaus © atosan – stock.adobe.com; Karte Deutschland © Digital Wisdom | **S. 60:** © laif/Theodor Barth – Akay Boro fuettert die Kaninchen und Meerschweinchen | **S. 61:** laif/Theodor Barth – Reya beim Pflügen mit Ochsen. | Projekt „Schwarzwaldhaus 1902" – Familie Boro, moderne Großstadtfamilie, lebt wie vor 100 Jahren, ohne Telefon, Strom, Fernseher und fließend Wasser, als Selbstversorger, abgeschottet von der Außenwelt, unter ständiger Beobachtung eines Kamerateams. Schwarzwald-Haus, Baden-Württemberg, Deutschland, 29.09.2001 | **S. 63:** Füllfeder © Getty Images/iStock/scisettialfio; D1: 1. Reihe von links: © Shutterstock/Everett Collection; © Getty Images/iStock/clu; © Shutterstock/Everett Collection; 2. Reihe von links: © Getty Images/E+/ugajic; © Getty Images/iStock/Qju Creative; © Thinkstock/iStock/JackF; ÜD2: Fahrradhelm © Getty Images/E+/dlewis33 | **S. 65:** Vani © PantherMedia | **S. 67:** Plakat: Cornelia Krenn, Wien | **S. 70:** obere Reihe und A © Christian Maislinger (Mit freundlicher Genehmigung der Familie Aigner); Sturz © Getty Images/iStock/Jovanmandic; Skistöcke © Getty Images/iStock/Lilkin; Berghintergrund © iStock/skellos | **S. 71:** Skistöcke © Getty Images/iStock/Lilkin; Skifahrer © Getty Images/DigitalVision Vectors/VasjaKoman; Berghintergrund © iStock/skellos | **S. 73:** Ü C1 © Christian Maislinger (Mit freundlicher Genehmigung der Familie Aigner); Filmplakat © ddp images | **S. 74:** Ü c Filmausschnitt © ddp images; Illustration Rose © Getty Images/iStock/Stefan Ilic | **S. 75:** A © Dinodia Photos/Alamy Stock Foto – Mahatma Gandhi grüßt mit gefalteten Händen im traditionellen indischen Stil, Namaste in Delhi, Indien, März 1939, altes Bild aus dem 20. Jahrhundert; B © Allstar Picture Library Ltd/Alamy Stock Foto – Steffi Graf 30.03.1995; C © picture-alliance/United Archives/kpa Publicity – Romy Schneider 1957; D © Hi-Story/Alamy Stock Foto – John Travolta 15.01.1999; E © Allstar Picture Library Ltd/Alamy Stock Foto – Jesse Owens beim Start des rekordverdächtigen 200-Meter-Laufs „Die Olympischen Spiele" 1936; Steffi Graf © Trinity Mirror/Mirrorpix/Alamy Stock Foto – 02.07.1988, Steffi Graf mit ihrer Trophäe, der Venus Rosewater Dish. Steffi Graf schlägt die amtierende sechsfache Titelverteidigerin Martina Navratilova und gewinnt am 2. Juli 1988 das Wimbledon-Finale im Dameneinzel. Steffi Grafs erster von sieben Wimbledon-Einzeltitelgewinnen. | **S. 76:** Foto © Getty Images/Retrofile RF/Stockbyte; Fotorahmen © Getty Images/iStock/subjug | **S. 77:** Bojan © Getty Images/E+/Igor Alecsander; Maxi Kleber © Marty Jean-Louis/Alamy Stock Foto – Orlando, Florida, USA, 1. März 2021, Dallas Mavericks-Spieler Maxi Kleber #42 macht während des Spiels im Amway Center einen Dunk | **S. 78:** A © Hitoshi Yamada/NurPhoto SRL/Alamy Stock Foto – Japanische Frauen in Kimonos nehmen am 13. Januar 2020 an der Feier zum Coming of Age Day in Tokio, Japan, teil.; B © Paylessimages – stock.adobe.com; C © Segur Jerome/Gamma/laif; D © Katya Tsvetkova/Alamy Stock Foto – Insel Pentecost, Vanuatu – 2019: Traditionelle melanesische Nagol-Landtauchzeremonie (Männer springen mit Ranken von Holztürmen).; Mann und Frau © PantherMedia; Blüten © Getty Images/iStock/firina; Liane © Venus – stock.adobe.com; Blüten © Getty Images/iStock/firina; Liane © Venus – stock.adobe.com; Buch © Getty Images/iStock/daboost | **S. 80:** Ü B1 © Katya Tsvetkova/Alamy Stock Foto – Insel Pentecost, Vanuatu – 2019: Traditionelle melanesische Nagol-Landtauchzeremonie (Männer springen mit Ranken von Holztürmen).; 1 © Getty Images/iStock/gregepperson; 2 © Thinkstock/iStock/Ben Blankenburg; 3 © Thinkstock/iStock/Sergey Orlov; Sport Piktogramme © 1987-1997 Adobe Systems Incorporated All Rights Reserved | **S. 81:** Ü B2 © Segur Jerome/Gamma/laif; Basejump © Getty Images/iStock/Soundhill | **S. 82:** Ü C1 © Segur Jerome/Gamma/laif; Ü C2 © oneinchpunch – stock.adobe.com | **S. 85:** Ü 1a © Katya Tsvetkova/Alamy Stock Foto – Insel Pentecost, Vanuatu – 2019: Traditionelle melanesische Nagol-Landtauchzeremonie (Männer springen mit Ranken von Holztürmen).; Ü 1b © oneinchpunch – stock.adobe.com; Anton © Getty Images/iStock/ruizluquepaz; Lisa © Getty Images/iStock/SeventyFour; Icon Fahrrad © 1987–1997 Adobe Systems Incorporated All Rights Reserved; Stadt © PantherMedia/Herbert Esser | **S. 86:** Büroklammer © Getty Images/iStock/kolotuschenko; Fotorahmen © Getty Images/iStock/subjug; 1 © PictureLux/The Hollywood Archive/Alamy Stock Foto – Romy Schneider ca. 1958; 2 © picture-alliance/ullstein bild | RDB – „Flüchtlingsmutter" Gertrud Kurz, ca. 1960; 3 © PA Images/Alamy Stock Foto – Professor Dr. Max Planck, der 1918 von der Schwedischen Akademie der Wissenschaften mit dem Nobelpreis für Physik ausgezeichnet wurde.; Ü LL2 links © Shutterstock.com/motorsports Photographer – SPIELBERG, ÖSTERREICH – 08. Juli 2022: Fernando Alonso aus Spanien konkurriert mit den Alpen F1 . Qualifying, Runde 11 der F1-Meisterschaft 2022.; rechts © Piotr Zajac/Alamy Stock Foto – 28. Juli 2022. Formel-1-Grand-Prix auf dem Hungaroring, Magyorod, Ungarn. | **S. 87:** Sport Piktogramme © Getty Images/E+/cajoer | **S. 90:** Filmklappe © roman11998866 – stock.adobe.com; Popcorn © Getty Images/E+/stockcam; A © Getty Images/E+/simonkr; B © Getty Images/iStock/gorodenkoff; C © Thinkstock/iStock/delusi; D © Thinkstock/iStock/Rob Friedman; E © guruXOX – stock.adobe.com; F © David Fuentes – stock.adobe.com | **S. 91:** Popcorn © Getty Images/E+/stockcam; Popcorntüte © Getty Images/iStock/Okea; Mann © David Fuentes – stock.adobe.com | **S. 92:** Ü B1 © David Fuentes – stock.adobe.com; Hintergrund Ü B2 © Getty Images/iStock/Polina Tomtosova | **S. 94:** Mann © David Fuentes – stock.adobe.com | **S. 95:** Illustration Tänzer © Getty Images/iStock/Aleutie; Elias und Marie © Getty Images/E+/kali9 | **S. 96:** Elias und Marie © Getty Images/E+/kali9 | **S. 97:** Ballon © Getty Images/iStock/Peter Blottman Photography; Hintergrund Wolke © Getty Images/E+/deepblue4you; Carlo © Getty Images/iStock/Ridofranz | **S. 98:** Howard Gardner © TANIA/CONTRASTO/laif; A © fotolia/Syda Productions; B © Getty Images/iStock/fizkes; C © Thinkstock/Lightwavemedia/Wavebreakmedialtd.; D © PantherMedia/Pavel Losevsky; E © Getty Images/iStock/shironosov; F © Thinkstock/iStock/TheFlesh | **S. 99:** Matt Savage © action press/ZUMA PRESS INC | **S. 100:** Ü B1 © action press/ZUMA PRESS INC; A © Science History Images/Alamy Stock Foto – Ein Porträt des Schriftstellers und Philosophen Jean Paul Sartre (1905–1980). Foto aufgenommen 1966; B © Michael Scott/Alamy Stock Foto – Malala Yousafzai spricht im Oktober 2014 in der Bibliothek von Birmingham vor der Weltpresse anlässlich ihrer Verleihung des Friedensnobelpreises.; C © IanDagnall Computing/Alamy Stock Foto – Charlie Chaplin als „The Tramp", 1915 | **S. 101:** © fotolia/Franz Pfluegl | **S. 103:** Papierhintergrund © Getty Images/iStock/Eplisterra; Pinsel © Getty Images/iStock/serkorkin; A © Getty Images/E+/FatCamera; B © Getty Images/iStock/Baloncici | **S. 106:** Landkarte © www.landkarten-erstellung.de HF/AB; Elbphilharmonie im Hamburger Hafen © Getty Images/iStock Editorial/Christopher Tamcke; Bregenz © Sina Ettmer – stock.adobe.com; Grindelwald © Getty Images/iStock/Biletskiy_Evgeniy; Flagge Österreich © iStock/dikobraziy | **S. 107:** Unfall © Getty Images/iStock/cobalt; Mondszene © Getty Images/iStock/hideto111; Silhouetten stehend © Getty Images/iStock/Elena Chelysheva; Silhouette Fahrrad © Getty Images/DigitalVision Vectors/enjoynz | **S. 110:** 1 © iStock/wildcat78; 2 © Thinkstock/iStock/cao yu; 3 © Thinkstock/iStock/Global_Pics; 4 © Getty Images/iStock/slpu9945; A © Getty Images/iStock/PabloUA; B © Getty Images/iStock/Ivan Bajic; C © action press/Rex Features – Speedo fast skin, die Haifischhaut für Schwimmer; D © fotolia/Teamarbeit; Blüte rosa © Getty Images/iStock/heibaihui; Blume weiß und Blätter © Getty Images/iStock/Videowok_art; Blatt © Getty Images/iStock/panom | **S. 111:** Blüte rosa © Getty Images/iStock/heibaihui; Blatt links © Getty Images/iStock/Videowok_art; Blatt rechts © Getty Images/iStock/heibaihui; Zeichnung © Leonardo da Vinci, gemeinfrei; Klettverschluss © Thinkstock/Zoonar RF; Salzstreuer © iStock/donald_gruener; Stacheldraht © iStockphoto/Savany; Blätter unten © Getty Images/iStock/Videowok_art | **S. 112:** Ü B1 © fotolia/Teamarbeit | **S. 113:** Ü B2 © action press/Rex Features – Speedo fast skin, die Haifischhaut für Schwimmer | **S. 114:** Pablo © BananaStock; Jelena © alerii Honcharuk – stock.adobe.com; Icons © Getty Images/DigitalVision Vectors/kenex | **S. 116:** Felix © Getty Images/E+/HRAUN | **S. 117:** Fledermaus © Getty Images/iStock/Hein Nouwens; Pinguin © Getty Images/iStock/Hein Nouwens; Buch © Getty Images/iStock/subjug | **S. 118:** Homer © Getty Images/DigitalVision Vectors/Nastasic; Troja Hintergrund © Getty Images/DigitalVision Vectors/Grafissimo; Landkarte © Hueber Verlag/Archiv; farbige Illustrationen Antike © Getty Images/iStock/Dedraw Studio; A © Maximum Film/Alamy Stock Foto – Orlando Bloom, Diane Kruger, Troja Film 2004; B © Getty Images/iStock/D_Zheleva; C © Getty Images/DigitalVision Vectors/Grafissimo; D © United Archives GmbH/Alamy Stock Foto – Troja USA 2004, Filmszene, Regie Wolfgang Petersen; Fotorahmen Bild C © Getty Images/iStock/subjug | **S. 119:** Buch © Getty Images/iStock/subjug; farbige Illustrationen Antike © Getty Images/iStock/Dedraw Studio | **S. 120:** Ü B1 © United Archives GmbH/Alamy Stock Foto – Troja USA 2004, Filmszene, Regie Wolfgang Petersen | **S. 121:** Santorin © iStock/Engamon; Hände © Getty Images/iStock/cristian_schneider; Büroklammer © Getty Images/iStock/kolotuschenko | **S. 122:** Ü C1 © Getty Images/DigitalVision Vectors/Grafissimo; Landkarte Montage aus © Getty Images/iStock/Serhii Brovko, © StudioXL – stock.adobe.com, © pyty – stock.adobe.com | **S. 123:** A © Getty Images/iStock/tonefotografia; B © iStockphoto/Vetta Collection/OJO_Images; C © Getty Images/E+/FreshSplash; D © Getty Images/iStock/AntonioGuillem | **S. 124:** Ü E1 Mann © iStockphoto/Vetta Collection/OJO_Images; Frau © Getty Images/iStock/tonefotografia | **S. 125:** Ida Pfeiffer © Getty Images/DigitalVision Vectors/clu; Rakete Mond © Getty Images/DigitalVision Vectors/NNehring; Thor Heyerdahl © picture-alliance/dpa | Peruvian_Navy_/_Ho – Ein Aktenfoto aus dem Jahr 1947 des norwegischen Entdeckers und Schriftstellers Thor Heyerdahl auf dem Kon-Tiki-Floß, das im selben Jahr zu den polynesischen Inseln im Südpazifik segelte. Eine Fotoausstellung erinnert an den 28. April 2007, den 60. Jahrestag der Kon-Tiki-Expedition, bei der Heyerdahl 101 Tage lang über 4.300 Meilen segelte, bevor er am 7. August 1947 bei Raroia auf den Tuamotu-Inseln gegen ein Riff prallte. | **S. 126:** Loreley © Getty Images/DigitalVision Vectors/ZU_09; Foto Rhein © Getty Images/iStock/Silberkorn | **S. 127:** Zeichnung © Leonardo da Vinci, gemeinfrei; Charles Lindberg © Glowimages/Heritage Images/Ann Ronan Pictures | **S. 134:** Karte Deutschland © Thinkstock/iStock/Sirintra_Pumsopa; alle weiteren Produktionsfotos: qub media Gmbh | **S. 134 – S. 140:** alle Fotos © qub media GmbH | **S. 147:** von links nach rechts: Klette © Thinkstock/Hemera/Nadezhda Belogorskaya; Mohnblume © iStockphoto; Hecke © iStockphoto/xodiak | Gesamtes Lehrwerk: kariertes Papier © Getty Images/iStock/TARIK KIZILKAYA; Hintergrund zerknittertes Papier © Getty Images/iStock/Eplisterra

Produktionsfotos: Alexander Sascha Keller, München
Illustrationen: Beate Fahrnländer, Lörrach
Illustrationen „Rosi Rot und Wolfi": Matthias Schwörer, Badenweiler
Schülerillustration: Cornelia Krenn, Wien
Bildredaktion: Natascha Apelt, Hueber Verlag, München

Inhalt der Hörtexte zum Buch
© 2022 und 2023 Hueber Verlag GmbH & Co. KG, München, Deutschland – Alle Urheber- und Leistungsschutzrechte vorbehalten. Kein Verleih! Keine unerlaubte Vervielfältigung, Vermietung, Aufführung, Sendung. Keine Haftung für Schäden, die bei unsachgemäßer Bedienung des Abspielgeräts bzw. der Software hervorgerufen werden können.
Sprecherinnen und Sprecher: Peter Frerich, Walter von Hauff, Verena Rendtorff, Manuel Scheuernstuhl, Peter Veit, Dascha von Waberer, Lilith von Waberer, Lara Wurmer u. a.
Produktion: Atrium Studio Medienproduktion GmbH, 81379 München